생각이 자라는 그림책 토론 수업

교실에서 만난 그림책 독서토론 이야기

생각이 자라는 그림책 토론 수업

| 권현숙, 김민경, 김준호, 김황곤, 백지원, 조승연 지음 |

학교
도서관
저널

들어가는 말
그림책 토론 수업이란?

수업으로 만나는 아이들

교실에서 만나는 학생에게는 우리 생각보다 훨씬 더 무궁무진한 잠재력이 있다. 학생을 가르쳐야 할 대상으로만 바라볼 때, 교사의 눈은 지극히 좁은 곳만을 향하게 됨을 토론 수업을 실천하며 깨닫게 되었다.

도무지 책을 읽으려 하지 않고, 수업에 전혀 참여하려고도 하지 않던 학생들의 손에 그림책을 들려주니 자연스럽게 자신의 경험과 이야기를 꺼내는 모습을 보았다. 지금까지 교실에서 학생들에게 자신의 이야기를 자유롭게 할 수 있는 시간과 기회가 주어지지 않았던 것은 아닐까? 빽빽한 교육과정과 빠듯한 진도에 쫓기는 교사가 일방적으로 수업을 강요하는 바람에 자신을 돌아보고 자유롭게 이야기할 수 있는 분위기가 없던 것은 아닐까?

교실에서 만난 많은 학생은 성적과는 상관없이 삶에서 진정으로 가치 있고 의미 있는 것이 무엇인지를 알고 싶어 했고, 찾고 싶어 했다. 교사는 단지 표현의 자유와 그 시간을 주면 된다. 굳이 거기에 교사가 자신의 언어를 더 보탤 필요는 없다.

교실 수업에서 아이들의 이야기를 쏟아낼 자리를 마련해보았다. 그림책을 읽고 발제하고 토론하며 각자의 의견과 생각을 나누는 가운데, 학생들은 웃고 떠들며 진정한 자유를 경험한다. 박장대소할 때도 있고, 생각이 다른 상대와 진지하게 고민하고 열정적으로 논쟁할 때도 있다. 질문하고 답변하고 주장하면서 자신과 다른 관점을 이해하게 되고, 타인의 경험에 공감하게 된다. 이해하지 못했던 친구를 이해할 수 있게 되고, 서로의 마음을 만져주며 조금씩 알아가게 된다. 책을 읽고 토론하면서 배움의 행복을 느끼는 진짜 공부를 하게 된 것이다. 더 나아가 교실이 그런 꿈을 꾸는 곳이 되기를 바란다.

그림책 토론 수업

그림책이란?

그림책의 사전적 정의는 '글과 그림이 어우러져 이야기를 전달하는 책'이다. 그림과 글의 조합이 있는 예술 형식의 도서인 그림책은 제3의 의미를 창출할 수 있다. 다양한 메시지를 전달할 수 있기에 한 권의 책 안에 여러 주제를 다룰 수 있고, 학습자의 인지적·정의적 영역을 통합하여 가르칠 수 있다. 따라서 책 전체에 걸쳐 글과 그림의 상호작용이 인물, 플롯, 배경, 분위기 등을 어떻게 창조하는가를 주의 깊게 살펴보아야 한다. 특히 그림책에 실린 그림은 보는 사람이 책에 더 능동적으로 참여하고 해석하고 의미를 부여하며 읽어야 하는 대상이다. 또한 글이라는 문자와 결합하면 또 다른 새로운 의미를 낳을 수 있으므로 그림책은 독자의 상상과 추론과 해석이 더해져야 그 의미가 비로소 완결되는 하나의 예술작품이라 할 수 있다. 최근 우리나라에서는 유아는 물론이고 청소년, 성인 등 연령대를 불문하고 다양한 사람들이 그림책을 읽고 있으며, 여러 교과의 수업에서도 활용하고 있다.

그림책 토론 수업이란?

그림책을 활용한 토론 수업은 학습자가 주체가 되어 그림책을 읽고 직접 질문을 만들어 그 질문에 대한 서로의 생각을 나누는 수업 방법을 말한다. 이를 통해 책에 대한 깊은 이해와 추론 능력, 다양한 사고력을 키울 수 있다. 모든 학생이 한 권의 그림책을 함께 읽고 즉시 토론을 하거나 깊이 있는 대화를 나눌 수 있는 매력적인 수업 방법이다. 읽는 사람의 관점과 문화적 배경, 연령대에 따라 다양한 경험이 연결되고, 서로의 관점을 공유하고 논의할 수 있는 토론 방법이다.

그림책 토론 수업으로 얻는 유익

그림책을 활용한 토론 수업에는 많은 장점이 있다. 그중 대표적인 것 몇 가지만 소개해보고자 한다.

첫째, 책의 내용이 어렵지 않아서 학생들이 편안하게 토론에 참여할 수 있다. 토론을 어려워하는 학생들이 겪는 어려움 중 하나는 논제와 내용 자체의 난이도가 높다는 것이다. 하지만 그림책은 남녀노소 누구나 공감할 수 있는 소재와 내용을 다룬다. 철학적인 내용도 글과 그림의 조화를 통해 편안하게 느껴져 자연스럽게 이야기를 풀어낼 수 있다. 따라서 그림책을 활용한 토론 수업은 다른 토론 수업보다 훨씬 자유롭고 편안한 분위기에서 이루어진다.

둘째, 학생들이 배움의 주체가 되므로 질문을 만드는 능력이 길러진다. 그림책 토론 수업은 질문을 활용하는 수업으로, 학생들이 스스로 질문을 만들고 그 이유를 추론하며 토론할 수 있는, 주제를 찾아가는 능동적인 학습 활동이다. 이러한 질문에는 대개 철학적 주제가 내포되어 있으므로 토의하는 과정에서 자연스럽게 상상력을 동원하게 된다. 질문에 대한 비판적 추론 활동이 이루어지는 가운데 지적 호기심과 자기 주장을 표현하는 의사소통 능력이 함양될 수도 있다.

셋째, 학생들이 자신의 가치관을 재정립할 수 있는 기회를 준다. 몇몇 그림책은 사실과 정보를 다루기도 한다. 하지만 대부분의 그림책은 자유, 평화, 사랑, 가정 등 중요한 삶의 가치를 이야기한다. 그림책에 대한 학생의 질문지나 대화 반응을 통해 학생의 현재 가치관이 무엇인지, 왜 그러한 생각을 하게 되었는지를 발견하게 된다. 다른 친구들과 생각을 공유하고 나눔으로써 잘못 형성된 가치관을 수정하거나 사고의 전환을 가져오는 계기가 될 수 있다.

넷째, 융복합 텍스트를 해석하는 역량을 기를 수 있다. 프레젠테이션 자료를 만들 때는 많은 고민을 한다. 글자의 위치와 크기, 글씨체 등 문자 텍스트뿐 아니라 사진이나 그림의 크기와 종류 및 위치 등 이미지 텍스트에 관해서도 고민하게 된다. 문자 텍스트와 이미지 텍스트가 결합하면 새로운 의미를 만들어낼 수 있기 때문이다. 이러한 융복합 텍스트를 만들고 읽어내는 능력은 저절로 길러지지 않는다. 많은 시간과 노력을 들여 훈련해야 한다. 그림책은 그림(이미지)과 글(문자)이라는 두 가지 매체로 구성되어 있다. 그림이 글의 내용을 풍성하게 해주기도 하고, 글이 그림의 내용을 더욱 풍성하게 만들기도 한다. 그림책을 읽을 때는 그림과 글을 따로 읽는 것이 아니라 그림과 글이 함께 만들어내는 새로운 의미를 읽는다. 그림책 토론은 이러한 융복합 텍스트를 읽고 쓰는 능력을 기르는 수업이다. 특히 이미지에 많이 노출되어 있고 자신의 이야기를 잘 표현하지 못하는 청소년들에게 '그림'은 그들의 마음을 어루만질 수 있는 매체 언어로 작용하여 많은 질문과 토론거리를 낳을 수 있다.

다섯째, 제한된 시간에 한 권의 책을 함께 읽고 토론하기에 적절하다. 그림책은 수업 시간에 함께 읽을 수 있다. 제한된 수업 시간(초등 40분, 중등 45~50분) 안에 학급 구성원들이 한 권의 책을 동시에 읽고 토론 수업을 할 수 있는 매체는 그다지 많지 않다. 그림책은 대개 30~40쪽 이내로 구성되어 있다. 교사가 읽어준다면 5분이면 충분하다. 따라서 개별 활동이든 모둠 활동이든 다시 읽기나 깊이 읽기, 질문 만들기 등 다양한 토론 방법을 구현할 수 있다.

여섯째, 범교과적·통합적인 주제를 다루기에 적절하다. 그림책 한 권에는 많은 사실과 정보, 가치와 주제가 들어 있다. 책을 읽는 학생들의 지향점과 교사의 지향점이 다를 수 있다. 또한 학생들 간에도 흥미와 관심, 경험이 다양하므로 보는 관점에 따라 한 권의 책에 여러 주제가 개입될 수 있다. 학생들은 자기가 생각하는 주제 및 개념과 관련된 질문을 하고, 그 질문을 중심으로 토론이 진행되는 가운데 통합적인 주제에 대해 논의할 수 있다. 이러한 측면에서 그림책 토론 수업은 범교과 수업에 활용할 수 있는 매우 유용한 도구다.

그림책 토론 수업 방법과 절차

그림책 토론 수업 전: 사전 준비

그림책 토론 수업을 진행하기 위해선 사전 준비가 필요하다.

첫째, 교육과정을 재구성해 성취 기준에 맞는 핵심 개념을 추출하고, 이를 담고 있는 그림책을 선정해야 한다. 여기에는 교사의 안목과 전문성이 필요하다. 교사는 이미 교육과정 전문가이다. 여기에 하나 부가되는 것은 교사가 먼저 그림책을 많이 읽거나 알고 있어서 어떤 단원에서 어떤 그림책을 채택하여 토론으로 다룰 수 있는지를 고민하는 것이다.

둘째, 수업이 이루어지기 전에 모둠별 도서를 구입해야 한다. 효과적인 그림책 토론 수업을 하려면 모둠별로 한 권씩 그림책이 준비되어 있어야 한다. 그림책을 직접 만져보고 책장을 넘겨보며 읽는 것은 학생들에게 오감을 사용하여 토론할 수 있는 즐거움을 제공해줄 수 있다.

그림책 토론 수업 진행 과정

실제 토론 수업 활동이 이루어지는 과정을 살펴보자.

첫째, 그림책을 간략하게 소개한다. 즉 그림책의 서지 정보에 대해 설명한다. 저자 소개와 수상 실적, 책의 앞뒤 표지와 그림의 형태, 색감 등 책 내용 이외의 정보들에 대해서 책을 보여주며 간략히 설명해주면 본격적인 읽기 활동 전에 학생들이 관심을 갖게 된다.

둘째, 교사가 그림책을 읽어준다. 그림책은 스토리텔링storytelling 매체이다. 교사가 천천히 읽어주면 수업 초반에 좋은 동기유발이 될 수 있다. 교사가 굳이 동화를 구연하듯 읽어줄 필요까지는 없겠지만, 학생들이 몰입할 수 있도록 책의 등장인물과 성격, 시대적 배경, 이야기 흐름 등을 고려하여 천천히 읽어주어야 한다. 교사가 읽어줄 때 학생들은 호기심을 보이며 그림책의 매력에 빠지게 되고, 독서에 서서히 흥미를 갖게 된다. 간혹 학생이 원하는 경우 교사 대신 해당 학생이 읽어도 무방하다.

셋째, 생각을 탐색하는 활동을 한다. 학생들은 그림책을 읽은 후 자신의 생각을 펼치는 활동을 한다. 책을 읽은 후 처음 든 느낌을 단순하게 그림으로 표현하거나 등장인물이나 사건 또는 스토리를 중심으로 브레인스토밍, 포토스탠딩, 마인드맵 등 다양한 활동을 하는 것이다. 이 시간을 통하여 학생들은 책과 관련되어 떠오르는 자신의 생각을 자유롭고 창의적으로 표현할 수 있다.

넷째, 질문 만들기 활동을 한다. 교사가 제시하는 질문에 학생들이 반응하는 것이 아니라, 학생들이 직접 질문을 만들어보는 것이다. 개인적으로 궁금하거나 토론거리가 될 만한 질문을 2~3개 정도 만든다. 이 과정을 통해 학생들은 수업에 흥미를 갖고 적극적으로 참여하게 된다. 질문은 대개 자신의 경험, 인지체계, 가치 체계와 충돌하거나 지적 호기심이 발동하는 부분에서 형성된다. 이 활동은 학생 측면에서는 학습 동기 유발에 매우 효과적이다. 또한 교사 측면에서는 학생들이 궁금해 하는 부분이 어디인지, 질문이 어떤 지점에서 만들어지는지를 주의 깊게 관찰할 수 있다. 즉 학생들의 인지적·정의적 영역의 수준을 파악할 수도 있다. 이때 유의할 점은 교사가 좋은 질문을 만들도록 요구하거나 질문을 너무 많이 만들도록 요구해선 안 된다는 것이다. 교사는 인내하고 기다리며 학생들이 즐겁게 참여할 수 있는 분위기를 조성하는 것이 중요하다.

다섯째, 모둠별로 대표 질문을 선정한다. 모둠 내에서 토의를 통하여 대표 질문을 선정하게 한다. 여기에서 대표 질문은 학급 구성원들과 더 깊은 토론을 해보고 싶거나 논쟁이 가능한 질문을 기준으로 삼아 선정하는 것이 좋다. 즉 책을 보면 질문의 답을 바로 알 수 있는 닫힌 질문이 아니라 다양한 생각이 나올 수 있는 열린 질문을 선정하는 것이다.

질문을 선정하는 방법은 다양하다. 모둠별로 피라미드 토론을 해도 좋고, 특정한 토론 형식 없이 모둠원이 돌아가며 각자 자신이 제출한 질문을 간략히 설명한 뒤 가장 좋은 질문을 모둠 내에서 다수결로 선정해도 된다.

모둠별 대표 질문이 선정되면 모둠별 활동지에 적어 전체가 볼 수 있도록 칠판에 게시한다. 이때 교사는 한 학급에서 비슷한 내용의 대표 질문이 서로 겹치지 않도록 미리 안내한다. 예를 들면, A모둠에서 선정된 대표 질문이 먼저 칠판에 적혀 있는데 B모둠의 대표 질문이 같은 경우에는 차선의 질문을 선정하여 쓰도록 한다. 비슷한 질문이 여러 모둠에서 선정되었다는 것은 그만큼 구성원들이 비슷한 생각을 하고 있다는 점을 알 수 있는 지표가 된다. 하지만, 다양한 관점의 토론을 위해 시간적으로 나중에 칠판에 적는 모둠은 차선의 질문을 고르도록 한다.

여섯째, 전체 토론을 통해 학급의 대표 질문을 선정한다. 이 활동은 교사가 진행하는데, 모둠별로 그 질문이 만들어진 이유 및 선정 배경을 발표하고 토론하는 과정이다. 교사가 먼저 각 모둠별로 대표 질문을 선정한 이유를 발표하게 한다. 발표가 끝나면 이어서 다른 모둠원들에게 그 질문에 대해 어떤 생각이 드는지, 발표한 모둠의 생각과 다른 의견이 있는지를 물어보는 과정을 2~3회 반복하는 질문 탐구 과정을 거친다. 이처럼 질문에 대한 탐구 과정을 통해 모호했던 질문의 내용과 가치가 명료해지거나 논점이 드러나거나 원래 질문의 의미가 더 심화되기도 한다. 또한 다양한 교과 학습 개념들이 도출되며 사고의 폭발적 확산이 이루어지는 경우도 있다. 모둠별 대표 질문에 대한 전체 토론을 마친 후 교사는 도출된 여러 주제와 유의미한 학습 개념을 정리해주고 학급 대표 질문을 선정하도록 한다.

일곱째, 학급 대표 질문을 토론 논제로 바꾸는 활동을 한다. 그림책으로 도출되는 논제는 대개 가치를 담고 있는 가치 논제인 경우가 많다. 일반적으로 학생들은 하나의 질문을 논제 형태로 전환하는 데 어려움을 느낀다. 따라서 교사는 논제가 갖추어야할 형식을 간단히 설명하고 학생들과 함께 논제 형식으로 수정하여 차시에 심화 토론할 수 있는 논제로 제시하도록 한다.

그림책 토론 수업 후: 독후 활동

이처럼 질문을 활용하여 논제가 도출되면 다음 수업에 찬반토론, 월드카페, 세미나, 논리적 글쓰기 등 다양한 방법을 활용하여 한층 심화된 토론 수업이나 글쓰기 활동을 진행할 수 있다.

그림책 토론 수업 Q&A

그림책의 선정 기준은 무엇인가요?

첫째, 교과별로 교육과정의 핵심 개념과 성취 기준에 근거한 주제를 도출할 수 있는 그림책을 선정한다. 둘째, 철학적 토론이 가능한 그림책을 선정한다. 즉 그림책을 읽었을 때 하나의 주제로 선명하게 정의할 수 있는 책보다는 여러 측면으로 토의하고 추론할 수 있는 열린 토론이 가능한 책을 선정하는 것이 좋다.

그림책은 몇 권을 구입해야 할까요?

학생 1인당 1권의 책이 주어진다면 더할 나위 없이 좋겠지만, 현실적으로 도서 구입 예산이 여의치 않을 경우가 많으므로 대체로 모둠별(4인 1모둠)로 그림책 1권을 나누어주고 토론 수업을 진행할 것을 권장한다. 그림책은 그림과 텍스트를 융복합적으로 해석하는 매체이다. 따라서 책을 여러 번 보고 읽는 것이 효과적이다. 학기 초 교과 수업 활동에 배정된 예산을 활용하여 모둠별 교과 도서 구입비를 신청하면 가능할 것이다.

그림책을 꼭 교사가 읽어주어야 할까요?

그림책 읽기는 자원하는 학생이 있는 경우 대표로 읽거나 모둠 내에서 서로 번갈아 읽을 수도 있다. 그러나 수업 도입 부분에서 교사가 책의 서술 방식, 책에 얽힌 특별한 사연, 작가 약력 등 간략히 책을 소개하고 그림책마다 고유한 느낌을 살려 스토리텔링을 하는 것이 수업의 몰입도를 높이는 측면에서는 좀더 유용하다.

그림책 토론 수업에서의 교사의 역할은 무엇인가요?

그림책 토론 수업에서 핵심은 학생들이 스스로 질문을 만들어보는 데 있다. 교사는 사전에 질문 만드는 방법을 알려주거나 예시를 하나 제시해주는 것이 좋다. 학습자가 창의적으로 접근하여 텍스트, 구성, 그림, 이야기, 인물, 상황 등에 대해 토의해보고 싶거나 궁금한 점을 어떤 형태의 질문으로도 만들 수 있음을 강조한다. 단 이 경우 교사가 질문의 종류를 상세히 분류하거나 질문의 위계 등을 사전에 가르치지 않도록 한다. 교사 입장에서 좋은 질문, 수준 높은 질문을 만들도록 강요하면 학생들은 지레 겁을 먹을 수 있으므로, 학생들이 용감하게 다양한 질문을 만들 수 있도록 독려해주는 것이 좋다. 또한 자유로운 토론이 가능하도록 허용적인 교실 분위기를 조성해주는 것도 매우 중요한 요소이다.

그림책 토론 수업은 초등학생들에게만 적용 가능하지 않을까요?

그림책에 관한 가장 흔한 오해 중 하나는 아동용 도서라는 것이다. 그림책은 내용이 쉽고 분량도 적으며 글과 그림으로 이루어져 문자를 읽을 수 없는 미취학 아동도 쉽게 접할 수 있다. 그렇다고 해서 그림책이 아동용이라고 생각하는 것은 편견이다. 외국의 경우 이미 그림책은 유아용 도서가 아니라는 생각이 흔하다. 우리나라에서도 철학적 주제를 담고 있는 그림책의 경우 남녀노소 할 것 없이 여러 연령대가 함께 즐겨 보는 도서로 자리매김하고 있다. 최근 교육 분야뿐 아니라 심리학, 상담, 의료 분야에서도 그림책의 이용 가치가 높이 평가되고 있다. 실제 교실 수업에서 그림책을 활용하여 깊이 있는 토론과 질문이 가능함을 경험해본 중고등학생들은 그림책의 가능성에 한결같이 놀라워하며 자신들의 고정관념을 깨는 계기가 되었다는 반응을 보인다.

실제 수업 사례

다음은 실제 그림책 토론 수업에서 같은 책을 읽고 초등학교, 중학교, 고등학교 교실에서 각각 어떤 내용의 토론이 이루어지는지를 정리한 것이다.

그림책 《점》과 《종이 봉지 공주》로 진행한 그림책 토론 수업에서 학생들이 선정한 모둠 대표 질문을 보자. 모둠 대표 질문을 통해 알 수 있는 가장 큰 특징은 일반적으로 학년이 올라갈수록 학생들의 질문 수준이 높아진다는 점이다. 초등학생들은 주로 그림책 속 사건이나 인물들의 행동, 생각을 궁금해 한다. 왜 그런 사건이 일어났는지, 주인공이 느낀 감정은 무엇인지 등 실제 벌어진 현상의 한 원인, 이유를 주로 궁금해 하였다. 반면에 중학생, 고등학생으로 갈수록 현상에서 벗어나서, 자신의 처지에서 판단해보고 평가를 내리는 질문, 가치 판단을 요구하는 질문, 사회 문제를 다루는 질문 등 깊은

점
피터 레이놀즈 글·그림, 김지효 옮김
문학동네어린이, 2003.

학생들이 제시하고 선정한 모둠 대표 질문		
초등학교	중학교	고등학교
작가가 전하고자 하는 뜻은 무엇일까?	작가의 의도는 무엇일까?	작가가 전하고자 하는 의도는 무엇일까?
베티는 선생님의 말을 듣고 무엇을 느꼈나?	나라면 다양한 점을 그릴 생각을 했을까?	선의의 거짓말은 과연 바람직한가?
점 하나 찍힌 그림을 작품이라고 할 수 있을까?	점도 미술 작품이 될 수 있나?	점 하나 찍은 그림을 과연 작품이라고 말할 수 있을까?
베티는 처음에 왜 점을 찍었을까?	내가 베티라면 빈 도화지에 무슨 그림을 그렸을까?	점을 그린 이후 왜 베티의 행동이 변했을까?
남자아이도 베티처럼 선으로 그림을 잘 그릴 수 있을까?	전시회에서 베티의 점이 왜 인기가 많았을까?	도화지에 점을 찍은 베티의 행동은 수업 시간에 용납되는 행동인가?
베티가 그림을 싫어했던 이유는 무엇일까?	선생님은 왜 베티의 점을 액자에 넣어서 전시했을까?	선생님의 칭찬을 그대로 믿어도 될까?

종이 봉지 공주

로버트 먼치 글,
마이클 마르첸코 그림, 김태희 옮김
비룡소, 1998.

학생들이 선정한 모둠 대표 질문		
초등학교	중학교	고등학교
공주가 왕자와 결혼하지 못했는데 마지막 장면에 왜 좋아했을까?	만약 둘이 결혼을 했다면 어떻게 되었을까?	자신이 사랑하는 한 사람을 위해 다수의 사람이 희생되어도 되는가?
용이 왜 왕자를 잡아먹지 않았을까?	용은 왜 공주가 시키는 대로 다 했을까?	결혼할 때 가장 중요한 것은?
왜 용이 지나간 곳이 불에 타 있었나?	공주는 종이 봉지를 입으면서 어떤 생각이 들었을까?	모든 걸 잃은 공주가 무너지지 않고 이겨낼 용기는 어디에서 나왔을까?
용이 나무를 태웠을 때, 옆에 있는 종이 봉지는 왜 타지 않았을까?	인생을 사는 데 진정으로 중요한 가치는 무엇일까?	현대인들이 종이 봉지 공주의 마지막 행동으로부터 배워야 할 점은 무엇인가?
엘리자베스는 로널드 왕자를 왜 좋아했을까?	어떤 모습이 진짜 왕자, 진짜 공주일까?	왕자는 외모지상주의를 가진 사람일까?
용은 왜 왕자를 잡아갔을까?	용은 왜 왕자를 잡아갔을까?	용이 왕자를 잡아간 이유는 무엇일까?

생각을 할 수 있게 하는 질문을 만들었다. 이렇게 학년이 올라갈수록 더 깊은 생각을 필요로 하는 질문이 만들어진다는 것은 그림책이 단순히 아동용 도서가 아니라 중학생, 고등학생에게도 아주 훌륭한 수업 교재가 될 수 있음을 의미한다.

물론 학년이 올라갈수록 질문의 수준이 높아지지만 그림책 《점》에서 '작가의 의도는 무엇일까', '점도 미술 작품이 될 수 있나', 그림책 《종이 봉지 공주》에서 '용은 왜 왕자를 잡아갔을까'처럼 초등학생, 중학생, 고등학생이 동일한 질문을 하는 경우도 종종 있다. 하지만 동일한 질문이라도 이유와 근거를 들어 주장하고, 상대 의견에 대해 반대 의견 제시하는 등의 토론 과정을 통해 학생들의 생각하는 힘은 키워진다. 따라서 그림책 토론 수업은 초등학생뿐 아니라 중학생, 고등학생에게도 적용할 수 있다.

그림책은 일생 동안 세 번 보는 책이라고 한다. 태어나서 아기이던 시절에 한 번 보고, 부모가 되어서 자식에게 읽어주면서 또 한 번, 그리고 마지막으로 노인이 되어서 다시 한번 읽는 책이라는 뜻이다. 여기에 우리는 하나를 더 보태고자 한다. 그림책은 청소년기 자신의 정체성을 찾아가기 위하여 함께 읽고 보며 토론하는 책이다.

2018년 6월

권현숙

차례

들어가는 말 _ 그림책 토론 수업이란? 5

1. 초코곰과 젤리곰의 성별은 무엇일까? _김준호 24
철학적 탐구공동체 /《초코곰과 젤리곰》

2. 슈퍼 거북 뒷이야기는 어떻게 될까? _김준호 44
브레인라이팅 /《슈퍼 거북》

3. 친자식이 아니어도 온전히 사랑할 수 있을까? _김민경 74
프로콘 토론 /《뻐꾸기 엄마》

4. 100만 번을 살 수 있다면 행복할까? _김민경 96
퍼블릭포럼 디베이트 /《100만 번 산 고양이》

5. 엄마는 왜 집을 나갔을까? _조승연 122
핫시팅 /《돼지책》

6. 진정한 자유란 무엇일까? _조승연 142
회전목마 토론 /《스갱 아저씨의 염소》

7. 관심과 사랑의 힘 _김황곤 164
소크라틱 세미나 /《까마귀 소년》

8. 사람의 욕심은 제어할 수 있을까? _ 김황곤　　　　　**194**
　　월드카페 / 《색깔을 훔치는 마녀》

9. 방귀쟁이 며느리는 시댁으로 돌아가야 할까? _ 권현숙　　**222**
　　논증 게임 / 《방귀쟁이 며느리》

10. 도시 '올'의 규칙은 정당한가? _ 권현숙　　　　**254**
　　찬반패널토론 / 《고슴도치 X》

**11. 모든 생명이 함께 사는 세상,
우리는 무엇을 할 수 있을까?** _백지원　　　　**286**
　　오픈스페이스 / 《시애틀 추장》

12. 의사는 직업적 소명을 위해 목숨을 버릴 수도 있을까? _ 백지원　**312**
　　주도권 토론 / 《치과의사 드소토 선생님》

부록 1 그림책 토론 수업(사회과 예시)　　　　**343**
부록 2 그림책 토론 수업 활동지　　　　**348**
부록 3 그림책 활용 소크라틱 세미나 활동지　　**350**
부록 4 그림책 활용 교과 연계 대회　　　　**351**

Book Talk 1

토론 주제 : 인권, 편견, 차별

초코곰과 젤리곰의 성별은 무엇일까?

| 김준호 |

《초코곰과 젤리곰》
얀 케비 글·그림, 박정연 옮김, 한솔수북, 2015

인권, 편견, 차별을 말하다

인권, 편견, 차별에 관한 그림책 중에 《초코곰과 젤리곰》은 단연 으뜸이다. 세계 인권운동의 발단이 된 '로자 파크스 사건'을 모티프로 한 내용도 훌륭하지만 무엇보다 학생들이 흥미를 유발하는 다양한 그림에 담긴 의미를 찾는 과정에서 그림책 읽기의 참맛을 느낄 수 있기 때문이다.

초코곰과 젤리곰은 과자 공장에서 처음 만났다. 둘은 서로 좋아하게 되고 즐거운 시간을 보낸다. 하지만 초코곰은 초코곰과, 젤리곰은 젤리곰과만 놀아야 한다는 편견 때문에 초코곰과 젤리곰이 만나는 걸 모두 흉보았다. 그래서 이 둘은 집 밖에서는 함께할 수 없었다. 너무 마음이 아픈 초코곰은 의사 선생님한테 치료를 받는다. 그리고 의사 선생님의 조언을 따라 가장 맛있는 나라를 찾아 떠난다.

학생들이 편견과 차별을 당연시하지 않는 인권 감수성을 가지길 바란다. 《초코곰과 젤리곰》을 읽고 학생들이 만든 "초코곰과 젤리곰의 성별은 무엇일까?"라는 전혀 예상치 못한 질문을 통해 편견과 차별에 대해 토론하는 교실 현장으로 들어가보자.

철학적 탐구공동체

철학적 탐구공동체 토론이란?

'철학한다'는 것은 어려운 철학 이론을 공부하는 것이 아니다. 철학함이란 세상과 인간과 인간의 삶에 담긴 의미와 가치를 추구하는 것이다. 철학함을 실천하는 철학적 탐구공동체는 어린이 철학 운동을 주도해온 미국의 철학자 매슈 리프먼Matthew Lipman이 제안한 방법론이다. 철학적 탐구공동체에서 토론은 단순히 사고함에 주목하는 것이 아니라 우리가 처해 있는 현실 문제에 대한 관심을 바탕으로 시작된다. 서로 다른 생각을 지닌 사람들이 모여 서로 배려하고 존중하는 가운데 철학적 대화를 통해 공동체의 문제를 해결하는 합당한 판단을 추구한다. 철학적 탐구공동체 토론을 통해 문제를 해결할 때 중요한 점은 고차적 사고력(창의적 사고, 비판적 사고, 배려적 사고)을 통해 합당한 판단을 하는 것이다.

철학적 탐구공동체 토론의 기본적인 특징은 다음과 같다.

1. 서로 믿고 협동하는 배려 공동체
2. 서로의 생각을 존중하기
3. 더 나은 답을 찾기 위한 과정 중시
4. 질문과 생각을 마음껏 허용하기
5. 어떤 주제나 질문이든 의미와 가치에 대해 깊이 생각하기
6. 철학적 탐구공동체를 이끄는 동력은 참가자들의 생각

_김혜숙·김혜진 지음, 《지혜로운 생각을 키우는 철학수업 레시피》, 교육과학사, 2017, 33~34쪽

철학적 탐구공동체 토론에서 가장 중요한 점은 학생들의 생각을 존중하는 것이다. 존중이야말로 철학적 탐구의 가장 큰 원동력이기 때문이다. 학생들의 생각을 존중한다는 것은 학생들이 스스로 세상과 인간, 인간 삶의 문제나 가치 등에 대해서 근거를 들어 자신의 생각을 표현할 수 있음을 의미한다. 배려하는 공동체인 교실 안에서 서로 생각을 공유하는 과정을 경험하고 더 나은 판단을 추구하는 과정에서 학생들은 민주 시민으로 성장할 수 있다.

결국 철학적 탐구공동체에서 토론한다는 것은 공동체 내 삶의 문제나 철학적 주제, 가치 등에 대해서 친구들과 함께 질문하고 더 나은 답을 찾아가는 것이다.

토론 모형 흐름도

1. 교재 읽기
2. 개인 질문 만들기
3. 모둠 대표 질문 선정하기(생략 가능)
4. 학급 대표 질문 선정하기
5. 토론하기
6. 표현 활동

수업 흐름도

1. 그림책 읽기
2. 소감 나누기 – '포토스탠딩'
3. 개인 질문 만들기
4. 모둠 대표 질문 선정하기
5. 학급 대표 질문 선정하기
6. 토론하기
7. 표현 활동 – '글쓰기'

수업 사례

1. 그림책 읽기 - '돌아가며 읽기'

철학적 탐구공동체 토론을 하기 위해서는 학생들이 다양하고 자유롭게 생각할 수 있는 그림책을 선정해야 한다. 내용이 지나치게 교훈적이거나 답이 정해져 있는 듯하면 학생들은 생각하기를 멈춘다. 철학적 탐구공동체 토론에서 일반적인 텍스트 교재를 읽을 때는 2~3문장씩 돌아가며 읽는 것이 좋다. 그림책을 활용한 읽기에서는 개인별로 1~2쪽씩 돌아가면서 읽는 것을 추천한다.

> ### 그림책 《초코곰과 젤리곰》 읽기 Tip
>
> 그림책은 글과 그림이 상호작용하며 의미를 전달한다. 즉 글만 읽거나 그림만 봐서는 내용을 정확히 이해하기 어렵다. 때로는 글이 그림을, 때로는 그림이 글을 보완해주며 의미를 완성해나간다. 그림책 《초코곰과 젤리곰》은 버스에서 초코곰과 젤리곰이 함께 앉을 수 없는 장면 등을 통해 인종차별 문제를 드러내 보인다. 그 외에도 다양한 장면에서 그림을 통해 많은 것을 전해준다. 《초코곰과 젤리곰》을 통해 그림을 보며 의미를 찾는 그림책 읽기의 재미를 톡톡히 느낄 수 있다.

2. 소감 나누기 – '포토스탠딩'

포토스탠딩 토론은 주제와 사진의 관련성을 찾아 연결하는 창의적 사고 증진 기법이다. 프리즘 카드가 시각적으로 그림이 잘 표현되어 있어서 포토스탠팅 토론에 사용하기 좋다. 프리즘 카드와 연결해서 그림책을 읽은 느낌을 표현한다.

3. 개인 질문 만들기

그림책을 읽고 떠오르는 질문을 개인별로 만들어 본다. 질문을 만들 때 학생들에게 질문 유형이나 질문을 만드는 방법을 미리 알려줄 수도 있다. 하지만 이런 과정을 거치지 않고서도 질문을 만들고 토론을 하는 과정을 거치다 보면 학생들은 자연스럽게 더 나은 질

학생들이 표현한 포토스탠딩

책을 읽은 느낌은 '짬짜면'과 같다. 왜냐하면 완전히 다른 맛의 짜장면과 짬뽕이 모여 맛있는 짬자면이 된 것이 초코곰과 젤리곰과 같기 때문이다.

책을 읽은 느낌은 '돌탑'과 같다. 왜냐하면 처음에는 무너지고 쓰러지는 일들이 있어도 계속 노력을 하면 언젠가 꿈을 이루는 순간이 온다. 마치 초코곰과 젤리곰처럼.

책을 읽은 느낌은 '흙 묻은 자동차'와 같다. 왜냐하면 가장 맛있는 나라로 가기 위해 험난한 여행을 떠났기 때문이다. 도로가 험난할수록 자동차에 흙이 많이 묻는다.

책을 읽은 느낌은 '저울'과 같다. 왜냐하면 다르게 생긴 사람들이 저울에 올라갔지만 무게는 똑같은 것처럼, 초코곰과 젤리곰도 생김새는 다르지만 결국 같은 곰이기 때문이다.

책을 읽은 느낌은 '달리는 말'과 같다. 왜냐하면 서로 다르게 생겼지만 함께 달리고 있는 것처럼 초코곰과 젤리곰도 서로 다르게 생겼지만 함께 달리기 때문이다. 서로 조화를 이루어 살아가는 것이 좋은 것 같다.

문을 제시할 수 있게 된다. 학생들이 더 나은 질문을 만드는 가장 좋은 방법은 질문하고 토론하는 과정 그 자체에 있다. 학생들이 만든 질문이 단순하거나 유치해보일 수도 있다. 하지만 학생들에게는 의미 있는 질문일 수도 있다는 사실을 유념해야 한다.

학생들이 만든 질문은 다음과 같다.

- 초코곰과 젤리곰은 어디서 만났나요?
- 초코곰과 젤리곰의 자녀 이름은?
- 초코곰과 젤리곰이 의사 선생님 말씀대로 찾아간 곳은?
- 초코곰이 슬퍼했을 때 젤리곰은 어떻게 했나?
- 초코곰과 젤리곰의 성별은 무엇일까?
- 초코곰과 젤리곰은 왜 밖에서 놀 수 없었나?
- 초코곰과 젤리곰은 왜 맛있는 나라로 떠났나?
- 초코곰은 왜 병에 걸렸을까?
- 왜 초코곰과 젤리곰이 같이 다니는 것을 좋지 않게 보았을까?
- 초코곰과 젤리곰을 좋지 않은 시선으로 바라볼 때 기분은 어땠을까?
- 초코곰과 젤리곰이 버스에 탔을 때 어떤 기분이 들었을까?
- 내가 만약에 초코곰과 젤리곰처럼 차별을 받는다면 어떻게 행동했을까?
- 이 이야기의 글쓴이가 말하고자 하는 것은?
- 이 이야기가 나타내고 있는 사회적 문제에는 어떤 것들이 있을까?

- 만약 자신이 초코곰이었다면 젤리곰을 만나지 못하게 했을 때 어떻게 했을까?
- 편견은 왜 나쁜 것일까?
- 내가 만약 의사선생님이었다면 어떻게 했을까?
- 다른 것은 틀린 것인가?
- 초코곰과 젤리곰이 살던 나라를 떠난 것은 바람직한가?

4. 모둠 대표 질문 선정하기

개인별로 만든 질문들을 살펴보면서 가장 토론하기 좋은 질문을 모둠별로 1개씩 선정해 칠판에 작성한다. 칠판에 작성할 때는 모둠과 학생 이름을 같이 적어둔다. 칠판에 이름이 적히는 걸 알게 되면 더욱 신중하게 질문을 만들게 된다. 또한 자신의 질문이 모둠 대표 질문이나 학급 대표 질문으로 선정된다면 최소한 그 한 시간의 수업만큼은 누구보다 집중하게 된다.

학생들이 선정한 모둠 대표 질문은 다음과 같다.

1모둠: 이 이야기가 나타내고 있는 사회적 문제에는 어떤 것들이 있을까?(김태현)

2모둠: 이 이야기의 글쓴이가 말하고자 하는 것은?(김수진)

3모둠: 초코곰과 젤리곰의 성별은 무엇일까?(백민규)

4모둠: 왜 초코곰과 젤리곰이 같이 다니는 것을 좋지 않게 보았을까?(임보희)

5모둠: 초코곰이 슬퍼했을 때 젤리곰은 어떻게 했나?(전나현)

6모둠: 만약 내가 초코곰과 젤리곰처럼 차별을 받는다면 어떻게 행동했을까?(이동호)

5. 학급 대표 질문 선정하기

모둠 대표 질문 중에서 다수결로 학급 전체 대표 질문을 선정한다. 각자 토론하고 싶은 질문이 여러 개 있을 수 있어서 개인별로 2번 투표할 수 있게 해주는 것이 좋다. 학생들이 더 나은 질문을 학급 대표 질문으로 선정하는 것이 어려울 수 있다. 또한 학생들이 교사가 보기에 좋지 않은 질문을 학급 대표 질문으로 선정할지도 모른다는 두려움도 있다. 하지만 크게 두려워할 필요 없다. 철학적 탐구공동체 토론에서는 학생들이 논의하는 대로 따라가는 것이 무엇보다 중요하기 때문이다. 대표 질문은 다음으로 정해졌다.

· 초코곰과 젤리곰의 성별은 무엇일까?

학생들에게 이 질문을 선정한 배경을 물으니 처음에는 성별에 대한 단순한 호기심으로 만들었는데, 모둠 질문을 선정하기 위해 토론하는 과정에서 흥미로운 사실을 깨닫게 되었다고 한다. 그래서 학급 전체 친구들과 함께 토론을 하고 싶어서 이 질문을 선정했다고 설명했다.

6. 토론하기

흔히 토론이라고 하면 찬성과 반대로 나뉜 논증적 말하기로 여긴다. 하지만 철학적 탐구공동체에서 토론은 찬반 토론에 국한되지 않는다. 학생들이 자신의 생각을 적절한 근거를 들어 표현하고 공유하는 것 자체가 토론이라고 할 수 있다. 그리고 철학적 탐구공동체 토론에서는 다른 토론과는 다르게 개념의 의미, 개념에 대한 본질적 탐구를 중시한다.

토론 활동을 할 때는 교사가 자신의 생각을 주입하려 해서는 안 된다. 아이들의 생각을 존중해야 한다. 다만 학생들의 생각이 타당한지 타당하지 않은지 반성할 수 있는 계기를 마련해주는 것은 교사의 중요한 역할이다.

"초코곰과 젤리곰의 성별은 무엇일까?"라는 대표 질문을 놓고 토론을 하면서 학생들은 자유롭게 자신의 이야기를 펼쳐냈다. 편안하게 나눈 대화 속에서 학생들은 차별이란 무엇인지, 편견이란 무엇인지 깨닫고 배울 수 있었다.

교사: 초코곰과 젤리곰의 성별은 무엇일까요?

학생 1: 핑크색 젤리곰이 남자일 것 같아요. 남자가 화장할 수도 있으니까요. 남자는 화장을 하지 않는다는 것은 편견이에요

학생 2: 젤리곰은 남자 같아요. 초코곰은 여자의 특징이 없으니 남자예요. 다른 학생들은 다 젤리곰을 여자라고 생각할 것 같아서 저는 남자라는 생각이 들었어요. 난 친구들과 다른 생각을 하고 싶어요.

학생 3: 젤리곰이 여자예요. 속눈썹이 위로 올라갔어요. 다른 그림에서는 속눈썹이 옆으로 되어 있어요. 화장실 표시도 그렇지만 여자를 보통 붉은색으로, 남자를 파란색으로 표시해요.

학생 4: 자동차를 타고 가는 그림을 보면 젤리곰이 운전하고 있어요. 남자와 여자가 자동차를 타고 갈 때 보통은 남자가 운전을 해요. 또 주유를 하는 장면에서도 젤리곰이 주유를 하는데 일반적으로 남자가 하는 일이니 젤리곰은 남자예요.

학생 5: 둘 다 남자예요. 주유하는 장면 옆 그림에서는 초코곰이 운전을 해요.

학생 6: 함께 밥 먹는 장면에서 초코곰은 턱시도, 젤리곰은 드레스처럼 보이는 옷을 입고 있어서 초코곰이 남자, 젤리곰이 여자예요.

학생 7: 친구들이 하는 이야기는 다 편견인 것 같아요.

철학적 탐구공동체 토론에서 중시되는 개념 탐구를 하고 싶어서 언제 할까 고민하고 있었는데 때마침 편견을 언급해주어서 솔직히 기뻤다. 편견이란 무엇인지 이야기를 나눌 수 있게 되었기 때문이다.

편견이라는 개념을 어떻게 정의할지 기대를 품고 질문했다.

교사: 그런가요? 편견이 뭘까요? 그럼 우리 토론을 잠깐 멈추고 편견의 개념에 대해서 생각해봅시다. 우선 편견에 해당되는 사례를 한번 말해봐요

학생 1: 남자는 부엌일을 하면 안 된다.

학생 2: 학생은 무조건 어른의 말을 따라야 한다.

학생 3: 남자는 간호사가 되면 안 된다.

학생 4: 여자는 조신해야 한다.

학생 5: 백인은 흑인보다 우월하다.

학생 6: 남자는 글을 못 쓴다.

교사: 지금까지 나온 사례의 공통점에서 편견을 어떻게 정의할 수 있을까요?

학생 1: 사실이 아닌 거요.

학생 2: 고정관념으로 생긴 그릇된 생각이에요.

학생 3: 차별을 만드는 생각이에요.

교사: 여러분의 의견을 종합해보면 편견이란, 사실이 아니면서 고정관념으로 생긴 차별을 만드는 생각이네요. 이제 우리가 정의한 편견의 개념에 따라 살펴봐요. 여자만 화장을 한다, 남자가 운전을 한다, 남자가 주유를 한다, 턱시도는 남자, 드레스는 여자가 입는다. 어때요? 편견인가요?

학생 일동: 네 모두 편견이에요.

이제 학생들은 스스로 만들고 나눈 질문과 대화를 통해 편견을 분명히 이해하게 되었다. 그리고 자신도 모르는 사이 가지게 된 편견도 깨닫고 있었다.

교사: 그럼 다시 생각해봐요. 초코곰과 젤리곰의 성별은 무엇인가요?

학생 1: 알 수 없을 것 같아요

학생 2: 분명한 건 초코곰과 젤리곰이 이성 관계라는 거예요. 초코곰과 젤리곰은 분리되어서 살아가요. 자녀들은 부모의 유전자를 절반씩 나눠 가지니까 분리되었을 경우에는 초코틴과 젤라코가 태어날 수가 없어요. 그렇다면 초코틴과 젤라코는 초코곰과 젤리곰 사이에서 태어난 자녀인거죠. 자녀를 낳기 위해서는 초코곰과 젤리곰의 성별이 달라야 해요. 동성일 확률은 없어요.

학생 3: 그렇네. 초코곰과 젤리곰이 동성은 아니네. 이성 관계가 맞아요.

학생 4: 맞아요. 그럼 초코곰과 젤리곰은 이성 관계인데 초코곰과 젤리곰의 성별은 무엇인지는 알 수 없어요.

학생 5: 맞아요. (다들 동의함)

학생 6: 근데, 초코곰과 젤리곰이 서로 분리되어 살아간다고 하지만 가장 맛있는 나라에는 다른 곰들이 있을 수 있어요. 초코곰과 젤리곰처럼 새로운 도전을 펼치는 곰들이 분명히 있을 거예요. 그러니 그들 사이에 자녀를 입양했을 가능성도 있어요.

학생 7: 답이 없어요. 알 수 없어요.

학생 8: 지금까지 우리가 제시한 이유들이 편견인 것 같아요. 이젠 정말 초코곰과 젤리곰의 성별이 무엇인지 더 모르겠어요. 근데 성별을 아는 것이 큰 의미가 있는 것은 아닌 것 같아요.

7. 표현 활동 – '글쓰기'

토론을 마무리한 뒤에는 토론 내용을 내면화하기 위한 생각 표현 활동이 중요하다. 그림 그리기, 역할극 등 다양한 방법을 활용할 수 있지만, 이번 시간에는 글쓰기 방법을 활용했다. 자신의 생각을 자유로운 형태로 써보게 했다. 물론 주장과 근거가 명료하게 드러나는 논증적 글쓰기도 중요하다. 하지만 중학교 1학년 학생들이라서 글쓰기에 부담을 느낄 것 같아 자유롭게 작성하게 했다.

다음은 학생들이 대표 질문에 대해 쓴 글이다.

처음에는 당연히 초코곰이 남자, 젤리곰이 여자라고 생각했다. '여자=분홍색', '여자=속눈썹 화장'이라는 게 일반적이니까. 그런데 아이들의 발표를 듣고 깜짝 놀랄 수밖에 없었다. 지금까지의 내 모든 생각이 우리가 항상 가져서는 안 되는 것이라고 외치는, 차별을 만들어내는 '편견'이었던 것이다. 순간 머리를 세게 얻어맞은 기분이었다. 그리하여 나는 초코곰과 젤리곰의 자식인 초코틴과 젤라크가 초코곰과 젤리곰이 반반씩 섞여 있다는 점에 착안해 초코곰과 젤리곰이 서로 이성이지만, 누가 남자 또는 여자인지는 알 수 없다는 새로운 결론을 내리게 되었다. 맨 처음 이 질문이 나왔을 때 솔직히 어이가 없었다. 토론의 주제로 할 수도, 그럴 가치도, 필요도 없다고 생각했다. 그런데 내 생각이 틀린 것이 되자 새로운 기분이 들었다. 우리도 인생을 살며 한번쯤은 우리 머릿속에 알게 모르게 자리 잡은 편견이 있는지 돌아보아야 할 것이다.

_ 응곡중학교 김태현

처음에 내 생각은 초코곰이 갈색이고 젤리곰이 핑크색이라 당연히 초코곰이 남자고, 젤리곰이 여자라고 생각했다. 그러나 친구들과 토론을 하다 보니 편견이란 단어가 나오게 되었고, 그때서야 뭔가 생각이 바뀌기 시작했다. 꼭 남자가 운전을 하거나 기름을 넣어야 한다는 규칙이 없으니까. 꼭 치마도 여자만 입으라는 규칙 또한 없다는 이야기를 듣고 생각이 바뀌었다.

_ 응곡중학교 정도현

교사의 편견까지 깨부순
학생들의 철학함

지난해 철학적 탐구공동체 토론을 우연한 기회에 접하고 《지혜로운 생각을 키우는 철학수업 레시피》를 바탕으로 진행한 김희숙 교수님과의 대학원 수업 이후 많은 것이 바뀌었다. 찬반 토론에 치우친 나의 토론 수업에 새로운 길이 열렸기 때문이다. 새로운 출발점에 서 있는 나로서도 두려움과 기대감을 가지고 학생들과 만났다. 철학적 탐구공동체 토론은 어렵다고 한다. 철학이 주는 무거감 때문일 것이다. 그런데 철학이 어렵다는 것도 또 하나의 편견이 아닐까? 학생들과 세상과 인간과 인간의 삶에 담긴 의미와 가치를 추구하고자 하는 교사라면 누구나 할 수 있다.

이번 수업은 자유학기제 주제선택 '그림책 토론반'에서 학생들을 만나고 처음 연 시간이다. 토론에 익숙하지 않은 중학교 1학년 학생을 대상으로 실시한 수업이다. 따라서 원활한 토론이 진행되지 않을 것이라고 생각했다. 그래서 학생들이 무슨 질문을 선정하고 어떤 토론이 진행될지에 대한 고민이나 상상보다는 교사가 어떤 질문으로 토론을 이끌어갈지를 더욱 고민했다.

수업 시작 후 3모둠에서 선정한 질문이 "초코곰과 젤리곰의 성별은 무엇일까?"라는 발표를 듣고 솔직히 한심한 생각까지 들었다. 이 질문이 학급 대표 질문으로 선정되었을 때는 너무 당황했다. 그래서 토론한다는 것이 무엇인지 제대로 알려주어야겠다는 마음으로 일단 대표 질문으로 수업을 시작했다.

토론이 시작되고 많이 놀랐다. 재미삼아 초코곰과 젤리곰의 성별에 대해 잠깐 얘기하고 끝날 줄 알았는데, 아이들은 책 구석구석 다양한 그림들을 근거 삼아 초코곰과 젤리곰의 성별에 대한 자신의 생각을 제시했다. 교사인 나는 편견을 가지고 모든 걸 쉽게 판단했는데, 학생들은 당연하게 여겨지는 것을 새롭게 보려고 노력했다. 물론 편견에 치우친 의견도 있었지만, 대부분 다른 측면을 보려고 노력했다.

철학적 탐구공동체 토론에서 중요한 부분을 차지하는 개념 탐구 과정에서, 학생들이 고정관념, 선입견, 편견의 개념을 명확한 구분

없이 사용하는 것을 알게 되었다. 그로 인해 토론이 매끄럽지 않게 진행되었다. 수업 중에 이 부분에 대해 학생들과 이야기해볼까 고민했다. 하지만 철학적 탐구공동체 토론으로 만난 첫 시간이니 학생들이 편견에 대해 탐구한 개념의 의미 그대로 이어갔다. 철학적 탐구공동체 토론의 흐름을 알게 해주는 것이 더 중요하다고 판단했기 때문이다. 만약 고정관념, 선입견, 편견을 구분했다면 학생들이 토론을 어렵게 느꼈을 것이다. 학생들과 만남이 지속될수록 개념의 의미에 대한 본질적 탐구가 이어지리라 기대한다.

철학함의 기본은 당연하게 여겨지는 것을 새로운 시각에서 문제화하고 질문하는 것인데, 교사인 내가 철학함을 실천하지 못하고 있었다. 어린이도 위대한 철학자라는 기본 전제로 진행되는 철학적 탐구공동체 토론에 가장 어울리지 않는 사람이 바로 교사인 나였다. 이번 수업을 통해 학생들과 함께 철학함이 무엇인지 깊은 깨달음을 얻을 수 있었다. 철학적 탐구공동체 토론에서 가장 중요한 것은 바로 학생들의 생각이다.

〈참고 문헌〉

김혜숙·김혜진 지음, 《지혜로운 생각을 키우는 철학수업 레시피》, 교육과학사, 2017.
김혜숙 외 지음, 《생각을 키우는 토론수업 레시피》, 교육과학사, 2011.

Book Talk 2

토론 주제: 나답게 산다는 것, 행복, 경쟁사회

슈퍼 거북 뒷이야기는 어떻게 될까?

| 김준호 |

《슈퍼 거북》
유설화 글·그림, 책읽는곰, 2014

경쟁사회에서
나답게 산다는 것

우리에게 익숙한 전래동화 '토끼와 거북이' 이야기를 소개하며 시작되는 《슈퍼 거북》은 '토끼와 거북이'의 뒷이야기를 상상하며 쓴 그림책이다. '뭔가를 열심히 해서 이루고 난 다음은 뭘까?'라는 고민에서 유설화 작가는 그림책 《슈퍼 거북》을 탄생시켰다.

경주에 이긴 꾸물이는 스타가 되고 온 도시에 슈퍼 거북 바람이 분다. 주위 동물들의 기대에 부응하기 위해 꾸물이는 진짜 슈퍼 거북이 되기로 결심한다. 꾸물이는 도서관으로 달려가 빨라지는 방법이 나온 책을 모조리 찾아 읽고, 책에 나온 대로 따라 하기 시작한다. 열심히 노력한 결과 어느덧 꾸물이는 진짜 슈퍼 거북이 된다. 그렇지만 그 과정에서 꾸물이는 지치고 말았다. 볕도 쬐고 책도 읽고 꽃도 가꾸고 싶었다. 무엇보다 예전처럼 천천히 걷고 싶었다. 천년은 늙어버린 것 같은 거울 속 자신의 모습을 보고 깜짝 놀란 상황에서 토끼가 재경주를 요청한다. 꾸물이와 토끼의 경주가 다시 시작된다는 소문이 널리 퍼져 어쩔 수 없이 토끼와의 경주에 나서는 꾸물이. 그 결과는 어떻게 되었을까?

브레인라이팅
(6-3-5기법)

브레인라이팅이란?

브레인라이팅Brain Writing(6-3-5기법)은 1968년 독일 프랑크푸르트 바텔연구소의 과학자들이 개발하였다. 브레인스토밍 기법과 마찬가지로 자유롭게 아이디어를 발산하는 데 주로 사용된다. 일반적으로 6명이 3가지 아이디어를 5분 동안 계속해서 발산하고 결합·개선하는 과정이 이루어지기에 6-3-5기법이라고 불린다.

　브레인라이팅의 특징은 첫째, 자신의 아이디어를 글로 작성하기 때문에 부담이 적다. 말로 표현하는 브레인스토밍과 달리 글로 작성하는 것이기 때문에 남들 앞에서 자신의 생각을 표현하는 것이 어려운 학생들이 많은 학급에서 사용하면 큰 효과를 볼 수 있다. 둘째, 구성원들이 협력적으로 아이디어를 발산, 결합, 개선한다. 구성원들이 정해진 5분 안에 각자 아이디어를 3개씩 계속 제시하고, 다른 참가자의 아이디어에 자신의 아이디어를 결합·개선하는 5분이 지나면 108개의 아이디어가 생성된다. 셋째, 짧은 시간 안에 끊임없이 아이디어를 만들어야 하기 때문에 활동에 집중하게 된다. 자신의 아이디어를 제시하고 끝나는 것이 아니라 옆 친구의 아이디어에 자신의 아이디어를 더하는 과정이 있어서 집중력이 필요하다. 넷째, 큰 목소리로 의견을 개진하면서 자기 뜻대로 결론을 내려고 하는 빅마우스들의 영향력이 줄어든다.

　브레인라이팅을 할 때는 다음 사항을 유의해야 한다. 교사의 안내에 따라 아이디어를 발산하기 때문에 자발성이 떨어질 수 있다. 그리고 아이디어를 발산하는 과정을 수행해야 할 과제라고 느낄 수 있기 때문에 편안한 분위기를 만들어주어야 한다. 또한 생각을 글로 표현하기 때문에 대화가 활발히 진행되지 않을 수 있다. 이와 같은 점에 유의하면서 모둠원들과 자연스럽게 대화를 하며 생각을 표현할 수 있도록 해주어야 한다.

토론 모형 흐름도

1. 4~6명으로 모둠을 구성하고 포스트잇 배부

2. 토론 주제 제시

3. 아이디어 작성하기

4. 아이디어 전달하기

5. 아이디어 분류하기

6. 아이디어 평가하고 채택하기

수업 흐름도

1. 그림책 읽기

2. 생각놀이 – '같음이 다름이'

3. 개인 질문 만들기

4. 모둠 대표 질문 선정하기

5. 학급 대표 질문 선정하기

6. 토론하기

   가. 4인 1모둠 구성하기

   나. 토론 주제 제시

   다. 아이디어 작성하기

   라. 아이디어 전달하기

   마. 아이디어 분류하기

   바. 모둠별 슈퍼 거북 뒷이야기 작성하기

7. 표현 활동 – 글쓰기

수업 사례

1. 그림책 읽기 – 모둠 내 돌아가며 읽기

그림책을 읽을 때는 교사가 전체 학생을 대상으로 책을 읽어준 뒤 곧바로 수업을 진행할 수 있지만, 교사가 읽은 뒤 모둠별로 책을 나눠주어 모둠별로 그림책을 한 번 더 읽고 진행하면 학생들이 생각을 더 많이 할 수 있어서 더욱 좋다. 그렇기 때문에 교사는 모둠별로 한 권씩 책을 준비해두는 것이 좋다. 모둠 내에서 그림책을 읽을 때는 한 명의 학생이 책을 다 읽지 말고 1~2쪽씩 돌아가면서 읽는 것이 집중하기에 좋다.

유설화 작가가 들려주는 그림책 《슈퍼 거북》 읽기 Tip

그림책을 읽는다는 것은 일반적인 의미의 독서와는 조금 다릅니다. 그림책에는 글만 있는 것이 아니기 때문이지요. 그림책에는 글과 함께 그림이 있어서 글만 쓱 읽고 끝내면 반만 읽은 것이나 다름없어요. 그래서 그림책을 읽을 때는 그림도 함께 읽어야만 하지요. 어떨 때는 그림 속에 글보다 더 많은 이야기들이 숨어 있기도 합니다.

《슈퍼 거북》도 마찬가지예요. 글에는 단지 꾸물이의 이야기밖에 없지만 그림에는 다양한 동물들의 이야기가 들어 있습니다. 그 많은 동물들이 저마다 무슨 이야기를 하고 있나 하나하나 상상해보는 것도 재미있을 거예요.

또 하나, 꾸물이가 한때 좌우명으로 삼았던 '빠르게 살자!'처럼 지금 이 순간 내 좌우명은 뭘까 생각해보는 것도 의미 있을 겁니다. 꾸물이가 머리에 질끈 동여맨 머리띠에 나라면 무슨 말을 써 넣을지 한번 상상해보세요. 바르게 살자? 웃기게 살자? 먹고 살자? 등등 재치 있고 기발한 좌우명들이 많이 나올 것 같아요.

끝으로, 그림책은 어린이만 읽는 책이 아닙니다. 0세부터 100세까지 누구나 읽을 수 있는 책이지요. 글을 몰라도 볼 수 있어요. 유치한 책이 아니라 응축되어 농도가 매우 진한 책이에요. 앞으로 다양한 그림책들 많이 사랑해 주세요.

2. 생각놀이 – '같음이 다름이'(공통점과 차이점 찾기)

교사가 두 개의 사물을 제시하면 학생들이 같음이(공통점), 다름이(차이점)를 찾는 놀이이다.

예) 교사 : 사과하고 바나나는 '같음이' 왜?

학생 : 과일이니까 / 맛있으니까 등

교사 : 사과하고 바나나는 '다름이' 왜?

학생 : 사과는 둥글고 바나나는 길쭉하니까

　　　사과는 딱딱하고 바나나는 말랑말랑하니까

_김혜숙·김혜진 지음, 《지혜로운 생각을 키우는 철학수업 레시피》, 교육과학사, 2017, 138쪽

　그림책을 읽고 거북이와 토끼의 공통점과 차이점을 찾는 놀이를 하면 학생들이 내용을 이해하는 데 큰 도움이 된다. 특히 공통점과 차이점을 그림책 내용 속에서 찾아보라는 조건을 준다면 학생들이 그림책을 더욱 열심히 살펴보게 된다. 재미있는 놀이를 하면서 책을 여러 번 살펴볼 수 있어서 생각놀이를 하는 것이 좋다. 생각놀이는 사고력을 향상시키는 놀이이다. 생각을 구성하는 여러 요소들의 기능을 키우면 생각하는 힘을 기를 수 있다. 생각하는 힘이 길러지면 토론을 잘할 수 있게 된다.

　'같음이 다름이' 활동은 같음이(공통점)나 다름이(차이점)를 한 명씩 돌아가면서 발표하는 활동이다. 학생들의 흥미를 유발하기 위해 새로운 내용을 제시하지 못하거나 친구가 발표한 것과 같은 내용을 발표하면 탈락시켜 끝까지 발표를 하는 학생에게 오늘의 '생각놀이 왕'이라는 타이틀을 주면서 진행할 수 있다. 학생들이 발표할 때 다른 학생들이 발표 내용을 검증하게 하면 더욱 좋다. 상대방의 주장

을 검증하는 것이 토론의 중요 요소이기 때문이다.

다음은 학생들이 '같음이 다름이' 활동에서 발표한 사례이다.

〈생각놀이 – '같음이' 활동〉

경기에서 이긴 적이 있어요.

경기하다가 잠을 잤어요.

경주를 해봤어요.

경주에서 진 적도 있어요.

열심히 뛰었어요.

빨라요.

이때 한 학생이 "거북이는 원래 느렸고 나중에도 느려졌어요"라고 반론을 제기했다. 발표 학생이 "꾸물이와 토끼 둘 다 빨랐던 적이 있었다"고 반박했다. 반론을 제기한 친구가 수긍하고 다음 학생으로 넘어갔다.

사람들에게 배신을 당했어요

인기가 있었던 적이 있어요

열성 팬이 있었어요

다리가 있어요.

팔이 있어요.

자칫 '다리가 있다', '팔이 있다', '눈이 있다' 등 장난삼아 온갖 신체 부위를 나열할 우려가 있어 이때부터 신체 부위에 대한 발언은 금지했다.

유설화 작가님이 그렸어요.

모두들 한바탕 크게 웃었다. 지난 시간에 유설화 작가와의 만남 시간을 가지고 진행되었기 때문이다.

신발을 신고 있지 않아요.
열심히 운동했어요.

이 의견이 나왔을 때 한 학생이 "토끼가 열심히 운동했다는 증거가 없다"는 반론을 제기했다. 그래서 교사가 토끼가 열심히 운동했다는 증거를 찾을 수 있는지 발표 학생에게 물어보았다. 발표 학생은 찾을 수가 없다며 잘못 얘기한 것 같다고 말했다. 혹시 증거가 있을지 몰라 전체 학생에게 토끼가 열심히 운동했다는 증거가 있는지 물어서 확인을 했으나 증거를 찾은 학생이 없어서 반론을 받아들였다.

경기 중에 자만했어요.

경기 중에 자만했다는 의견이 나왔을 때 한 학생이 거북이는 피곤해서 잔 것이지 자만한 것이 아니라고 반론을 제기했다. 이에 발표 학생이 토끼가 저 멀리 떨어져 있는 것을 확인하고 잤으니까 자만이라고 반박했다. 이에 반론을 제기한 학생이 발표 학생의 의견을 수용했다.

경기하면서 서로를 의식했어요.
곰돌이가 찍는 카메라에 나왔어요.
도전장을 받아 봤어요.
정확한 성별을 알 수 없어요.
빨라지려고 노력했어요.
동물 친구들이 있어요.
승부욕이 있어요.

〈생각놀이 - '다름이' 활동〉
거북이는 원래 느린데 토끼는 원래 빨랐어요.
거북이는 등딱지가 있는데, 토끼는 없어요.
거북이의 피부색은 초록색, 토끼는 흰색이에요.

거북이와 토끼의 발가락 수가 달라요.
거북이는 옷을 안 입었고 토끼는 옷을 입었어요.
거북이는 너구리에게 응원을 받지 못했지만 토끼는 받았어요.
사는 곳이 달라요.

이 의견이 나왔을 때 한 학생이 다른 곳에 산다는 증거가 없다는 반론을 제기했고, 발표 학생이 그렇다면서 반론을 받아들였다.

거북이는 주인공이고 토끼는 조연이에요.
거북이와는 달리 토끼는 앞니가 튀어 나왔어요.
거북이는 죽을 뻔했어요.

이 의견이 나왔을 때 한 학생이 "피곤하고 늙은 모습이지, 그것으로 죽을 뻔했다고 할 수 없다"라는 반론을 제기했고, 발표 학생이 반론을 받아들였다.

토끼와 달리 거북이는 신경 쓰면서 경주에 임했어요.

이 의견이 나왔을 때 "토끼는 주변 동물들을 의식하면서 경주에 신경을 썼다."라는 반론이 제기됐고, 발표 학생은 "그러네요"라면서 반론을 받아들였다.

> 경주 중 자는 곳이 달라요.
> 토끼는 거북이가 늦게 와서 잠을 잤고 거북이는 피곤해서 잤어요.
> 거북이는 라면을 먹었는데 토끼는 먹지 않았어요.
> 토끼는 집이 없는데 거북이는 집이 있어요.
> 거북이는 땀을 흘리고 토끼는 땀을 흘리지 않아요.
> 거북이는 꾸물이라는 이름이 있어요.
> 거북이는 표지에 나오는데 토끼는 나오지 않아요.

3. 개인 질문 만들기

학생들은 처음에 책을 읽고 질문을 만들라고 하면 어떤 질문을 만들지 몰라 어려워한다. 책 내용을 읽고 궁금한 점을 질문하라고 하면 대부분 책에 답이 나와 있는 질문을 만드는 경우가 많다. 그럴 때 자기가 만든 질문으로 친구들의 다양한 생각을 이끌어낼 수 있는지 확인해보라고 한다. 친구들끼리 서로 생각을 들어보고, 동의도 하고 때로는 반대 의견도 제시할 수 있을지 판단하면서 질문을 만들게 하면 질문의 수준이 높아진다.

학생들이 만든 질문은 다음과 같다.

· 거북이의 안티팬인 동물은?

· 거북이가 토끼를 이긴 후 어떻게 되었나요?

· 거북이는 빨라지기 위해 어떤 노력을 했나요?

· 이 책의 교훈은 무엇일까?

· 토끼는 왜 도전장을 내밀었을까?

· 슈퍼 거북 뒷이야기는 어떻게 될까?

· 토끼는 거북에게 어떤 영향을 끼쳤을까?

· 거북이가 경주에서 지고도 기뻐한 이유는?

· 첫 번째 시합에서 진 토끼는 어떤 감정을 느꼈을까?

· 꾸물이는 충분히 빨라졌는데 왜 계속 연습했을까?

· 만약 토끼가 도전장을 내밀지 않았다면 어떻게 되었을까?

· 이야기의 결말이 바람직한가?

· 내가 거북이었다면 잠을 잤을까?

· 슈퍼 거북이 된 게 좋은 것인가?

· 거북이가 지금 시대에 살았다면 어떻게 살았을까?

· 꾸물이의 모습은 현대 사회의 어떤 면과 닮아 있을까?

· 경주에서 진 거북이가 힘들어 할 때 내가 할 수 있는 말은?

· 내가 만약 거북이라면 사람들의 반응에 어떻게 행동했을까?

· 내가 만약 토끼와 거북의 경주를 본다면 누구를 응원했을까?

· 사람들의 기대에 부응하기 위해 빨라지는 과정을 통해 진짜 슈퍼 거북이

되었을 때 꾸물이는 행복했을까?

4. 모둠 대표 질문 선정하기

개인 질문을 만든 후 모둠별로 서로의 질문을 공유한다. 공유할 때는 질문을 확인하는 데서 그치는 것이 아니라 질문에 대한 생각을 나눠보게 한다. 질문들에 대해서 서로의 생각을 나누면 친구들의 다양한 의견을 들을 수 있고, 모둠 대표 질문을 쉽게 선정할 수 있다.

학생들이 선정한 모둠 대표 질문은 다음과 같다.

1모둠: 슈퍼 거북 뒷이야기는 어떻게 될까?
2모둠: 이야기의 결말이 바람직한가?
3모둠: 거북이가 지금 시대에 살았다면 어떻게 살았을까?
4모둠: 사람들의 기대에 부응하기 위해 빨라지는 과정을 통해 진짜 슈퍼 거북이 되었을 때 꾸물이는 행복했을까?
5모둠: 내가 만약 거북이라면 사람들의 반응에 어떻게 행동했을까?
6모둠: 만약 토끼가 도전장을 내밀지 않았다면 어떻게 되었을까?

5. 학급 대표 질문 선정하기

학생들이 모둠별로 모둠 질문의 배경에 대해 설명하게 한다. 이때, 질문이 무엇이고 왜 이 질문이 궁금했는지, 왜 이 질문으로 친구들과 함께 토론하고 싶었는지 설명하게 하면, 질문을 이해하고 학급 대표 질문을 선정하는 데 큰 도움이 된다. 학급 대표 질문은 기본적으로 1인 1표의 투표권을 주고 다수결로 결정한다.

대표 질문: 슈퍼 거북 뒷이야기는 어떻게 될까?

학생들에게 이 질문이 선정된 배경을 물으니 원작도 전래동화 '토끼와 거북이'의 뒷이야기를 상상해서 쓴 것이기에 우리도 슈퍼 거북의 뒷이야기를 쓰면 재미있을 것 같다는 답이 돌아왔다. 그럼 자신들도 그림책 작가가 될 수 있을 것 같다면서 이 질문을 선정했다고 설명했다.

6. 토론하기

(1) 4인 1모둠 구성하기

브레인라이팅은 6명이 5분 동안 3개씩 아이디어를 결합, 개선하는 것이기 때문에 모둠 구성원은 여섯 명이 좋다. 하지만 학급 내에서 여섯 명을 한 모둠으로 구성하는 것은 바람직하지 않다. 여섯 명이 한 모둠이면 모둠원 간의 거리가 있어 대화가 활발히 이루어지지 않고, 무임승차자가 발생하기 쉽기 때문이다. 그래서 4인 1모둠으로 활동하기를 권한다.

(2) 토론 주제 제시

슈퍼 거북 뒷이야기는 어떻게 될까?

(3) 아이디어 작성하기

학생들에게 슈퍼 거북 뒷이야기를 생각해보는 시간을 준다. 다른 친구들과 대화를 하거나 친구에게 자신의 이야기를 먼저 말하지 않게 유의한다.

개인별로 b4 용지 1장과 포스트잇을 나눠준다. 포스트잇은 네 개의 색깔로 준비해서 색깔별로 모둠원을 구별할 수 있게 한다. b4 용지에 포스트잇 3개를 붙이고 각각의 포스트잇에 자신이 생각하는 슈퍼 거북 뒷이야기의 핵심 단어를 적게 한다.

〈학생 결과물 1〉   〈학생 결과물 2〉

(4) 아이디어 전달하기

자신이 작성한 핵심 단어가 적힌 b4 용지를 시계 방향으로 바로 옆 친구에게 전달한다. 전달 받은 옆 친구의 생각에 자신의 아이디어

〈학생 결과물 1〉

느림보	연설	나답게

느림보	연설	나답게
소외감	소문	자신감

느림보	연설	나답게
소외감	소문	자신감
친구	악용	보여주기

느림보	연설	나답게
소외감	소문	자신감
친구	악용	보여주기
웃음	추억	자유

〈학생 결과물 2〉

슬럼프	연예인(스타)	두려움

슬럼프	연예인(스타)	두려움
고민	환호	도움요청

슬럼프	연예인(스타)	두려움
고민	환호	도움요청
마음	박수	상담

슬럼프	연예인(스타)	두려움
고민	환호	도움요청
마음	박수	상담
상처	갈채	우울증

를 더하는 시간이다. 옆 친구의 아이디어와 전혀 다른 아이디어를 작성하거나 혹은 옆 친구의 아이디어를 구체화하거나 보충하는 아이디어를 작성해도 된다. 예를 들어 옆 친구가 '경주'라는 단어를 제시한 경우 그 밑에 '행복'이라는 전혀 다른 아이디어를 적어도 되고, '100미터 달리기'라고 구체적인 단어를 적을 수도 있다. 이때 주의할 점은 처음에 자신이 적은 3가지 단어를 반복해서 사용하면 안 된다는 점이다. 중복되지 않는 단어를 선택해서 아이디어를 결합해야 한다.

작성 후 다시 옆 친구에게 전달하고 이 과정을 맨 처음 자신이 작성한 단어가 적혀 있는 b4 용지가 자신에게 돌아올 때 까지 반복한다.

(5) 아이디어 분류하기

각자 12개의 단어가 적힌 b4 용지를 가지고 있으니 모둠별로 보면 총 48개의 단어가 있다. 이것을 모둠별로 정한 기준에 따라서 분류해본다. 분류 기준을 자유롭게 정하고 분류 제목을 적고 포스트잇을 붙이며, 시간이 남으면 꾸며도 괜찮다.

(6) 모둠별 슈퍼 거북 뒷이야기 작성하기

모둠별로 슈거 거북 뒷이야기를 작성한다. 이때 몇 가지 규칙이 있다. 첫째, 아이디어 분류하기에서 분류 기준을 정했으니 이를 바탕

〈부정〉　　〈중립〉　　〈긍정〉

외로움　부담감　고민　　도움요청　시선　고개　　위로　환호　고마움
상처　사회부적응추비　고통　　마음　연설　상담　　자존감　자신감　여유
우울증　두려움　분노　　연예인(스타)　소문　느림보　　자유　기대　대중의관심
압박감　숨막히는　소외감　　추억　판단　대중　　박수　갈채　친구
대비되다　관심X　눈물　　신문　　　　웃음　보여주기　나답게
악용　후회　슬럼프　　　　　　　부음　행복

2 슈퍼 거북 뒷이야기는 어떻게 될까? 63

으로 뒷이야기를 작성한다. 둘째, 분류 기준별로 최소 3개 이상의 단어를 사용한다. 셋째, 전체적으로 최소 15개 이상의 단어를 사용해서 뒷이야기를 만들어야 한다. 넷째, 1~2명의 생각으로 뒷이야기를 만들지 말고, 4명이 협력하면서 뒷이야기를 작성한다.

　이렇게 하면 학생들은 자신들이 생각한 슈퍼 거북 뒷이야기를 바탕으로 뽑아낸 핵심 단어의 분류 작업을 거친 후 분류 기준을 바탕으로 15개 이상의 단어를 사용해서 슈퍼 거북 뒷이야기를 작성하게 된다. 학생들은 이 과정에서 많은 어려움을 겪는다. 15개 이상의 단어를 반드시 사용하고 그 단어가 뒷이야기에 무조건 나와야 하니 이야기를 전개하기가 쉽지 않기 때문이다. 또한 혼자 이야기를 만드는 것이 아니고 4명이 협력해서 만들어가는 과정에서 서로 의견이 충돌하기도 하고 맞지 않아 어렵게 느낀다. 하지만 나와 다른 생각을 듣고 동의도 하고 때로는 반대 의견을 내는 것이 토론의 과정이기 때문에 이를 통해 학생들은 많은 것을 배우게 된다.

(7) 표현 활동 – 글쓰기

글쓰기 활동은 학생들이 스스로 질문을 정하고, 질문에 대한 자신의 생각을 적는 활동이다. 자기가 만든 질문, 그리고 자기 모둠원 친구들이 만든 질문, 그리고 다른 모둠원 친구들이 만든 질문들 중에 가장 마음에 드는 질문을 스스로 고르고 그에 대한 자신의 생각을

학생 결과물 – 응곡중학교 도덕 수업
(박준영, 원채연, 이지우, 정유진)

학생들이 제시한 단어

여유, 대중의 관심, 신문, 우울증, 눈물, 고민, 대중, 시선, 두려움, 기대, 부응, 행복, 부담감, 압박감, 나답게

결과물

〈나답게 살자〉

꾸물이는 경기에서 진 후 한동안 여유 로운 삶을 즐겼어.
하지만 시간이 지날수록 대중의 관심 이 그리워졌고, 지금의 삶이 지루해졌어.
그런 꾸물이는 심심한 하루하루를 신문 을 보며 지냈지.
그러던 어느날 꾸물이가 신문을 보다가 토끼가 우울증 치료를 받고있다는 것을 알게되었다. 그때, 마침 '똑,똑' 문을 두드리는 소리가 들렸어.
문을 열어보니 토끼가 눈물 흘리며 서있었어.

토끼가 한참동안 아무말없이 서있자 꾸물이는 토끼를 집 안으로 들여보냈어.
눈물을 그친 토끼는 자신의 고민 을 꾸물이에게 모두 털어놓았어.
"대중(?)들의 시선 이 너무 두려움(고) 부담돼."
"나도 한동안 동물들의 기대에부응 하느라 행복 한삶을 살지 못했어.
경기에서 진 후 다시 느린삶으로 돌아갔지만 난 아직도 나답게가 뭔지 모르겠어."
꾸물이도 자신의 고민을 말했어. 꾸물이의 고민을 들은 토끼는 곰곰이 생각하다가
무언가를 깨달은 듯 말했어. "꾸물아 우리 이제 동물들의 시선에 부담감 과
압박감 을 느끼지 말고 나답게 살자."

박준영 정유진 원채연 이지우

학생 결과물	2017년 김포 인문맺음 프로젝트 학생독서토론캠프 (박세은, 안예린, 전유나, 한다빈)
학생들이 제시한 단어	아빠, 화, 인터뷰, 뉴스, 행복, 경쟁, 시선, 불안, 인정, 만족, 삶, 여유, 느긋함, 미소, 느림의 미학
결과물	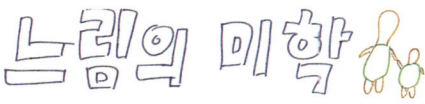

결혼을 하여 꼬물이의 시간이 흘러 꾸물이는 아빠가 되었다.
그러던 어느 날, 유치원에서 돌아온 꼬물이가 울면서 아빠에게 말했다.
"아빠, 제가 오늘 유치원에서 달리기 시합을 했는데 져버려서 너무 화가 나요."
"그랬구나. 아빠도 그런 때가 있었지, 아빠가 꼬물이에게 보여줄 게 있어."
꾸물이는 자신의 인터뷰가 담겨있는 뉴스영상을 틀었다.
"이 영상은 토끼와 달리기 시합을 했을 때의 아빠란다."
"아빠는 슈퍼 거북이였잖아요. 행복하셨어요?"
"글쎄 아빠는 경쟁에서 이긴 뒤 사람들의 기대 섞인 시선이 늘 불안했단다."
"왜요? 아빠는 사람들의 인정을 받았잖아요. 왜 만족하지 못하셨죠?"
"아빠는 슈퍼 거북이가 된 후부터 삶에서 여유와 느긋함을 잃어버렸던 것 같구나."
꾸물이가 씁쓸한 미소를 지었다.
"그래서 어떻게 되있는데요?" 꼬물이가 호기심 가득한 눈빛으로 아빠를 바라보았다.
"아빠는 느림의 미학을 알았단다."
깨달았단다.

8조: 안예린, 전유나
9조: 박세은, 한다빈 |

써보는 것이다. 물론 슈퍼 거북 뒷이야기를 만든 소감 정도를 발표하면서 수업을 마무리할 수도 있었지만 의미 있는 질문이 많이 나왔고, 미처 공유하지 못한 학생들의 생각을 글쓰기를 통해 듣고 싶었기 때문이다.

〈학생 결과물 - 응곡중학교 2학년 남궁하람〉

질문: 꾸물이의 모습은 현대 사회의 어떤 면과 닮아 있을까?

슈퍼 거북은 토끼와 거북이의 뒷이야기를 쓴 이야기이다. 슈퍼 거북은 경주에서 이긴 거북이 꾸물이를 말하고, 꾸물이는 경주에서 이긴 후 사람들의 환호를 받게 된다. 꾸물이는 혹시 이들이 실망할까 봐 더 빨라지기 위해 노력하는데, 여기서 짚어봐야 할 점은 아무리 꾸물이가 스스로 결심을 했다고 해도 그것을 하게 된 계기는 다른 사람들의 기대에 부응하기 위해서라는 것이다.

우리는 꾸물이의 모습이 우리의 어떤 면과 비슷한지 생각해야 한다. 꾸물이의 이러한 모습은 바로 우리들, 다시 말해서 대한민국 학생들과 비슷하다. 우리는 공부를 하지만 그 공부는 과연 우리 자신들의 의지에 따라 하는 건지 아니면 내가 아닌 부모님 혹은 누군가의 압력 또는 기대에 부응하기 위해 하고 있는 건지 잘 생각해봐야 한다.

우리들 대부분은 내가 아닌 누군가를 위해 공부한다. 꾸물이가 다른 동물들의 기대에 부응하기 위해 열심히 노력하는 것은 우리가 부모님의 기대에 부응하려고 열심히 공부하는 것과 같다. 꾸물이는 옛날의 느긋하고 여유로운 생활을 그리워한다. 잠도 자고 싶고 꽃도 가꾸고 싶다는 생각을 하면서 말이다. 나는 이 부분이 우리가 옛날 어린 시절을 상상하는 것으로 생각된다. 우리도 옛날에는 꿈이 있었지만 지금은 아닌 경우가 있다.

나 역시도 그랬던 적이 있다. 나는 예전부터 컴퓨터를 좋아했고 줄곧 배워왔다. 하지만 그때마다 어른들은 지금 열심히 공부해서 나중에 성공하면 세상이 편하다는 말만 했을 뿐이지 내 꿈에 대해서는 아무도 묻지 않은 경우가 많았다. 나는 그럴 때마다 내 꿈을 조금씩 감추고 어른들이 원하는 직업을 내 꿈이라고 말했다. 그래서 내가 보고 있는 세상과 나의 삶 전부가 나의 삶이 아닌 어른들의 삶 같았다. 사람들은 중간고사를 잘 보면 기말고사는 더 잘 볼 거라고 한다. 그런 기대감이 나를 더 무겁게 만들었고, 꾸물이 역시 그런 동물들의 기대감에 눌려 경기에 떠밀려 나가는 등 그런 행동으로 이어졌다고 생각한다.

여기까지 쓴 나의 이야기는 바로 작년 2016년의 이야기이고, 2017년 지금은 이야기가 조금 다르다. 다행히도 나는 제2의 꾸물이가 아닌 나로 살아가는 중이다. 다시 내가 배우고 싶었던 것을 배우며 이제는 내 꿈을 다른 사람들 앞에서 당당히 말하고 있는 나를 보니 다른 사람에게 항상 치이고 다녔던 작년의 내가 떠오른다. 진작 이렇게 했으면 더 좋았을 텐테 말이다. 나는 이제 내 옆에 있는 나의 친구들이 꾸물이가 아니라 그들 자신으로 살아갔으면 한다.

학생들의 삶을 돌아보게 하는 그림책 《슈퍼 거북》

그림책 《슈퍼 거북》은 개인적으로 가장 좋아하는 그림책이다. 전래동화 '토끼와 거북이' 뒷이야기라는 소재도 재미있고, 스토리 전개 및 유설화 작가의 그림도 좋기 때문이다. 하지만 무엇보다 그 내용이 학생들의 삶의 모습과 너무나 많이 닮아 있어서 학생들이 많은 생각을 하게 된다는 점이 좋았다. 그림책 《슈퍼 거북》을 읽고 학생들은 처음에는 단순히 재미있다는 반응을 보였지만 질문을 만들고 토론하고 글쓰는 과정을 거치면서 꾸물이의 모습에 빗대 자신의 삶을 돌아보게 된다. 그래서 그림책을 들고 학생들과 토론하는 기회가 생기면 《슈퍼 거북》을 주로 활용한다. 《슈퍼 거북》을 통해 학생들에게 자신의 삶을 한번쯤 돌아보고 자기답게 산다는 것의 의미를 고민하는 계기를 부여해주고 싶기 때문이다.

이번 수업에서 채택된 학급 대표 질문은 "《슈퍼 거북》뒷이야기는 어떻게 될까?"이다. 우연히 학생들을 통해 나온 이 질문이 너무나도 좋다. 뒷이야기를 보면 삶을 대하는 학생들의 생각을 제대로 파악할 수 있다. 그리고 학생들이 마치 그림책 작가가 된 것처럼 진지하게 뒷이야기를 작성하면서 수업에 몰두하기 때문이다. 그래서 《슈퍼 거북》으로 토론하는 자리가 생기면 학생들이 질문을 만들기도 하지만 "《슈퍼 거북》뒷이야기는 어떻게 될까?"라는 질문을 던지고 브레인라이팅 토론을 통해 뒷이야기를 작성하게 해본다. 브레인라이팅 토론에서 학생들은 자신의 아이디어와 친구들의 아이디어를 결합 개선하는 과정에서 머리를 맞대고 협력하게 된다. 2017년 김포 인문맺음 프로젝트 학생독서토론캠프 결과물은 이렇게 나오게 되었다.

그런데 학생들에게 뒷이야기를 작성하게 해보면 꾸물이가 다시 토끼에게 도전장을 내밀고 시합에서 이긴다거나, 마라톤이나 수영 등 다른 종목으로 전향한 후 경기에서 마침내 승리한다는 내용이 주를 이룬다. 이유를 들어보니 경쟁에서 이기는 것이 좋다는 것이다. 치열한 경쟁사회에서 힘든 나날을 보내고 있는 학생들이 안타깝게 느껴지는 순간이기도 하다. 그런데 뒷이야기를 완성한 후 조금 더 진지하게 대화하고 토론할수록 경쟁에서 이기는 것보다 더 중요한 것이 있다는 사실을 조금씩 알아간다. 내가 바로 그림책 《슈퍼 거북》으로 토론 수업을 하는 이유이다.

유설화 작가와의 만남 (2017. 4. 4. 응곡중학교)

학생: 왜 거북이 이름을 꾸물이라고 했어요?
유설화 작가: 중요한 질문이에요. 원래는 이름이 없었어요. 근데 출판사에서 그냥 거북이라고 하면 재미없으니 꾸물이라는 이름을 권해서 우연히 생긴 이름이에요.(웃음)
학생: 거북이 성별은 무엇이에요?
유설화 작가: 남자 거북이라고 생각해서 만들었어요. 달리기도 잘하고 힘한 연습을 해야 해서 남자라고 생각하고 그렸어요.
학생: 책 제목이 왜 '슈퍼 거북'인가요?
유설화 작가: 책 제목에 대한 고민이 많았는데 그 당시 유행하던 텔레비전 프로그램 중에 슈퍼스타 K가 있었어요. 그런 식으로 이름을 지으면 재미있을 것 같아서 지었어요.
학생: 이 책을 쓰게 된 계기는 무엇인가요?
유설화 작가: 질문에 답을 하기 전에 제가 먼저 물을 게요. 정말 열심히 노력해서 무언가를 이룬 경험이 있나요?
학생: 열심히 노력해서 한자급수시험에 합격하고 매우 기뻤어요.
유설화 작가: 그다음은 어땠어요?
학생: 허탈했어요. 자격증 한 장하고 카드만 받으니까 허탈했어요.
유설화 작가: 목표를 다 이루고 더 이상 이룰 목표가 없어졌을 때 계속 기분이 좋을까요? 제가 대학교를 늦게 갔어요. 그림을 잘 그리고 싶어서 미술을 공부했고 대학교에 갔는데 마냥 좋지만은 않았어요. 뭔가 열심히 해

서 이루고 난 후 그다음은 뭘까? 그때 생각난 것이 토끼와 거북이 이야기였어요. 거북이가 이겼는데 행복했을까? 이 책은 이런 고민의 결과예요.
유설화 작가: 거북이가 다시 느려지는 결말에 대해 어떻게 생각해요?
학생: 결말에 대한 고민이 많았어요. 다시 원점으로 돌아가면 똑같은 일이 되어버리니까 결말이 아니라고 생각했어요.
학생: 좋은 결말이에요. 거북이가 주위 사람들의 기대에 부응하려고 빨라지려고 한 것은 자기를 버린 것인데 자기다움을 잃어버리지 않고 다시 자기로 돌아갔기 때문이에요.
학생: 빨리 가다보면 한 번에 지쳐버릴 수 있어요.
학생: 거북이는 원래 느리니까요.

〈참고 문헌〉

류한수, 《단순하지만 강력한 스마트 미팅》, 학이시습, 2012.

김병희, 《아이디어 발상법》, 커뮤니케이션북스, 2014.

정문성, 《토의·토론 수업방법 56》, 교육과학사, 2013.

김혜숙·김혜진, 《지혜로운 생각을 키우는 철학수업 레시피》, 교육과학사, 2017.

Book Talk 3

토론 주제 : 가족, 용서, 모성애, 죄와 벌

친자식이 아니어도 온전히 사랑할 수 있을까?

| 김민경 |

《뻐꾸기 엄마》
이형진 글·그림, 느림보, 2010.

어미 새 둥지 안에 들어온
낯선 알 하나

어미 새는 하루 종일 둥지를 지킨다. 여우와 뱀이 작고 예쁜 알들을 노리고 있기 때문에 배가 고파도 먹이를 찾아 떠나지 못한다. 해 질 무렵에야 겨우 먹이를 먹고 온 엄마 새는 둥지 안에서 커다랗고 낯선 알을 발견한다. 어미 새는 커다란 알을 차마 버리지 못하고 다른 알들과 함께 정성껏 품어 준다. 어느 날 먹이를 먹고 돌아와 보니 커다란 알에서 아기 새가 깨어났다. 그런데 작고 예쁜 엄마 새의 알이 하나밖에 보이지 않았다. 풀숲에 깨진 알들을 발견하게 된 어미 새는 남은 알과 아기 새를 지키겠다고 다짐한다. 어미 새가 둥지위로 날아오른 순간, 아기 새가 남은 알 하나를 밀어내는 모습을 보게 된다. 여우나 뱀이 아닌 불쌍해서 품어준 낯선 알이 작고 예쁜 어미 새의 알들을 모조리 둥지 밖으로 떨어뜨린 것이다. 어미 새는 아기 새를 한참 바라보며 고통과 분노, 연민이 뒤섞인 마음으로 고통스러워한다. 그러나 결국 아기 새를 둥지 밖으로 밀어내지 못한 채 용서하며 정성껏 돌본다.

복잡한 감정의 뒤엉킴을 뛰어넘는 엄마 새의 선택은 생명을 감싸 안은 모성애의 힘을 보여준다. 나뭇가지로 형상화한 어미 새의 모습과 감꼭지로 형상화한 눈은 슬픔과 분노, 연민을 오가는 미묘한 감정 변화를 섬세하게 표현하고 있다. 작가는 그 외에도 다양한 자연물들의 콜라보로 더 많은 감동을 선사한다.

프로콘 토론

프로콘 토론이란?

프로콘pro-con 토론은 모둠 안에서 협동적인 논쟁을 하고, 그 과정에서 이루어지는 논리적이고 합리적인 사고와 상호 이해 및 다름에 대한 포용 등 다양한 심리적 변화를 수업에 적용한 모형이다. 학생들은 논쟁이 되는 문제에 대해 개인적인 사고 과정을 통해 결론을 찾고자 한다. 그러한 사고의 과정을 토론을 통해 자신의 생각을 강화하거나 수정하면서 모둠의 결론에 도달하게 된다. 그 결과 처음 생각과 전혀 다른 결론이 나오기도 한다. 이러한 과정을 거치면서 학생들은 논리적이고 심리적인 사고의 변화를 학습하게 된다.

프로콘 토론은 pro(찬성)-con(반대)이라는 단어에서도 알 수 있듯이 한 모둠 안에서 찬반의 역할을 정해 논쟁하는 것이 가장 큰 특징이다. 그러나 여기에는 다른 토론과 큰 차이가 있다. 논쟁을 한다고 해서 일반적인 쟁점 토론처럼 상대의 논리적 모순이나 오류를 찾아내서 비판하고 자신의 주장을 강화하는 것이 아니라, 상대의 주장에 대한 비판, 수정, 조언, 평가를 해야 한다. 즉 모둠 안에서 상대가 주장을 발표할 때 긍정적이고 협동적인 마음가짐으로 경청해야 한다. 그러므로 내용상 프로콘 토론은 협동적 찬반 토론이라 할 수 있다.

프로콘 토론은 단순히 쟁점을 주장하고 비판하는 방법이 아니기 때문에 편안하고 부드러운 수업 분위기를 이끌어낼 수 있다. 그러므로 쉽게 접근할 수 있으나 다음의 사항을 유의해야 한다.

모둠 안에서 대부분의 활동이 이루어지기 때문에 학생들이 토론이나 주장하는 말하기의 경험을 쌓거나 이해하는 것이 좋다. 상대의 주장에 대한 비판, 수정, 조언, 평가를 하려면 논리적 말하기와 사고 과정을 이해하고 있어야 하며, 다른 생각에 대한 포용적·배려적 말하기를 해야 모둠 안에서 갈등이 발생하지 않는다. 또한 모둠별로 활동하는 토론이므로 자칫 산만하게 진행되거나 모둠 안에서 토론을 위한 대화가 이루어지지 않을 수 있으므로 교사는 모둠별 상황을 수시로 체크하고 도움을 주어야 한다.

토론 모형 흐름도

1. 4명씩 모둠 구성
2. 4명을 다시 2명씩 작은 모둠으로 나눔
3. 작은 모둠들의 찬반 정하기
4. 각자 2~3가지의 이유와 근거를 준비
5. 4명이 다시 모여 각자의 주장 발표
6. 서로의 주장을 수정, 평가, 조언
7. 작은 모둠에서 최종 수정, 보완
8. 4명이 모둠의 대표 입장을 결정
9. 모둠의 최종 입장 발표 및 보고서 제출

수업 흐름도

1. 그림책 읽기 – 《뻐꾸기 엄마》
2. 생각 열기
3. 개인 질문 만들기
4. 모둠 대표 질문 선정하기
5. 학급 대표 질문 선정하기
6. 프로콘 토론하기

    가. 4명씩 모둠 구성

    나. 4명을 다시 2명씩 작은 모둠으로 나눔

다. 작은 모둠들의 찬반 정하기

라. 각자 2~3가지의 이유와 근거를 준비

마. 4명이 다시 모여 각자의 주장 발표

바. 서로의 주장을 수정, 평가, 조언

사. 작은 모둠에서 최종 수정, 보완

아. 4명이 모둠의 대표 입장을 결정

자. 모둠 보고서 제출

수업 사례

1. 그림책 읽기

수업에 그림책을 활용하는 이유는 여러 가지가 있지만, 가장 큰 이유는 텍스트가 짧아 활용하기 좋으면서도 그림과 함께 읽은 글을 통해 다양하고 무한한 상상과 사고가 가능하기 때문이다. 그림책을 읽는 방법은 여러 가지가 있으나, 수업에 주로 활용하는 방법은 2가지 정도이다.

교사가 구연동화를 하듯 읽어주는 방법과, 원하는 학생들이 자율적으로 구연하는 방법이다. 교사가 구연하는 그림책은 일관성이 있기에 학생들의 흥미와 집중을 더 이끌어낼 수 있다. 학생들이 자율적으로 구연하면 듣는 학생들의 긴장감이 해소되고 편안하게 듣지만, 분위기가 산만해질 수도 있으니 주의가 필요하다.

《뻐꾸기 엄마》는 내용도 좋지만 독특한 그림 표현 기법이 매우 인상적이다. 그림 하나하나를 학생들과 천천히 살펴보고 의미를 생각하면서 책을 읽다 보면, 감동이 두 배가 된다. 어미 새의 눈동자 모양이나 색깔의 변화, 어미 새의 심정을 고스란히 나타내는 부리의 거친 모양이나 색감이 많은 감동을 준다. 학생들도 책을 읽으면서 그림책의 표현에 많은 관심을 보였다. 또한 이형진 작가가 출판사와 인터뷰할 때 말했던, 책을 통해 나타내고자 하는 작가의 의도인 '모성애'를 대부분의 학생들이 직관적으로 떠올리고 표현해내기도 했다.

2. 생각 열기

생각 열기를 통해 읽은 후의 느낌을 개인적으로 다양하게 표현하도록 했다. 그림, 단어, 브레인스토밍, 일기 형식을 지닌 자유로운 글쓰기도 있었고, 시처럼 쓰기도 했으며, 영화 대사나 노래 가사를 떠올리는 학생들도 있었다. 그만큼 다양한 감정을 느꼈음을 알 수 있다. 학생들은 다음과 같이 생각 열기를 표현했다.

『뻐꾸기 엄마』 그림책 활용수업 활동지

학번(20205) 이름(김예진)

서명: 뻐꾸기 엄마
저자: 이혜란
출판사: 느림보

엄마라는 이름으로 자신의 아이들을 살리기 위해 자신이 새끼마저 아이들이 다낳까지 계속 뒤돌아 보는 모습...
한 아이가 태어 났네
그 아이는 다른 아이들 국이네. 왜일까? 왜일까?
그 장면을 엄마가 봤어. 엄마는 충격에 빠졌지.
3명의 아이들과 같이 날 살였던 엄마의 작은 꿈...
꿈 이루어 서지 않았지....
엄마는 결정했어.. 죽이기로. 조금씩 조금씩 기세 죽이려 했어.
그러나 그 아이는 그것도 모르고 날 달라고 하네.
엄마는 한동안 그 아이를 쳐다 보며
엄마는 울었게.. 울고 또 울었지.
나 같았으면 저는 그 아이를 죽였을 것 같다. 나의 사랑스러운 아이를 죽악다는 것에. 울고... 또 울뜻 것 같다

『뻐꾸기 엄마』 그림책 활용수업 활동지

학번(20219) 이름(강민성)

명: 뻐꾸기 엄마
저자: 이혜란
출판사: 느림보

눈의 색깔의 변화

눈의색깔 - 풀잎색 → 회색 → 붉은색 → 회색+갈색 → 검정색 → 짙은갈색
(시작임) (별사랑)   (번사랑)   (절망)   (포기)

바람색 → 물댐
(설렘) (호기)

눈에 대한 의미: 곡곽주 기법의 한계를 극복 (경덕면 말 꿀면 ex) 깃털) 가였다.

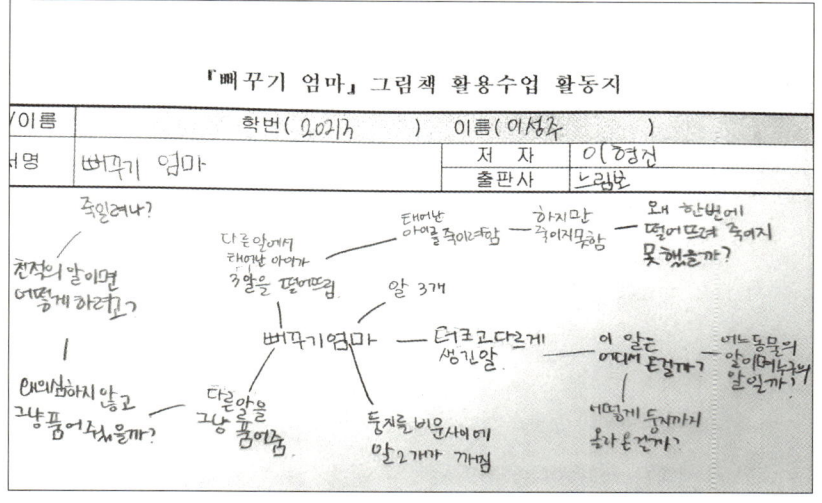

3. 개인 질문 만들기

그림책을 읽고 떠오르는 질문을 개인별로 만들어본다. 개인별로 2~3가지의 질문을 만드는데, 질문의 형식이나 유형에는 제한이 없다. 그림책의 내용, 표현되지 않는 사실이나 감정, 궁금한 점, 그림에 대한 질문 등 다양한 질문을 만들도록 유도한다.

- 아기 새는 어디서 왔을까?
- 어미 새가 알들을 목숨 걸고 지킨 이유는 무엇일까?
- 어미 새의 종류는 무엇일까?

- 뻐꾸기 엄마는 왜 새끼를 안 키울까?
- 아빠 새는 어디 있을까?
- 아기 뻐꾸기는 어미 새를 사랑했을까?
- 여우나 뱀이 아기 뻐꾸기를 물어갔다면 어미 새의 분노가 풀렸을까?
- 어미 새의 친자식들이 아기 뻐꾸기를 밀어냈다면?
- 이게 진짜 모성애일까?
- 어미 새가 아기 뻐꾸기를 밀어버렸다면 후회했을까?
- 어미 새는 왜 아기 뻐꾸기를 죽이지 않았을까?– 어미 새는 진심으로 아기 뻐꾸기를 보듬어주었을까?
- 어미 새는 어떻게 아기 뻐꾸기를 용서할 수 있었을까?
- 아기 뻐꾸기가 알들을 밀어버리는 것을 어미 새가 몰랐다면 어떻게 되었을까?
- 본능적 행동은 어떻게 처벌해야 하는가?
- '정'이 '사랑'이 될 수 있을까?
- 행복은 어디서 오는 걸까?
- 친자식을 해한 아이를 용서할 수 있을까?
- 모성애는 어디서 나오는 걸까? 범죄는 어디까지 용서할 수 있을까?

4. 모둠 대표 질문 선정하기

1모둠: 어미 새가 자기 알들을 밀어버린 아기 뻐꾸기를 죽였다면 후회했을까?

2모둠: 만약 어미 새의 알들이 죽지 않았어도 아기 뻐꾸기를 계속 키웠을까?

3모둠: 혈육이 아닌 남을 자식으로 온전히 사랑할 수 있을까?

4모둠: 아기 뻐꾸기는 진짜로 어미 새를 사랑했을까?

5모둠: 성악설일까? 성무선악설일까?

6모둠: 본능적 행동이 처벌받아야 하는가?

5. 학급 대표 질문 선정하기

프로콘 토론이 가능하도록 학생들과 함께 찬반 의견으로 나뉘는 질문을 선정하였다. 1모둠과 2모둠의 대표 질문은 대부분 학생들의 마음에 어느 정도 정해져 있었다. 1모둠의 질문에는 '후회했을 것이다' '죄책감에 시달릴 것이다' 등의 답변이 주를 이루었고, 2모둠의 질문에는 '키웠을 것이다'라는 답변이 다수였다. 따라서 적합한 질문이 아니라는 것으로 의견이 모였다. 5모둠과 6모둠의 질문은 너무 어렵다는 의견이 다수였고, 또한 수업 시간에 바로 토론을 하기에는 자료나 정보가 없어 힘들다고 말하는 학생들도 있었다. 4모둠의 질문은 새의 본능적 반응으로 어미 새를 친엄마로 인지했을 것이라는 사실 확인 성격의 질문이었으므로 토론을 위한 주제로는 부적합하다는 의견이 나왔다.

이처럼 다양한 의견 제시와 숙의 과정을 거쳐 "혈육이 아닌 남을 자식으로 온전히 사랑할 수 있을까?"를 학급 대표 질문으로 선정하였다. 이후 토론에 적합한 주제로 수정하여 "친자식이 아니어도 온전히 사랑할 수 있을까?"를 프로콘 토론의 주제로 선정하였다.

6. 프로콘 토론하기

수업에 적용하기 위해서 앞서 제시한 프로콘 토론 방법을 일부 수정하여 활용하였다.

(1) 6명씩 한 모둠으로 구성

학급 인원 36명을 4명씩 모둠으로 구성하는 것은 무리가 있어 6명을 한 모둠으로 모두 6모둠을 구성하였다. 6모둠으로 구성하여 모둠별로 모여 앉아 활동을 할 수 있도록 준비한다. 교사는 모둠별 활동 시간에 각각의 모둠을 돌아다니면서 도움을 줄 수 있다(상시적인 모둠 수업을 위해 매 학기 초에 모둠을 구성하고 모둠장도 정해 놓았다).

(2) 3명씩 작은 모둠으로 나누고, 생각 정하기

모둠별로 3명씩 작은 모둠을 구성하고, 모둠 안에서 자유롭게 "친자식이 아니어도 온전히 사랑할 수 있을까?"를 두고 찬성과 반대 생각을 정한다.

(3) 작은 모둠 안에서 각자의 역할 정하기(사회자, 서기, 발표자)

3명으로 구성된 작은 모둠 안에서 각자의 역할을 정하는데, 모둠 토론을 진행할 사회자, 발표자, 서기로 역할을 나눈다. 사회자는 작은 모둠 안에서 토론이 활발하게 이루어지게 하는 역할을 맡는다. 서기는 자신이 속한 모둠과 관련된 토론 내용을 모둠 보고서에 작성하는 역할을 맡는다. 발표자는 작은 모둠에서 만들어낸 두 가지 주장을 큰 모둠에서 발표하는 역할을 맡는다.

(4) 작은 모둠별로 이유와 근거 두 가지 토론을 거쳐 결정

세 명으로 구성된 작은 모둠은 사회자의 진행에 따라 자신들의 주장에 대한 이유와 근거를 토론을 거쳐 결정한다. 다음 쪽 표는 한 모둠 안에서 나뉜 작은 모둠들의 찬반 주장을 정리한 것이다(휴대폰을 작은 모둠마다 한 대씩 주면 정보를 찾는 데 활용할 수 있다).

(5) 6명이 다시 모여 찬성 측 주장 먼저 발표

6명인 큰 모둠으로 다시 모여 찬성 측 먼저 이유와 근거 2가지를 발표한다. 발표는 작은 모둠 안에서 정해진 역할 중 발표자로 선정된 사람이 한다. 마무리 활동으로 학급 전체에 발표할 때는 모둠장이 발표한다.

토론 주제		친자식이 아니어도 온전히 사랑할 수 있을까?
찬성	이유①	아이를 갖지 못해 입양을 하거나, 아이를 키우고 싶어서 입양을 해서 진심으로 사랑을 주는 가정도 있다.
	이유①의 근거	입양을 하는 가정 중에서 진심으로 아이를 사랑하고 아껴주는 가정도 많으며, 친자식과 동등한 사랑을 주는 가정이 대체로 많다.
	이유②	결혼을 하거나 사랑에 빠질 때 혈연과 상관없이 자신의 목숨보다 사랑하게 되듯이, 친자식이 아니어도 자신보다 더 사랑할 수 있다.
	이유②의 근거	인어공주가 왕자를 구한 이야기, 세월호에서 학생들을 구하고 목숨을 잃은 교사 이야기를 보더라도 혈연이 아니어도 더 사랑할 수 있다.
반대	이유①	사람의 본능은 핏줄에 끌리게 되어 있다.
	이유①의 근거	입양아와 친자를 비교한다면 자신도 모르게 친자에게 끌릴 것이다.
	이유②	입양을 악용하는 사례도 많고 상처를 주기도 한다.
	이유②의 근거	옛날 동화나 미국, 우리나라에서 입양의 부정적 사례를 볼 수 있다.

(6) 반대 측이 찬성 주장에 대한 비판, 수정, 평가, 조언

찬성 측 발표를 들은 반대 측 3명은 찬성의 이유와 근거에 다양한 의견을 제시할 수 있다. 이때 문제나 모순만을 비판하고 지적하는 것에서 끝나는 것이 아니라 평가, 조언, 보완까지 해야 하며, 단순한 반대의 입장만 보여서는 안 된다. 반대 측 3명의 모둠원은 개인 별로 찬성 측 주장에 반드시 한 가지 이상의 의견을 제시해야 한다. 원래 프로콘 토론에서는 이 단계에서 큰 모둠 안에서 모두 의견을 제시하고 활발한 토론을 통해 의견이 제시되지만, 수업 중에는 제한된 시간과 학생들의 산만함 때문에 평가, 조언의 역할을 반대 모둠 원들로 한정하였다. 아래 표의 수정·평가 부분에 쓰인 내용이 반대 입장의 작은 모둠이 제시한 의견이다.

토론 주제		친자식이 아니어도 온전히 사랑할 수 있을까?
찬성	이유①	아이를 갖지 못해 입양을 하거나, 아이를 키우고 싶어서 입양을 해서 진심으로 사랑을 주는 가정도 있다.
	이유①의 근거	입양을 하는 가정 중에서 진심으로 아이를 사랑하고 아껴주는 가정도 많으며, 친자식과 동등한 사랑을 주는 가정이 대체로 많다.
	수정·평가	객관적 근거가 없다. 근거들을 추가하면 좋겠다.
	최종 의견 · 이유	
	최종 의견 · 근거	
	이유②	결혼을 하거나 사랑에 빠질 때 혈연과 상관없이 자신의 목숨보다 사랑하게 되듯이, 친자식이 아니어도 자신보다 더 사랑할 수 있다.
	이유②의 근거	인어공주가 왕자를 구한 이야기, 세월호에서 학생들을 구하고 목숨을 잃은 교사 이야기를 보더라도 혈연이 아니어도 더 사랑할 수 있다.
	수정·평가	이성간의 사랑과 자식에 대한 사랑은 전혀 다른 것이므로 비교하기 어렵다.
	최종 의견 · 이유	
	최종 의견 · 근거	

(7) 반대 측 주장 발표, (8) 찬성 측이 반대 주장에 대한 비판, 수정, 평가, 조언

반대 측도 (5), (6)과 같은 방법으로 발표를 하고 찬성 측이 조언, 평가를 진행하였다. 다음 쪽 표의 수정·평가 부분에 쓰인 내용이 찬성 입장의 작은 모둠이 제시한 의견이다.

토론 주제			친자식이 아니어도 온전히 사랑할 수 있을까?
반대	이유①		사람의 본능은 핏줄에 끌리게 되어 있다.
	이유①의 근거		입양아와 친자를 비교한다면 자신도 모르게 친자에게 끌릴것이다.
	수정·평가		"입양아를 어떻게 더 사랑할 수 있겠는가?"라는 표현이 포함되면 좋을것 같다.
	최종 의견	이유	
		근거	
	이유②		입양을 악용하는 사례도 많고 상처를 주기도 한다.
	이유②의 근거		옛날 동화나 미국, 우리나라에서 입양의 부정적 사례를 볼 수 있다.
	수정·평가		사례들을 구체적으로 설명했으면 좋겠다.
	최종 의견	이유	
		근거	

(9) 작은 모둠별로 수정, 보완을 거쳐 주장 정리

다시 작은 모둠별로 수정·보완된 의견을 참고하여 자신들의 주장을 다듬어 최종 의견을 큰 모둠에 발표한다. 다음 쪽 표는 찬성과 반대의 최종 정리 내용으로, 굵게 표시된 내용이 수정·평가를 받은 후 정리한 최종 의견이다.

토론 주제			친자식이 아니어도 온전히 사랑할 수 있을까?
반대	이유①		사람의 본능은 핏줄에 끌리게 되어 있다.
	이유①의 근거		입양아와 친자를 비교한다면 자신도 모르게 친자에게 끌릴것이다.
	수정·평가		"친자식도 믿기 힘든 요즘 세상에 입양아를 어떻게 더 사랑할 수 있겠는가?"라는 표현이 포함되면 좋을 것 같다.
	최종 의견	이유	사람은 핏줄에 더 끌리게 되어 있다. 친자식도 믿기 힘든 요즘 세상에 어떻게 입양아를 더 사랑할 수 있겠는가?
		근거	입양아와 친자를 비교한다면 자신도 모르게 친자에게 끌릴것이다.
	이유②		입양을 악용하는 사례도 많고 상처를 주기도 한다.
	이유②의 근거		옛날 동화나 미국, 우리나라에서 입양의 부정적 사례를 볼 수 있다.
	수정·평가		사례들을 구체적으로 설명했으면 좋겠다.
	최종 의견	이유	입양을 악용하는 사례도 많고 상처를 주기도 한다.
		근거	콩쥐팥쥐, 신데렐라, 라푼젤 등의 동화 속에서도 친자식이 아니기 때문에 사랑하지 않는다.

(10) 6명이 다시 모여 각자의 수정·보완된 주장을 발표하고, 6명의 의견을 수렴하여 모둠의 최종 주장을 결정

큰 모둠으로 모여 찬반 각각 최종 의견을 발표한 후 토론을 거쳐 모둠의 최종 입장이 찬성인지 반대인지 선택한다. 사례로 제시한 모둠은 "친자식이 아니어도 온전히 사랑할 수 있을까?"라는 주제에서 찬성 입장을 선택하였다.

마지막으로 모둠 활동지를 제출한다.

『뻐꾸기 엄마』 토의·토론 (2)모둠 활동지

작은 모둠의 입장 : 찬성

1	이유	아이를 갖지 못해서 입양을 하거나, 그 아이를 돌봐주고 속에서 하였고 하는 등의 예로 입양을 해서 정말 사랑을 주는 가정도 된다.
	근거	입양을 하는 가정 중에 정말 그 아이를 사랑하고, 아껴주는 가정도 많으며, 자녀와 천자식 똑같이 똑같은 사랑을 주는 가정이 대부분이다.
	수정·평가	객관적 근거가 없다. 인터넷, 신문기사, 잡지 등 여곳에 추가되었으면 좋을 것 같다.
최종의견	이유	아이를 갖지 못해서 입양을 하거나, 그 아이를 돌봐주고 속에서 입양을 하는 등의 이유로 입양을 해서 정말 사랑을 하는 가정도 있다.
	근거	뉴스에 입양이 나쁜 사례로 소개되는 경우도 있지만 좋거나 훈훈한 내용으로 소개되는 경우도 배제하지 못한다.
2	이유	입양을 하거나 사랑에 버림받는 다른 혈연을 만나 자신의 목숨보다 사랑하게 되는 경우가 많겠지만, 저도 혈연은 아니지만 재밌보다 더 사랑할 수 모른다.
	근거	전혀 다른 피를가진 사람들 사랑해서 목숨 바쳐서 연예뿐이나 선생님께서 사랑으로 먼저 다가가고 축제보고 많은 혈연님들도 무런다. 다른 사람을 헌신적인 피를가진 사람을 사랑보다 무원다.
	수정·평가	경론은 할머니 사랑과 작의 사랑은 전혀 다른 느낌의 사랑 여기 때문에 꼭 다른 혈연인 입양자식을 둔마려보다 사랑한다는 보장이 없는 것 같다.
최종의견	이유	질병을 타거나 사랑에 버려질 때 다른 혈연을 만나 자신의 목숨보다 사랑하게 되는 경우가 많기에 자식도 원자식 아니지만 자신보다 더 사랑할 수 있다.
	근거	사랑은 구별이 많이 똑같은 것이므로 진혀 다른 피를 가진 사람을 사랑해서 진혀 바려진 인이공주나 세월호사건 당시의 선생님들을 봤을 때 전혀 다른 피를 가진 사람이라도 사랑할 수 있다.

사례로 제시된 찬성 측 모둠 보고서. 이 모둠은 모둠의 최종 의견으로 찬성을 선택하였다. 피는 물보다 진하다는 속담도 있으나, 현대 사회에서는 혈연 중심보다 관계 중심으로 가족 관계가 유지된다고 주장하는 찬성 토론자의 주장에 반대 입장의 토론자들이 동의하면서 최종 입장으로 결정되었다.

『뻐꾸기 엄마』 토의·토론 (2)모둠 활동지

작은 모둠의 입장 : 반대

1	이유	사람의 본능은 피 줄에 의해 끌려가게 되어있다. (친자식과 입양자식이 있다면 먼저 친자식을 챙길것이다)
	근거	입양아끼 친딸처럼 잘해준다고 해도 천자식과 DNA 비교한다면 자신도 모르게 친자식을 더 신경쓸것이다.(피줄의끌림)
	수정·평가	문제에 대해 토의도 하고, 입양자료도 더 야커주신 보지만 친짜도 뗄 수도 없는 사람에게 피조차 석지 않은 입양재를 어떻게 더 사랑할 수 있겠는가 하는 의견이 포함되면 더 좋을 것 같다
	최종의견 이유	사람의 본능은 피 줄에 의해 끌려가게 되어있다. (친자식과 입양자식이 있다면 친자식을 더 챙길것)
	최종의견 근거	어쩔수없는 사람의 본능적인 피(DNA)의 끌림이다. 입양자식보다 친자식이 끌리는 법.
2	이유	일부로 입양을 악용하는 사례도 많아 버려지는 사람이 더 상처받아 버려지는 경우도 많다.(진심이 아니다)
	근거	옛날 동화나 미국의 많은 사례, 우리나라의 많은 사례를 보면 자식이 고파서 자식을 사랑하고 소중하고 입양하는 경우도 있지만 입양이라는 것을 악용해 상처를 주려고 입양하는 것도 있다.
	수정·평가	이러한 사례를 구체적으로 들어서 설명해주면 좋겠다
	최종의견 이유	일부로 입양을 악용하는 사례도 있고 새부모들은 원래자식을 사랑하지 않은 사례가 많다
	최종의견 근거	옛날 동화측 콩쥐, 팥쥐, 신데렐라, 라푼젤등 자신의 피를 연결받은 아이를 사랑하지 않는 사례오 많다

사례로 제시된 반대 측 모둠 보고서

나는 뻐꾸기 엄마가 될 자신이 없었다!

학생들의 순수한 도덕성과 합리적 사고에 교사가 배움을 얻었다.

뻐꾸기 엄마는 단순히 자기 자식만을 생각하며 살아온 나에게도 많은 파장을 안겨준 책이다. 현실적인 어려움, 실제 마음과 의지 등을 핑계로 내 혈육이 아닌 아이들을 돌보지 않은 채 스스로를 합리화하며 살아왔다.

그러나 아이들은 《뻐꾸기 엄마》를 읽은 뒤, 나보다 더 순수하고 깨끗하게 엄마의 자격과 마음을 읽었고, 모성애라는 것이 어떤 사랑인지를 알아갔다. 그리고 토론이라는 과정을 통해 그것을 논리적인 언어로 만들어내고 표현하며 설득하는 데 성공했다. 그림책을 매개로 하는 학생들의 토론을 보며 교사는 늘 새로운 깨달음을 얻는다.

《뻐꾸기 엄마》는 구연하는 동안 말로는 표현할 수 없는 긴장과 감동으로 교실이라는 공간을 가득 채우는 책이다. 구연이 끝나면 여기저기서 탄성이 나온다. 말이 필요 없는 그림책의 힘이고, 그것을 순수하게 느끼는 학생들의 힘일 것이다.

〈참고문헌〉

정문성, 《토의·토론 수업방법 56》, 교육과학사, 2013.

---- Book Talk 4 ----

토론 주제 : 삶, 죽음, 사랑, 행복, 이타심

100만 번을 살 수 있다면 행복할까?

| 김민경 |

《100만 번 산 고양이》
사노 요코 글·그림, 김난주 옮김, 비룡소, 2002

삶의 소중함과 가치를 찾아
떠나는 여행

이 동화는 100만 번 산 고양이에 대한 이야기이다. 100만 번을 죽었다 살아난 얼룩무늬 고양이는 100만 명의 사람들에게 사랑을 받았고, 고양이가 죽을 때마다 주인들은 슬퍼하며 울었다. 그러나 정작 고양이 자신은 반복되는 삶과 죽음에 전혀 행복을 느끼지 못했다. 단 한 번도 행복하다거나 그 삶이 마음에 든 적이 없었다.

100만 번이나 산 얼룩무늬 고양이는 누구보다 자기 자신을 무척 좋아했다. 멋진 얼룩무늬 도둑고양이가 되어 "난 100만 번이나 죽어봤다고!"라며 자신 있게 다른 고양이들에게 자랑을 할 정도로 말이다. 그러던 중 자신보다 더 좋아하게 된 평생의 동반자 하얀 고양이를 만나 행복한 삶을 살게 된다. 자기 자신보다 더 좋아하는 가족이 생긴 것이다. 결국 삶의 행복과, 진실한 사랑을 찾은 얼룩 고양이는 비로소 삶의 소중함과 죽음의 가치를 깨닫게 된다.

100만 번 산 얼룩 고양이의 이야기를 통해 삶의 기쁨, 소중함, 사랑, 가족의 의미, 타인을 통해 삶의 가치를 깨닫고 행복할 수 있다는 이타심 등 많은 생각을 하게 하는, 교훈과 감동을 주는 책이다

퍼블릭포럼 디베이트

퍼블릭포럼 디베이트란?

퍼블릭포럼 디베이트 Public Forum Debate는 2003년 미국에서 개발된 쟁점토론 모형 중 하나이다. 이 모형은 찬성과 반대 의견, 발언 순서 등을 동전 던지기로 결정한다. 동전을 던져 자기 팀에 해당하는 그림이나 숫자가 나온 팀이 찬반 의견이나 순서를 정하고 다른 팀이 나머지를 결정한다. 대부분 찬성이나 반대를 먼저 정하고, 발언 순서를 나중에 정한다.

또한 토론 중에 진행되는 교차질의는 기존의 쟁점토론과 달리 쌍방이 묻고 답하는 방식으로 진행된다. 기존의 쟁점토론에서는 한쪽이 일방적으로 질문을 하고 상대 팀은 답변을 하는 방식으로 교차질의(또는 교차 조사 등으로 불린다)를 진행했으나 퍼블릭포럼 디베이트는 쌍방이 자유롭게 묻고 답할 수 있어 더욱 흥미로운 토론이 이루어진다.

마지막으로 퍼블릭포럼 디베이트는 기존 쟁점토론의 최종 토론자가 했던, 쟁점 비교와 내용 요약 등의 마지막 발언을 분리하여 토론 모형으로 적용시켰다. 이는 토론의 쟁점과 흐름을 확연히 부각시켜준다.

쟁점토론 혹은 보통 대립토론이라고 많이 알고 있는 이 토론 모형은 대부분 '가치 주제'나 '정책 주제'를 다룬다. 드물게 '사실 주제'로 토론을 할 때도 있다. 이번《100만 번 산 고양이》그림책을 활용한 토론 수업은 쟁점토론 모형 중 하나인 퍼블릭포럼 디베이트를 수업에 활용하기 위해 변형하여 활용하였다.

퍼블릭포럼 디베이트는 토론의 규칙을 학생들이 미리 숙지해야만 흐름이 끊이지 않고 진행될 수 있다. 그러므로 학생들의 사전 조사와 규칙에 대한 숙지가 중요하다. 또한 교차질의 시간에 토론자들의 격앙된 분위기를 차분히 정리하고 토론이 진행될 수 있도록 하는 교사(사회자)의 역할도 매우 중요하다. 이러한 점에 유의하면 매우 흥미롭고 집중력 있는 토론이 된다.

토론 모형 흐름도

미국의 전국연설토론협회National Speech & Debate Association(NSDA)가 2009년 10월 개정한 퍼블릭포럼 디베이트의 기본적인 형식은 다음과 같다.

찬성 측	반대 측
입안(4분)	입안(4분)
교차 질의(3분)	
반박(4분)	반박(4분)
교차 질의(3분)	
요약(핵심 정리, 2분)	요약(핵심 정리, 2분)
전원 교차 질의(3분)	
마지막 초점(2분)	마지막 초점(2분)
준비 시간-팀당 2분	

케빈 리, 《이것이 디베이트 형식의 표준이다》, 2017.

토론자들의 역할을 간단히 소개하면 다음과 같다.

입안: 찬성, 반대 모두 각자의 생각을 3~4가지 정도 논리적 근거를 들어 주장한다.

반박: 상대 주장을 잘 듣고, 주장에 대한 논리적 모순을 드러낸다.

교차 질의: 상대 팀의 주장에 대해 서로 질문하고 답하면서 논리적 오류나

모순을 찾아낸다.

요약: 진행된 토론의 쟁점을 중심으로 정리한다.

마지막 초점: 자기 팀의 여러 논증 가운데 가장 중요한 것을 두드러지게 강조하면서 호소력과 설득력을 가지고 말한다.

준비 시간: 팀당 2분이며, 토론 진행 중에 사회자에게 요구하여 활용할 수 있다.

수업 흐름도

1. 그림책 읽기-《100만 번 산 고양이》

2. 생각 열기

3. 개인 질문 만들기

4. 모둠 대표 질문 선정하기

5. 학급 대표 질문 선정하기

6. 토론하기

    (1) 토론을 위한 준비   (2) 모둠별로 주장에 대한 이유—근거 3개씩 준비

    (3) 입안   (4) 준비 시간

    (5) 교차 질의   (6) 반박

    (7) 준비 시간   (8) 전체 교차 질의

    (9) 요약과 마지막 초점

7. 마무리 활동—논술문 쓰기

수업 사례

1. 그림책 읽기

교실에서 그림책을 읽을 때는 학생 수가 많으므로 그림책을 학생 수에 맞춰 준비하는 데 어려움이 많다. 따라서 어쩔 수 없이 모둠별로 1권씩 나누어 대표 학생이 책장을 넘기도록 하고, 책의 내용과 그림을 읽고 감상한다. 학생 중에 원하는 학생이 대표로 읽게 하거나, 교사가 구연하듯이 읽어도 좋다. 교사가 구연을 하면 학생들의 관심을 끌고 내용에 집중하는 데 도움이 된다. 학생 수가 많은 교실에서 수업할 때는 학생들이 모두 볼 수 있게 전체 화면에 띄워주는 것도 좋은 방법이다. 가장 일반적으로 쓰이는 방법이기도 하다. 책을 모두 준비하기 어려운 경우 많이 활용한다. 멀티미디어 수업이 일상화되어 있는 요즘, 학생들에게 조금은 천천히 쉬어가면서 그림책을 읽는 여유를 주는 것도 좋을 것이다.

《100만 번 산 고양이》는 많은 생을 윤회하듯 사는 고양이의 이야기이다. 다만 전생을 기억하는 특별한 고양이이므로 얼룩무늬 고양이가 살아온 각각의 삶을 머릿속으로 그려보면서 천천히 읽어도 좋다. 또한 고양이의 삶과 우리의 삶을 비교하면서 읽어도 좋은 토론거리가 나오는 풍성한 내용의 그림책이다.

2. 생각 열기

그림책을 읽은 후 짧은 시간이라도 학생들이 개인적으로 자신의 느낌이나 감상을 자유롭고 편안하게 표현할 수 있는 시간을 준다. 5분 정도의 이 시간에는 어떤 규칙이나 말보다는 조용히 각자의 생각을 자연스럽게 표현하도록 이끌어주어 간략하게 표현하게 하는 것이 좋다. 굳이 빨리 끝내지 않아도 좋다. 비주얼씽킹이나 마인드맵, 브레인스토밍을 활용하여 표현하면 더 좋다.

3. 개인 질문 만들기

그림책을 읽고 떠오르는 질문을 개인별로 만들어본다. 책을 통해 답을 알 수 있는 질문이거나 책에는 없으나 관련 정보를 찾아서 답

〈학생들이 표현한 다양한 생각 열기〉

◇◆◇ 그림책 활용수업 활동지 ◇◆◇

학번/이름	학번(20807) 이름(오유빈)		
도서명	100만번 산 고양이	저 자	사노요코 글·그림 / 김난주 옮김
		출판사	비룡소

생각 열기:
- 고양이 〈고양이의 삶〉
  - 하얀 고양이를 만나기 전
    - 주인이 좋았음
    - 자신의 삶에 대해 미련이 없었음
    - 여러번 죽어 살아남
  - 도둑 고양이가 된 후
    - 자신을 가장 좋아함
    - 자신이 많이 살게 됨
  - 하얀고양이를 만난 후
    - 자신보다 하얀고양이와 새끼들을 더 아낌
    - 하얀 고양이가 죽어 눈물을 흘림
    - 다시 살아나지 않았음

개인 질문 만들기:

1. (사실, 유추질문)
   고양이는 여러번의 삶중 어떤 생활이 가장 마음에 들었을까?

2. (비판, 적용질문)
   고양이는 여러 삶을 살면서 눈물을 흘리지 않았다. 나라면 눈물을 흘렸을까?

3. (확산, 창의질문)
   고양이처럼 여러번 죽고 살 수 있다면 지금보다 더 행복해 질 수 있을까? 그 이유는 무엇일까?

◇◆◇ 그림책 활용수업 활동지 ◇◆◇

학번/이름	학번(20613) 이름(심혜원)		
도서명	100만번 산 고양이	저 자	사노 요코
		출판사	비룡소

생각 열기:
고양이가 처음에 그 누구보다 자신을 좋아했는데 후에 하얀 고양이와 자식을 낳고 지내면서 자신이 죽었을 때보다 하얀고양이가 죽었을 때 처음으로 울었던 모습이 안쓰럽고 먹먹하고 슬펐다.

개인 질문 만들기:

1. 고양이가 하얀 고양이를 만나고 죽은 후 왜 다시 살아나지 않았을까?
   이유/근거 다른 주인들을 만났을 때는 계속 살아났는데 하얀 고양이를 만나고 나선 살아나지 않아서 신기해서

2. 하얀 고양이는 왜 백만번 죽고 살아난 고양이를 선택했을까?
   이유/근거 다른 고양이들도 많은데 왜 굳이 백만번 산 고양이를 선택했는지 궁금해서

◇◆◇ 그림책 활용수업 활동지 ◇◆◇

학번/이름	학번(20908) 이름(박소영)		
도서명	100만번 산 고양이	저 자	사노요코
		출판사	비룡소

생각 열기

100만번 삶의 의미를 찾지 못하고 비주체적인 삶을 살다가 자신의 삶아감으로서의 행복을 찾는 내용. 죽고 살면서 행복하지 않은
↓
타인에 의해서 죽음을 맞이보다가 끝내 사랑하는 사람의 죽음을 지켜보다가 죽음.
'
난 백만번이나... 네 곁에 있어도 괜찮겠니?' 하얀 고양이를 통해서 자신의 삶의 의미를 찾은 것 같다.

개인 질문 만들기

1. (사실, 유추질문)
고양이는 하얀고양이의 죽음에 슬퍼했는가?

2. (비판, 적용질문)
타인에 의해 맞은 죽음과 주체적인 삶에서 맞은 죽음 중에서 무엇이 더 행복했다고 생각할까?

3. (확산, 창의질문)
만약 하얀고양이보다 늦게 죽었다면 다시 되살아났을까?

◇◆◇ 그림책 활용수업 활동지 ◇◆◇

학번/이름	학번(20511) 이름(이서원)		
도서명	100만 번 산 고양이	저 자	사노 요코
		출판사	비룡소

생각 열기

(마인드맵: 고양이를 중심으로 - 하얀 고양이, 사랑, 불멸, 죽음, 두려움, 무서움, 슬픔, 추억, 경멸, 후회, 삶, 자부심)

개인 질문 만들기

1. (사실, 해석질문)
마지막에 고양이가 죽고 왜 못으로 변했을까?

2. (분석, 비판질문)
고양이는 왜 나는 백만번이나... 라는 말을 그만두었을까?

을 알 수 있는 질문, 다양한 사고와 생각을 유도할 수 있는 질문, 주제에 대한 탐구를 이끌어내는 데 도움이 되는 질문, 보이는 내용만이 아닌 더 넓은 범위에서 사고하고 판단하여 만들어진 질문도 있다. 또한 책이 하고자 하는 이야기뿐 아니라 전혀 새로운 질문을 만들어낼 수도 있다.

학생들의 질문은 그네들의 생각을 가장 직접적으로 표현한다. 그림책과 관련된 질문 중에 주제와 관련 없는 질문이 나올 때도 있다. 하지만 이 역시 버려질 질문이 아니다. 유심히 살펴보고 토론할 수 있는 주제라면 토론해보는 것도 좋다. 그러나 교과 수업을 마치고 그림책 토론을 할 때는 학생들이 단원과 관련하여 질문을 만들거나 토론 주제를 만들어내는 경우가 대부분이다.

학생들이 만든 질문은 다음과 같다.

- 임금님의 고양이였을 때 시대는?
- 고양이가 죽은 후 왜 꽃이 피었을까?
- 뱃사공은 어느 나라 사람일까?
- 고양이 주인들은 고양이가 죽은 후 왜 모두 슬퍼하였나?
- 고양이 주인들의 공통점은?
- 100만 번의 의미는?
- 마지막에 고양이는 왜 살아나지 않았을까?
- 얼룩 고양이는 왜 하얀 고양이를 좋아했을까?
- 주인공이 다른 동물이 아닌 고양이인 이유가 있을까?
- 왜 고양이는 주인들을 좋아하지 않았을까?
- 고양이는 왜 100만 번의 삶을 행복하게 살지 못했나?
- 왜 고양이는 100만 번 동안 행복하려고 노력하지 않았을까?
- 고양이는 왜 열심히 살지 않았을까?
- 고양이 주인들은 정말 고양이를 사랑해서 울었을까?
- 고양이는 왜 주인들에게서 도망치지 않았을까?
- 진짜로 100만 번의 삶 모두 불행했을까?

- 마지막 삶이 죽기 전 진짜 마지막 생이라서 행복하게 살았다고 느끼고 죽은 건 아닐까?
- 전생을 기억하는 삶이 과연 행복할까?
- 100만 번을 계속 살아난 이유는 무엇일까?
- 고양이는 누군가의 소유여서 싫었던 걸까? 지루한 삶이 싫었던 걸까?
- 만약 내가 100만 번 살 수 있다면 행복할까?
- 사랑하는 사람과 오랫동안 행복할 수 있는 가장 좋은 방법은 무엇일까?
- 하얀 고양이를 만나지 못했어도 행복했을까? 지금까지 계속 살고 있을까?

4. 모둠 대표 질문 선정하기

모둠별로 개인들이 만든 질문들 중 가장 토론하기 좋은 질문을 선정한다. 학생들이 선정한 모둠 질문은 다음과 같다.

1모둠: 고양이는 왜 열심히 살지 않았을까?

2모둠: 만약 내가 100만 번 살 수 있다면 행복할까?

3모둠: 전생을 기억하는 삶이 과연 행복할까?

4모둠: 고양이는 누군가의 소유여서 싫었던 걸까? 지루한 삶이 싫었던 걸까?

5모둠: 진짜로 100만 번의 삶 모두 불행했을까?

6모둠: 하얀 고양이를 만나지 못했어도 행복했을까? 지금까지 계속 살고 있을까?

5. 학급 대표 질문 선정하기

교사와 학생들이 모둠별로 제시한 모둠 질문을 살펴보고 토론 모형에 맞는 질문을 전체 협의를 통해 결정한다. 만약 의견이 분분하면 다수결로 학급 대표 질문을 선정한다.

선정된 모둠 질문들은 서로 관련이 있는 질문들이었다. 그래서 토론을 할 수 있는 주제로 학생들과 함께 다듬어 학급 전체 토론 주제를 선정하였다.

"만약 내가 100만 번 살 수 있다면 행복할까?"

2모둠의 으뜸 질문이 학급 대표 질문으로 선정되는 과정에서 학생들 사이에 많은 논의가 오갔다. 1모둠과 4모둠의 으뜸 질문은 결국 같은 질문이라는 데 모두 동의하였으며 2모둠, 3모둠, 5모둠, 6모둠도 100만 번의 삶에 대한 질문이므로 같은 맥락으로 보았다. 두 개의 영역으로 좁힌 질문 중 학생들은 결국 다수의 모둠에서 공통적으로 나타난 100만 번의 삶의 행복과 불행에 대한 질문을 선택하였다. 학생들과 이 질문을 토론을 위한 주제로 바꾸었을 때는 "무한한 삶이 행복하다"로 다듬어지면서 찬반 토론이 가능해진다.

6. 토론하기

(1) 토론을 위한 준비

처음 토론을 진행할 때는 어수선하고 학생들도 순서를 잘 모른다. 토론 순서와 역할을 정리해서 나눠준 후 숙지하도록 하면 진행에 도움이 많이 되며, 모둠 내 진행자 역할을 하는 호스트 학생들에게만이라도 교사가 한 번 더 설명해주면 매우 좋다.

모둠 안에 토론 진행을 위한 모든 역할이 정해져 있기 때문에 모둠끼리 토론을 진행한다고 오해할 수도 있으나, 각자의 역할에 따라 학급 전체 36명 정도의 학생이 모두 토론에 참여한다.

평소 수업 시간에 6명을 한 모둠으로 하는 모둠 수업을 진행하기 때문에 토론을 위한 모둠을 따로 구성하지는 않았다. 모둠 안에서 6명 모두 각자의 역할을 정해야 한다. 학급 전체 토론을 위해 각자의 역할이 분명해야만 수업에 참여할 수 있는 자율적 혹은 타율적 기회가 주어진다. 모둠원이 6명이라는 것을 전제로 역할을 정한다. 입안자, 반박자, 질의자, 요약 및 마지막 초점 발표자, 호스트, 서기로 정하면 6명이 된다. 만약 5명인 경우에는 1명이 호스트와 서기를 같이 하면 된다.

모둠별 호스트는 모둠 안에서의 토론과 협의를 진행하고, 각 역할자들이 언제 발언하는지 등 모둠 안에서의 토론을 위한 활동을 조정하고 안내하며 정리한다. 서기는 토론 진행 중 모둠 토론 보고서를 작성하여 제출한다.

　유의할 점은 호스트나 서기라고 해서 꼭 토론 진행이나 보고서 작성만 하는 것이 아니라 모둠 내의 토론에 적극적으로 참여해야 하며 자유 교차질의에도 참여할 수 있다는 것이다(요약과 마지막 초점은 기존 쟁점 토론처럼 최종 발언 개념으로 한 번에 한다. 토론 전처 사회와 진행은 교사가 한다).

(2) 모둠별로 찬반을 나누고 발언 순서 정하기

수업 시간 전 각 모둠의 장이 동전 던지기로 찬반 결정을 한다. 총 여섯 모둠이므로 1:4, 2:5, 3:6 모둠들이 각자 동전을 던져 찬반을 결정하거나, 모둠장들이 가위바위보로 찬반을 결정해도 된다. 상대 모둠은 자유롭게 결정해도 된다(퍼블릭포럼 디베이트에서는 찬반 입장이나 발언 순서 중 한 가지를 선택하지만 수업 토론에서는 발언 순서까지 섞이면 복잡해지므로 찬반 입장만 선택한다). 3:3의 찬반 입장이 결정되면 찬성은 칠판 기준으로 마주보았을 때 오른쪽, 반대는 왼쪽에 앉는다. 찬성이 먼저 발언하는 것으로 미리 정해 놓고 토론을 준비한다.

(3) 토론 수업을 위한 좌석 배치

모둠별로 모든 학생에게 각자 역할이 주어진다. 자신의 역할에 맞는 자리에 앉아 수업을 진행한다.

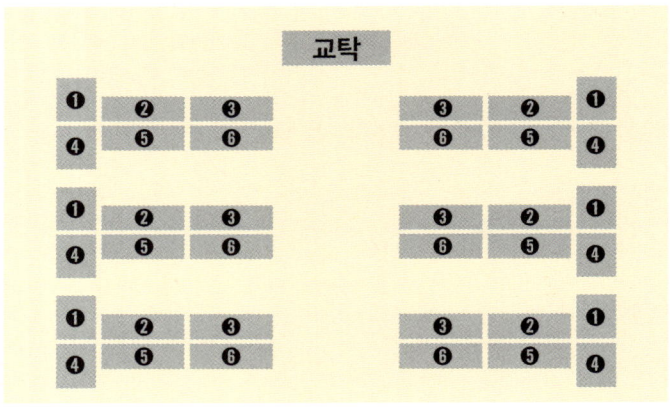

① 입안자, ② 호스트, ③ 서기, ④ 질의자, ⑤ 반박자, ⑥ 요약 및 마지막 초점 발표자

토론을 진행하는 교사(사회자)는 찬성 1, 2, 3모둠, 반대 1, 2, 3모둠으로 모둠 호칭을 결정하면 좋다.

7. 토론 수업 모형

(1) 모둠별로 주장에 대한 이유

모둠 안에서 자유로운 토론을 통해 모둠별로 주장에 대한 이유와 근거를 3개 이상 준비한다. 꼭 3가지 이상이어야만 한다. 그 이유는 각 모둠의 입안자들은 자기 모둠의 이유와 근거 1가지를 발표해야 하는데 3가지 이상을 준비해야만 앞에서 발표한 모둠과 겹치지 않고 또한 찬반 주장에 대한 충분한 논증을 펼칠 수 있기 때문이다.

찬성 측	반대 측
입안(4분)	입안(4분)
준비 시간(1분)	
교차 질의(8분)	
반박(4분)	반박(4분)
준비 시간(1분)	
전체 교차 질의(6분)	
요약과 마지막 초점(4분)	요약과 마지막 초점(4분)
평가와 마무리-교사	

(2) 입안

찬성 모둠부터 입안을 맡은 사람이 논증(주장-이유-근거의 순서대로)을 1가지 말한다(찬성 측 둘째와 셋째 모둠의 입안자는 앞 모둠이 발표한 논증과 겹치지 않도록 1가지씩 발표한다).

반대 측도 같은 방법으로 세 모둠이 각각 1개의 논증씩, 총 3개의 논증을 말한다.

(3) 준비 시간

모든 모둠의 주장 발표가 끝나면 준비 시간(작전 시간)을 1분 준다. 준비 시간은 양측의 발언에 대한 질의, 예상 질의에 대한 답변이나 반박 등을 위한 모둠별 토론, 협의 시간이다. 준비 시간은 학생들의 상황에 따라 더 줄 수 있다(퍼블릭포럼 디베이트에서는 원하는 시점에 사회자에게 요청하지만 수업 토론을 위해 진행 중 순서에 포함시켰다).

(4) 교차 질의

찬성 측 질의자는 반대 측 논증에 대해 질문을 던지고, 반대 측에서는 해당되는 모둠의 입안자가 질문에 답변한다. 찬성 1모둠, 찬성 2모둠의 질의자 모두 같은 방법으로 질문을 한다. 반대 측도 같은 방식과 순서에 따라 진행한다. 예를 들어 질문자가 "반대 2모둠 주장과 관련하여 질문하겠습니다"라고 지목하여 질문하면, 반대 2모둠에서 논증을 펼친 입안자가 대답하면 된다. 질문하고 싶은 상대 팀이 겹쳐도 무방하다. (퍼블릭포럼 디베이트에서는 교차 질의 시간에 첫 번째 질문은 찬성 측 입안자가 반대 측 입안자에게 질의를 하면서 시작하고, 그다음부터는 자유롭게 상호 교차 질의로 진행되지만, 수업 토론에서는 위의 설명처럼 양측이 순서대로 교차 질의 시간을 가진다. 또한 퍼블릭포럼 디베이트에서는 두 번의 상호 교차 질의와 전체 교차 질의로 구성되어 있으나 수업 토론에서는 시간상 상호 교차 질의를 한 번으로 줄였다.)

(5) 반박

찬성 측부터 반박자들이 상대 측 논증을 1가지씩 반박하는데, 이때는 반박의 상대가 겹쳐도 되고, 상대 측 전체를 대상으로 해도 된다 (논증이 약한 모둠이 많은 반박을 받기도 한다. 첫째 반박자가 상대 측 둘째 논증에 대해 반박했어도, 둘째 반박자도 같은 논증을 반박할 수 있다. 예를 들면, "우리도 반대 측 두 번째 논증에 대해 반박하겠습니다"라고 말하고 하면 된다. 자기 모둠의 논증을 지키기 위한 훈련이 되므로 굳이 겹치는 것을 막지 않는다).

(6) 준비 시간

두 번째 준비 시간 1분을 준다. 이때는 마지막 요약과 마지막 초점 발표를 위한 준비와 전체 교차 질의를 위한 모둠 회의를 한다(퍼블릭포럼 디베이트의 팀별 준비 시간이 총 2분이므로 두 번의 준비 시간을 1분씩 두 번으로 나누었다).

(7) 전체 교차 질의

전체 교차 질의 때는 개인이 자유롭게 손을 들어 질문하고, 답변도 희망자가 손을 들어 하면 된다. 그러나 모둠의 입장과 반대되는 입장을 가질 수 없다. 자유롭게 묻고 답하되, 개인이 속한 모둠의 입장을 유지해야 한다. 찬성 측에서 질문했으면 반대 측에서 대답해야 하며, 질문과 답변의 순서대로 진행되어야 한다. 한쪽에서 연속되는 질문을 해도 되고 번갈아가면서 해도 무방하다. 자칫하면 교실 분위기가 소란스러워질 수 있으므로 전체 사회를 보는 교사의 역할이 매우 중요하다.

(8) 요약과 마지막 초점

발표자는 자기 모둠의 입안과 반박을 중점적으로 정리하여 부각시킨다. (퍼블릭포럼 디베이트 모형에는 요약과 마지막 초점 사이에 전체 교차 질의가 있으나 수업 토론에서는 요약과 마지막 초점을 기존의 쟁점토론처럼 한꺼번에 하도록 하였다.)

8. 마무리 활동-개별 논술 쓰기

학급 전체 토론 활동을 마치고, 마무리 활동으로 논술 수행평가를 실시하였다. 학생들은 토론 주제였던 "무한한 삶이 행복하다"에 대한 자신의 생각을 400~500자 내외로 서술하였다. 학생들의 글을 소개하고자 한다.

> 인간의 욕심은 끝이 없다. 사람들은 하루가 부족하다며 하루가 길었으면 하는 생각을 자주 한다. 하지만 나는 이조차도 동의하지 않는다. 또한 "무한한 삶이 행복하다"는 이 말엔 반대한다.
> 내가 무한한 삶에 반대하는 첫째 이유는 무한한 삶을 산다면 하루의 소중함을 느끼지 못할 것이다. 따라서 사람들은 게을러지고 이것

이 인류 발전에도 영향을 미친다. 나와 반대 입장을 가진 사람들은 오히려 인류 발전에 좋으며 무한할 것이라고 생각하지만 나는 그렇지 않을 것이라고 생각한다. 그 이유는 사람들은 시간적 여유가 생기면 게을러질 것이기 때문이다.

둘째, 유한한 삶에서는 돈을 지불해서도 얻을 수 없는 것들이 무한한 삶에서는 그 가치가 낮아질 것이다. 유한한 삶에서는 죽음이 언제 다가올지 모르기 때문에 사랑, 우정 등이 가치가 높지만. 무한한 삶에서는 가치가 낮아질 것이라고 생각한다.

_고잔중학교 2학년 이예원

나는 "무한한 삶이 행복할까?"에 대하여 행복하지 않다고 생각한다. 현재 우리는 의학 기술의 발달로 생명이 연장되고 있다. 하지만 아직까지도 100세를 보기는 힘들다. 따라서 사람들은 자신의 주어진 시간 동안 하고 싶고 이루고 싶은 것을 달성하기 위해 노력한다. 그런데 만약 우리의 삶이 무한하다면 그렇게 할 필요가 있을까?

첫째, 노력하지 않게 된다. 인간은 미루는 습성을 누구나 가지고 있지만, 주어진 시간이 있기에 열심히 노력한다. 이래도 몇몇 사람들은 할 일을 미룬다. 그런데 삶이 무한하다면 많은 사람들이 자신의 일을 미루게 될 것이다.

둘째, 삶이 매우 지루해진다. 무엇이든 시간이 길면 지루해진다.

수업 토론 개요서

논제	무한한 삶이 행복하다.	
순서	찬성	반대
입안	1. 실패를 만회하고, 도전할 기회가 있다. 2. 반복될 때마다 행복할 가능성이 많아진다. 사람은 행복하게 오래 살고 싶은 마음을 가지고 있다. 3. 시간적 여유가 생긴다.	1. 유한한 삶을 살게 되면 삶의 소중함을 느껴 더 열심히 살게 된다. 2. 무한한 삶을 살면, 자신이나 타인의 삶을 존중하지 않게 된다. 3. 지속적으로 범죄를 저지를 수 있다.
질의 응답	반대 6모둠에게 질문하겠습니다. 범죄가 지속된다고 하셨지요? - 예 유한한 삶을 살게 되면 범죄의 재발 가능성이 없는 건가요? - 아뇨. 무한히 반복되지 않는 겁니다. 범죄의 재발과 삶의 유한, 무한의 관계가 애매하다고 생각됩니다.	
반박	1. 무한한 삶을 산다고 삶이 가치 없는 것은 아닙니다. 2. 유한한 삶을 사는 사람들도 가치 없는 삶을 사는 경우가 많다. 예를 들면 범죄자들이 그렇다.	1. 도전할 기회가 있다고 모두 도전을 하진 않는다. 삶에 지루함을 느껴 더 막 살 수도 있다. 2. 전생에 고통 받은 기억이나 사랑하는 사람들과 죽을 때마다 헤어져야 하는 것이 괴로울 것이다.
전체 교차 질의	반대 4모둠에게 질문하겠습니다. 무한한 삶이란 인간이 가질 수 있는 초능력 같은 것 아닌가요? - 그렇게도 생각할 수 있겠네요. 그렇다면 그 능력으로 슈퍼히어로처럼 남을 도우며 살 수도 있지 않습니까? - 영화에 나오는 영웅들을 말씀하시는 것 같은데요. 많은 영화에도 나오듯이 초능력을 모두 좋은 쪽으로만 사용하지는 않습니다. 오히려 그게 우리 삶에 더 많은 위험으로 다가올 때가 많습니다. 무한한 삶이란 우리에게 득이 아니라 독이 될 수 있습니다. 오히려 찬성 3모둠에게 묻고 싶습니다. 무한한 삶을 사는 사람이 그 능력을 좋은 쪽으로 사용할 것이라는 걸 어떻게 단정하시나요? - 무한한 삶을 산다고 해서 꼭 남을 위해 봉사하고 도와주며 살아야 한다고 주장하지 않았습니다. 행복한 삶이라는 게 누군가를 도와야만 하는 건 아니까요. 우리 찬성 측의 히어로 이야기는 꼭 그렇게 살아야 한다는 게 아니라 반대 측이 주장한 사회에 혼란을 야기할 위험성에 대해 반박한 것이라고 생각합니다.	
요약 및 마지막 초점	무한한 삶은 실수를 만회하고 행복할 수 있는 기회이다. 〈도깨비〉의 공유나 김고은처럼 남을 도우면서 자신도 무한하고 행복한 삶을 살 수 있다. 유한한 삶만이 가치 있는 삶은 아니다. 100만 번 산 고양이도 다양한 삶 속에서 가치를 찾을 수 있었다.	무한한 삶은 삶의 소중함을 못 느끼게 하는 위험한 것이다. 〈도깨비〉라는 드라마는 착한 사람이라는 전제가 깔려 있다. 우리가 읽은 《100만 번 산 고양이》처럼 반복되는 삶을 낭비하거나 무의미하게 살 가능성이 더 많다. 끝이 있기 때문에 소중한 것이다.

심지어 아이들에게 자유 시간을 주어도 시간이 많다면 결국 지치고 힘들어 한다. 인간은 주어진 시간 내에서 하고 싶은 일을 하여 성취하였을 때 쾌감을 느끼고 가치 있는 삶이 되도록 해야 한다. 나는 이러한 이유로 무한한 삶이 행복하지 않다고 생각한다.

_고잔중학교 2학년 김윤서

편견을 깨다

학생들의 수준을 믿지 못하는 교사의 편견! 학생들은 스스로 찾아내고 펼쳐낸다.

여러 해 그림책을 매개로 토론, 토의 등의 모둠 수업을 진행해왔다. 그러나 이번 그림책은 삶과 죽음, 행복, 삶의 유한성 등 어려운 단원과 관련되어 있어서 학생들이 주제와 관련된 자신의 생각을 잘 표현할 수 있을지 걱정이 많았다.

그러나 나의 예상은 보기 좋게 빗나갔고, 학생들은 멋진 근거와 자기만의 강력한 이유로 설득력 있는 주장들을 펼쳐냈다. 그중 가장 인상 깊었던 논증은, "무한한 삶을 산다는 건, 슈퍼 히어로가 될 수 있는 기회 아닌가? 우리가 영화나 드라마로 보았던 영웅들은 모두 초능력이나 특별한 능력을 가지고 있다. 만약 무한한 삶을 사는 것이 가능해진다면 이는 영웅이 될 기회이고, 매우 행복하고 뿌듯한 삶을 살 수 있을 것이다"라고 한 것이다. 놀라웠다. 자신의 삶과 주변의 정보들을 근거로 사용하고 표현해낸 것이다. 결국 학생들은 토론을 진행하고 매듭도 지었다. 중학교 2학년 학생들의 수준을 과소평가한 교사의 오만이 깨지는 시간이었다.

〈참고문헌〉

케빈 리, 《이것이 디베이트 형식의 표준이다!》, 이지스에듀, 2017.

Book Talk 5

토론 주제 : 성역할, 책임, 가족

엄마는 왜 집을 나갔을까?

| 조승연 |

《돼지책》
앤서니 브라운 글·그림, 허은미 옮김, 웅진주니어, 2001

**어느 날 갑자기 엄마가 사라졌다!
엄마는 왜 사라졌을까?**

 피곳, 피곳 부인, 사이먼, 패트릭은 한 가족이다. 피곳 씨와 사이먼과 패트릭은 아주 중요한 일을 한다고 한다. 그래서 집안일은 아무것도 하지 않는다. 요리, 설거지, 빨래, 다림질 등 모든 집안일은 피곳 부인 혼자서 한다. 심지어 모든 집안일을 마치면 일을 하러 나간다. 힘들고 지친 피곳 부인은 결국 집을 나가버렸다. 피곳 부인 없이 모든 집안일을 나누어 하게 된 피곳 씨와 아이들은 힘들어 한다. 피곳 씨와 아이들은 비로소 피곳 부인의 소중함을 깨닫게 되며, 피곳 부인이 집에 다시 왔을 때 무릎 꿇고 싹싹 빌게 된다.

 피곳 부인이 집을 나간 것은 잘한 일일까? 가족들이 피곳 부인의 소중함을 깨달았으니 잘한 일일까? 아니면 다른 현명한 방법이 있었을까?

핫시팅

핫시팅이란?

핫시팅Hot-sitting은 가상의 인물과 만나 서로 대화하는 토론 기법이다. 의자hot-sit에 한 명 또는 여러 명의 연기자들이 앉고, 그들은 텍스트 속의 인물이 된다. 이들은 맡은 역할을 연기하며, 주어진 질문에 답을 한다.

   이 기법은 텍스트, 등장인물, 작가 등을 '현재, 이곳'으로 가져올 수 있다. 그리고 인물에 대한 이해를 도울 수 있으며, 쟁점에 관해 다양한 관점과 입장이 있음을 이해하도록 돕는다. 핫시팅을 활용하면 텍스트·역사·사건 속의 인물을 지금 이곳에 끌어올 수 있다. 참가

기본 핫시팅 토론 자리 배치

자들은 그 인물이 되어보거나 그 인물이 옆에 있다고 상상한다. 자연스레 교실은 연극의 공간으로 변하게 된다.

보통 핫시팅은 역할 대표 한 명이 나와서, 마치 기자회견을 하듯이 이루어진다. 핫시팅 토론은 교실 속에서 더욱 역동적인 활동을 위해 변형된 토론 모형이다. 핫시팅 기법의 기본적인 특징은 다음과 같다.

첫째, 연기자는 텍스트 속의 인물을 텍스트 안에서 최대한 연구하고 이해한다.

둘째, 텍스트 속의 인물을 연기하는 사람이 무대에 오른다. 자신의 생각보다는 등장인물의 처지에서 말한다.

셋째, 참가자들은 각 배역을 맡은 연기자에게 질문을 하며 서로 대화한다.

넷째, 핫시트와 연기자만 설정하여도 핫시팅 참가자들은 텍스트 속에 초대된다.

핫시팅 기법의 유의점

첫째, 핫시팅 토론을 하기 전에 인물에 대한 분석이 충분히 이루어질 수 있도록 해야 한다. 인물에 대한 분석이 부족하면, 텍스트 속 인물의 생각이 아닌 연기자 자신의 생각을 이야기하기 때문이다.

둘째, 인물 연기자는 참여자에게 익숙한 사람이 좋다. 낯선 사람과 솔직하게 묻고 답하기란 쉽지 않다. 만약, 적당한 연기자가 없다면 빈 의자에 인물이 있다고 가정하고 진행해도 된다.

셋째, 핫시팅은 모두가 얼마나 그 상황에 몰입하느냐에 따라 수업 효과가 천차만별이다. 몰입할 수 있도록 조명, 음악 등을 조절하는 것도 좋은 방법이다.

토론 모형 흐름도

1. 핫시팅 토론 준비하기

    가. 등장인물에게 묻고 싶은 질문 만들기

    나. 개인별 배역 맡기

    다. 배역끼리 모여 모둠을 만들고 토론하기

    라. 배역별 모둠 안에서 토론 역할 나누기

2. 핫시팅 토론하기

　　가. 원하는 인물과 대화하기

　　나. 인물 바꾸어 대화하기

수업 흐름도

1. 그림책 읽기

2. 포토스탠딩 하기

3. 핫시팅 토론 준비하기

　　가. 등장인물에게 묻고 싶은 질문 만들기

　　나. 개인별 배역 맡기

　　다. 배역끼리 모여 모둠을 만들고 토론하기

　　라. 배역별 모둠 안에서 토론 역할 나누기

4. 핫시팅 토론하기

　　가. 원하는 인물과 대화하기

　　나. 인물 바꾸어 대화하기

5. 함께 모여 대화하기

　　가. 배역 대표들이 받은 인상적인 질문 소개하기

　　나. 질문자 중 인상적인 답변 소개하기

수업 사례

1. 그림책 읽기

그림책 장르의 특성상 겉표지의 그림을 보고 내용을 유추하거나 살펴볼 수 있다. 이는 학생들이 책 내용에 흥미를 느끼고 책 속의 그림에도 자연스럽게 집중할 수 있게 한다. 그림책을 읽을 때는 학생들이 교실 바닥에 옹기종기 모여 앉고, 교사가 그림책을 넘겨가며 직접 읽어주었다.

2. 포토스탠딩 활동하기

포토스탠딩 토론은 주제와 이미지의 관련성을 찾아 연결하는 창의

초등학교 5학년 학생에게 책을 읽어주고 있다. 고학년 학생들도 책을 읽어주는 순간만큼은 집중해서 듣게 된다.

그림책 《돼지책》 읽기 Tip

앤서니 브라운 작가의 작품 특징 중 하나는 상징이다. 《돼지책》에서 피곳 씨와 아이들은 돼지로 변한다. 그림을 자세히 살펴보면, 피곳 씨와 아이들이 점점 돼지로 변해가는 것을 알 수 있다. 이를 드러내는 것 중 하나가 집안의 벽지나 가구 등의 문양이 점점 돼지로 변해가는 것이다. 아이들과 함께 '그림 속 숨은 돼지 찾기' 놀이를 하며 책을 읽을 수도 있다.

적 사고 증진 기법이다. 프리즘 카드를 활용하기도 한다. 이 수업에서 활용한 카드는 딕싯카드이다. 학생들은 자신의 생각과 어울리는 그림을 고르고 그 이유를 말한다. 포토스탠딩은 학생들의 사고를 활성화하며, 자신의 생각을 정리하기 어려워하는 학생들이 더욱 쉽게 사고할 수 있도록 돕는다.

책 속의 인물이 중심이 되는 활동이기에 각 인물에 어울리는 그림을 고르고, 그 이유를 발표하게 한다. 학생들은 이렇게 자연스럽게 인물의 특성을 이미지로 알 수 있다.

다음 쪽의 그림이 학생들이 표현한 포토스탠딩이다.

3. 핫시팅 토론 준비하기

(1) 등장인물에게 묻고 싶은 질문 만들기

모둠별로 등장인물의 수만큼 활동지를 나누어준다. 이번 토론의 인물을 피곳 씨, 피곳 부인, 사이먼과 패트릭 3명으로 나누었다. 질문지는 별 다른 양식 없이 A4 용지를 활용할 수도 있다. 각각 한 장에 한 인물에 대한 질문을 적는다. 한 번에 한 인물씩 질문을 모으는 것이 좋다.

피곳 부인이 피곳 씨에게 묻는 것처럼 질문자가 텍스트 안의 인물이라 생각하고 질문하거나, 자신이 직접 피곳 씨에게 묻는 것처럼 텍스트 밖의 인물이라 생각하고 질문해도 좋다. 텍스트 안의 인물이라 생각하고 질문을 한다면, 조금 더 작품의 내용에 몰입할 수 있다.

인물	고른 카드	고른 이유
피곳 부인		남자가 보석 안에 갇혀 있다. 비싼 보석이 있지만 괴로워한다. 피곳 부인도 좋은 집에 산다. 하지만 갇혀서 사는 것과 같다.
		남자가 낚싯바늘에 걸렸다. 피곳 부인도 피곳 아저씨에게 낚였다.
피곳		큰소리로 소리를 치는 그림이다. 피곳이 집에 돌아오자마자 "어이, 아줌마. 밥 줘"라고 하는 것과 비슷하다.
		괴물은 피곳, 잡힌 아이는 피곳 부인 같다. 괴물이 아이를 미로에 빠뜨려 힘들게 하는 것이 피곳이 피곳 부인을 괴롭히는 것과 같기 때문이다.
사이먼 · 패트릭		괴물이 아이들을 미로에 빠뜨리고 있다. 사이먼과 패트릭은 미로에 빠진 아이와 같다. 엄마가 집을 나가고 나서 어떻게 해야 할지 모르기 때문이다.
		부엉이 판사에게 토끼와 늑대와 돼지가 심판을 받고 있다. 사이먼과 패트릭이 심판을 받는 동물들과 같다. 왜냐하면 엄마가 집을 나가고 나서 잘못한 일에 대한 벌을 받기 때문이다.

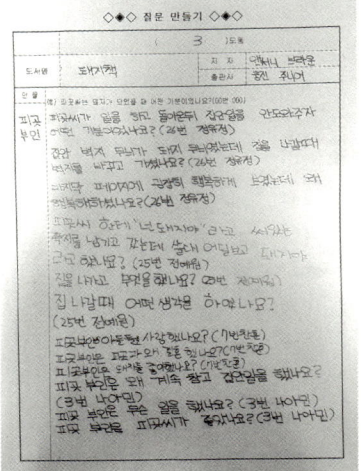
질문 만들기 활동지 - 피곳 부인

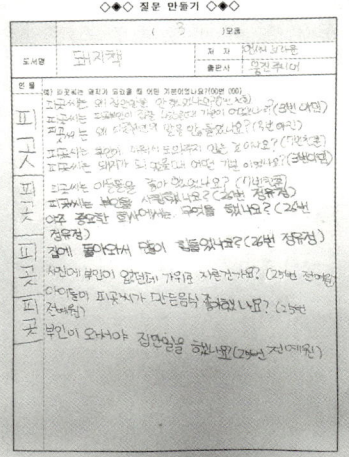
질문 만들기 활동지 - 피곳

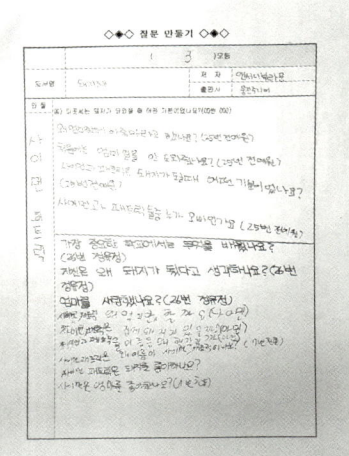
질문 만들기 활동지 - 사이먼, 패트릭

학생들이 만든 질문은 다음과 같다.

역할	질문
피곳	- 왜 피곳 씨는 아내에게 아줌마라고 했나요? - 피곳 부인이 집을 나갔을 때 어떤 기분이었나요? - 부인을 사랑하셨나요? - 아내가 집을 나갔을 때 어떤 점이 힘들었나요? - 아내가 집에 돌아왔을 때 어떤 약속을 하였나요?
피곳 부인	- 피곳 부인도 왜 가족들에게 도와달라고 하지 않았나요? - 집을 나갔을 때 어떤 기분이었나요? - 다시 집으로 돌아오게 된 이유는 무엇인가요? - 마지막에 행복한 표정을 지은 이유는 무엇인가요?
사이먼 / 패트릭	- 왜 집안일을 도와주지 않았나요? - 엄마가 집을 나갔을 때 어떤 점이 힘들었나요? - 스스로 할 수 있는 집안일에는 어떤 것들이 있나요?

(2) 개인별 배역 맡기

대표적인 배역은 피곳 씨, 피곳 부인, 사이먼/패트릭 형제로 나누었다. 나누는 방법은 모둠 내에서 역할을 골고루 나누는 방법과 희망하는 배역을 고르는 방법도 있다.

(3) 배역끼리 모여 모둠을 만들고 토론하기

배역이 정해지면, 학생들을 각 배역 별로 모이게 한다. 이전에 모은 질문지를 각 배역에게 전달한다. 각 배역별로 받은 질문을 보고 토론하며 다음 활동을 준비한다.

핫시팅 기법은 배역에 대한 분석의 면밀함에 따라 성패가 갈린다. 역사 속의 인물을 주제로 한다면 그 인물에 대한 사전 정보를 준비하는 시간이 많이 필요하다. 하지만 그림책 속의 인물에 대해 조사한다면, 같은 배역끼리 모여 학생들이 준 질문에 함께 대답을 준비하는 것만으로도 충분하다.

핫시팅에 익숙하지 않은 학생들은 인물 입장에서 생각하기보다 자신의 생각을 이야기하기 쉽다. 사전에 인물이 되어 '연기'한다는 생각으로 임할 수 있도록 지도가 필요하다.

(4) 배역별 모둠 안에서 토론 역할 나누기

역할 대표 : 역할 대표는 질문자들에게 질문을 받고 대답을 한다. 답변은 역할 대표만 할 수 있다. 예비 대표와 교대를 했을 경우 질문자 역할을 한다. 역할 대표가 아닌 다른 학생들도 이야기할 수 있는 경우 활동이 혼잡해지기 때문에 역할 대표만 답변을 할 수 있도록 한다.

예비 대표 : 역할 대표가 대답하기 어려운 질문이 생겼을 때, 더 좋은 대답을 알고 있다면 예비 대표가 역할 대표 자리에 앉아서 대표 역할을 한다. 10분 이상 혼자서 질문을 받는 것은 학생에게 쉽지 않은 일이다. 다양한 학생이 답변할 경우 더 다양한 사고를 촉진할 수 있다.

질문자 : 자유롭게 다니면서 각 역할 대표에게 질문을 한다. 한 번

에 한 가지의 질문을 할 수 있다. 같은 역할에 또 다른 질문이 생기면 줄 맨 뒤로 이동하여 차례를 기다린다. 모형 마이크(토킹 스틱)를 들고 있는 사람만 이야기할 수 있으며, 질문 뒤 다음 질문자에게 마이크를 넘긴다. 마이크를 두는 이유는 발언권을 제한함으로써 교실이 소란스럽지 않게 하고, 마이크를 든 학생의 질문에 집중하게 하기 위함이다(학생에 따라 역할 대표를 1명만 두고, 예비 대표를 두지 않아도 된다).

4. 핫시팅 토론하기

일반적으로 핫시팅은 한 번에 한 인물이 무대 앞으로 나와서 활동한다. 교실 공간을 역할 수대로 3개로 나누었다. 공간을 여러 개로 나누면, 학생들이 질문하고 답하는 횟수가 증가한다. 또한 학생마다 묻고 싶은 역할과 내용이 각각 다르기에 자유롭게 각 코너로 돌아다니면서 활동하면 수업이 더욱 역동적으로 변한다.

(1) 원하는 인물과 대화하기

학생들은 3개의 배역 중 원하는 인물에게 다가가 질문할 수 있다. 이때, 여러 명이 모였다면 순서대로 한 줄로 서게 한다. 가장 앞에 선 질문자에게 발표용 도구(토킹 스틱)를 준다. 토킹 스틱을 가진 사람만이 질문을 할 수 있으며, 다른 학생들은 듣기만 할 수 있다. 이렇게 하면, 기다리는 학생들이 서로 대화하면서 생기는 소란스러움

핫시팅 토론 활동 모습

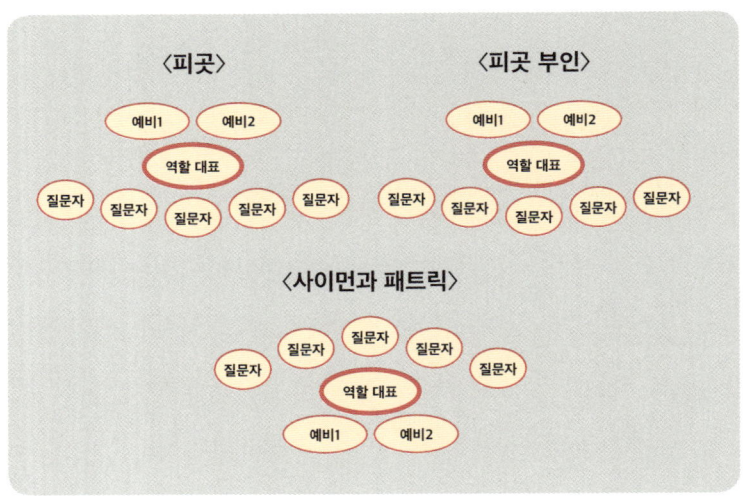

핫시팅 토론 배치

을 줄일 수 있으며, 자연스럽게 맨 앞 질문자의 질문과 역할 대표의 대답에 귀를 기울이게 된다.

(2) 인물 바꾸어 대화하기

먼저 원하는 인물과 대화를 했다면, 다른 인물 쪽으로 자리를 옮겨 대화를 할 수 있다. 이때 모든 배역이 한 번씩 대화했어도, 토론이 끝날 때까지 계속 질문할 수 있다. 단 질문의 기회를 공평하게 주기 위해 한 번에 한 가지 질문만 할 수 있도록 한다(상황에 따라 역할 대표를 한 명만 두고, 예비 대표를 두지 않아도 된다).

학생 1: 피곳 씨는 왜 집안일을 하지 않았나요?

피곳: 회사에서 일을 너무 힘들게 해서 집에 오면 아무것도 하기 싫어요.

학생 2: 피곳 부인이 힘들어 하는 걸 몰랐나요?

피곳: 정말 몰랐어요.

학생 3: 피곳 부인을 사랑해서 결혼하지 않으셨나요?

피곳: 당연히 사랑하니까 결혼했죠.

학생 4: 지금도 부인을 사랑하시나요?

피곳: (당황스러워하며) 물론입니다.

학생 5: 피곳 부인이 집을 나갔을 때 어떤 것이 가장 힘들었나요?

피곳: 사이먼과 패트릭을 돌보는 것이 힘들었어요.

학생 6: 앞으로 피곳 부인에게 잘하실 건가요?

피곳: 네. 아내가 집을 나가는 건 정말 힘든 일이에요. 또 나가지 않도록 잘 할 겁니다.

5. 함께 모여 대화하기

핫시팅 토론에서, 학생들은 마음껏 묻고 싶은 질문을 할 수 있다. 반면, 다른 친구들의 질문과 대답을 듣기는 어렵다. 따라서 수업 마지막에 다른 친구들과 이야기를 나누는 것이 필요하다. 배역 대표들이 들은 인상적인 질문과 질문자들이 들은 인상적인 대답을 나눈다. 이때 등장인물 별로 각각 실행한다.

(1) 배역 대표들이 받은 인상적인 질문 소개하기

배역 대표들이 무대 앞으로 나와서 받은 질문 중에서 인상적인 질문과 그 이유를 소개한다.

학생 1: 저는 피곳 역할을 맡았습니다. "지금도 부인을 사랑하시나요?"라는 질문이 인상적이었습니다. 그 이유는 사랑해서 결혼했을 텐데, 그림책에서 피곳 씨는 부인을 사랑하지 않는 것처럼 느껴졌기 때문입니다.

학생 2: 저는 사이먼과 패트릭 역할을 맡았습니다. "엄마가 집을 나갔을 때 어떤 점이 힘들었나요?"라는 질문이 인상적이었습니다. 인상적이었던 이유는 예전에 외할아버지가 돌아가셔서, 집에서 동생을 돌볼 때 힘들었기 때문입니다.

학생 3: 저는 피곳 부인 역할을 맡았습니다. "마지막에 행복한 표정을 지은 이유는 무엇인가요?"라는 질문이 인상적이었습니다. 인상적이었던 이유는 제가 엄마 대신 설거지를 도와줬을 때 엄마가 행복해 하셨던 얼굴이 떠올랐기 때문입니다.

(2) 질문자 중 인상적인 답변 소개하기

학생 1: 저는 피곳 씨에게 "앞으로 피곳 부인에게 잘하실 건가요?"라는 질문을 했습니다. "네, 아내가 집을 나가는 건 정말 힘든 일이에요. 또 나가지 않도록 잘할 겁니다"라고 했습니다. 피곳 부인이 집을 나가면 힘들기 때문에 잘하겠다는 것처럼 들렸기 때문입니다.

학생 2: 저는 피곳 부인에게 "다시 집을 돌아오게 된 이유는 무엇인가요?"라는 질문을 했습니다. "남편과 아이들이 걱정되어서 돌아왔습니다"라는 대답을 했습니다. 피곳 씨와 사이먼과 패트릭이 힘들게 해도 가족을 사랑하는 것을 보니, 엄마가 생각났기 때문입니다.

학생 3: 저는 사이먼과 패트릭에게 "왜 집안일을 도와주지 않았나요?"라는 질문을 했습니다. "아빠가 집에서 아무것도 안 하기에 당연히 안 해도 되는 줄 알았어요"라고 했습니다. 우리 집에서 제 모습이 생각이 나서 탄성하게 되었기 때문입니다.

그림책의 인물을 '지금, 이곳에' 불러온 토론 수업

학생들은 체육 수업을 즐거워한다. 학생들은 왜 체육 수업을 재미있어 할까? 첫째, 자신이 직접 참여한다. 둘째, 너무 쉽지도 않고, 어렵지도 않은 적절한 난이도가 있다. 셋째, 대립과 경쟁이 있어 긴장감이 있다. 넷째, 전략 등 스스로 선택할 수 있는 자유로움이 있다.

핫시팅 토론은 이 모든 것을 갖추고 있다. 첫째, 누구나 묻고 답할 수 있고, 누구에게나 묻고 답할 수 있다. 둘째, 상대도 자신도 결코 쉬운 질문을 하지 않는다. 셋째, 긴장감은 인물 간의 갈등에서 최고조를 이룬다. 질문은 긴장감이 있는 부분을 계속 건드린다. 넷째, 누구에게 어떤 질문을 할지 선택할 수 있다.

우리 반 학생 중에 자존감이 떨어지는 학생이 있다. 뚱뚱한 외모에 말도 느리고 목소리도 작다. 학생은 친구들이 외모 때문에 자신을 싫어한다고 생각한다. 친구들 앞에서 틀리는 것을 엄청나게 신경 쓰며 지낸다. 때문에 수업 시간에 집중을 못하며, 결코 발표하는 법이 없었다. 지난 학기에는 스트레스가 지나쳐 며칠 학교를 나오지 않기도 했다.

그런데 이 학생이 핫시팅 토론 이후 쉬는 시간에 웃는 얼굴로 찾아왔다. "선생님, 수업이 재미있었어요. 제가 ○○에게 왜 아줌마라고 불렀는지 질문했어요"라고 했다. 자존감이 낮은 이 학생이 친하지 않던 학생과도 자유롭게 질문하고 대답을 한 것이다. 인물을 연기함으로서 생긴 상상의 힘이다.

학생이 수업에 열정적으로 참여할 때, 교사는 희열을 느낀다. 평소 집중하지 못하던 학생이 수업에 열정적으로 참여하면, 그 희열은 배가된다. 핫시팅 기법으로 교사와 학생이 함께 기뻐하고, 즐겁게 임하는 다음 수업을 기다린다.

〈참고문헌〉

정문성, 《토의·토론 수업방법 56》, 교육과학사, 2013.
연극으로 어울리는 사람들, 《얘들아, 우리 연극놀이 하자》, 단비, 2015.

Book Talk 6

토론 주제 : 자유, 자아 정체성, 도전

진정한 자유란 무엇일까?

| 조승연 |

《스갱 아저씨의 염소》
알퐁스 도데 글, 에릭 바튀 그림, 강희진 옮김, 파랑새, 2013

자유롭게 살기 위해서 무엇이 필요할까?

 어느 깊은 산 속에 스갱 아저씨가 외롭게 살고 있었다. 그래서 스갱 아저씨는 블랑께뜨라는 어린 염소를 키우게 되었다. 스갱 아저씨는 블랑께뜨를 위해 산이 보이는 곳에 멋진 울타리를 만들었다. 좋은 먹이를 가져다주고, 답답해 할까봐 목줄도 길게 해주었다. 그러던 어느 날 블랑께뜨는 울타리에 갇혀 사는 것이 너무 답답하고 힘들어졌다. 참지 못한 염소는 결국 스갱 아저씨에게 산에서 살고 싶다고 했다. 밖에는 무시무시한 늑대가 살고 있기 때문에 스갱 아저씨는 절대 안 된다고 했다. 블랑께뜨는 스갱 아저씨 몰래 집을 나왔다.

 집을 나온 블랑께뜨는 즐겁게 뛰어놀고, 맛있는 풀도 먹고, 친구들도 사귀고, 멋진 영양과 사랑에 빠지기도 했다. 그러나 행복한 순간도 잠시 밤이 찾아와 블랑께뜨는 늑대와 마주치게 되었다. 결국 늑대에게 잡아먹히고 말았다.

 집을 나온 블랑께뜨는 선택을 잘한 것일까? 울타리를 나오는 것보다 더 좋은 방법은 없을까?

회전목마 토론

회전목마 토론이란?

토론 모형 이름에서 알 수 있듯이, 놀이기구인 회전목마와 같이 둥글게 자리에 앉아 토론을 하는 것이다.

기본적으로 일대일로 토론을 한다. 일반적인 토론 모형과 달리 모든 학생이 토론 발언자 역할을 한다. 모든 학생이 자신의 주장을 펼치고, 자신의 주장에 대한 질문과 반박을 듣는다.

회전목마 토론은 토론에 익숙하지 않은 학생들에게 맞는 모형이다. 이런 학생들이 토론을 부담스러워하는 이유를 해결할 수 있다.

첫째, 모두가 자신에게 집중한다는 부담이 없다. 회전목마 토론은 맞은편 상대방만 나의 이야기를 듣는다. 많은 친구들 앞에서 이야기하기보다 친구와 함께 대화하는 느낌이 든다.

둘째, 발언 시간이 짧다. 일반적인 대회 토론 모형은 최소 3분 이상 주장을 하게 한다. 교실 토론에서 3분의 시간을 주어도 1분도 채 발언하지 못하는 학생들이 많다. 1분간 주장을 펼치게 되면, 그 시간 안에 내용을 채우려는 경향이 크다.

회전목마 토론의 기본적인 특징은 다음과 같다.

첫째, 기본적으로 일대일로 토론한다. 상대를 제외하고 다른 청중이 없기 때문에 발언의 부담이 적다.

둘째, 토론 시간이 짧아 상대를 바꾸어 반복해서 토론할 수 있다.

셋째, 여러 번 반복해서 토론하는 동안 자신의 의견에 대한 상대의 피드백을 들을 수 있다.

넷째, 교실의 학생들이 동시에 토론에 참여하게 되어, 방관하는 학생들이 없다.

회전목마 토론을 할 때는 다음과 같은 점을 유의해야 한다.

첫째, 여러 학생이 동시에 발언하기 때문에 교실이 소란스러워질 수 있다. 하지만 학생들은 소란스러운 가운데서도 마주보는 친구에게만 집중하는 것을 경험할 수 있다.

둘째, 일대일로 토론하기 때문에 짝이 안 맞는 경우에는 교사가 그 자리를 채우거나, 자리를 비운 채 쉬어가는 순서를 만들 수 있다.

셋째, 상대의 발언을 꼭 적어야 한다. 이는 경청하는 연습에 도움이 되고, 나의 발언에 대한 상대의 피드백은 자신의 발언을 보충하는 데 도움이 된다.

토론 모형 흐름도

1. 찬성 주장하기(1분)
2. 반대 질문하기(1분)
3. 반대 주장하기(1분)
4. 찬성 질문하기(1분)
5. 자리 바꾸고, 다음 토론 준비하기

발언 시간은 학생의 수준과 상황에 따라 충분히 바꿀 수 있다. 학생들은 주장하는 시간은 다 채우지 못해도 질문하는 시간은 모자라 한다. 또 학생들은 주장하기보다 질문하기를 훨씬 재미있어 한다. 토론의 역동성을 키우고 싶다면, 질문하기 시간을 2분으로 늘리는 것도 방법이다.

수업 흐름도

1. 그림책 읽기

2. 포토스탠딩 활동하기

3. 개인 질문 만들기

4. 모둠 질문 선정하기

5. 학급 대표 질문 선정하기

6. 토론 준비하기

　가) 주장 작성하기

　나) 상대 예상 질문 생각하기

7. 토론하기

　가) 찬성 주장하기(1분)

　나) 반대 질문하기(1분)

　다) 반대 주장하기(1분)

　라) 찬성 질문하기(1분)

　마) 자리 바꾸고, 다음 토론 준비하기

8. 정리하기

수업 사례

1. 그림책 읽기

그림책 장르의 특성상 겉표지의 그림을 보고 내용을 유추하거나 살펴볼 수 있다. 이 경우 학생들이 책 내용에 흥미를 느끼며, 책 속의 그림에도 자연스럽게 집중할 수 있다. 그림책을 읽을 때는 학생들이 교실 바닥에 옹기종기 모여 앉고, 교사가 그림책을 넘겨가며 직접 읽어준다.

2. 포토스탠딩 활동하기

포토스탠딩 토론은 주제와 이미지의 관련성을 찾아 연결하는 창의

그림책 《스갱 아저씨의 염소》 읽기 Tip

《스갱 아저씨의 염소》를 쓴 알퐁스 도데는 《별》과 《마지막 수업》 등으로 유명하다. 이 아름다운 글은 에릭 바튀의 강렬한 색채가 돋보이는 그림과 아름다운 조화를 이룬다.

《스갱 아저씨의 염소》는 몇 가지 이야기로 구성되어 있다. 먼저 한 소녀가 돈과 명예보다 꿈을 찾아가는 그랭그와르 아저씨에게 보내는 편지가 있다. 그다음은 소녀가 그랭그와르 아저씨에게 보내는 '블랑께뜨 이야기'가 있다. 그리고 마지막에 소녀가 그랭그와르 아저씨에게 아저씨도 블랑께뜨처럼 꿈을 찾아가다 실패할 수 있다고 하는 내용의 편지가 있다.

이야기 측면에서 살펴보자. 보통의 그림책과 달리 '블랑께뜨 이야기'는 염소의 탈출기라는 내용이 소녀의 편지를 통해 '현실에서 안정적인 직장을 선택할 것인가? 아니면 모험을 각오하고 꿈을 좇을 것인가?'로 재해석하게 된다. 즉 처음에는 '블랑께뜨 이야기'를 읽어보고 내용에 집중해보고, 소녀의 편지를 통해 새롭게 이야기를 바라보면 《스갱 아저씨의 염소》를 재밌게 감상할 수 있다.

그림 측면에서 살펴보자. 에릭 바튀의 그림은 블랑께뜨의 표정이나 행동에 초점을 맞추지 않았다. 오히려 블랑께뜨를 둘러싼 배경에 집중하고 있다. 블랑께뜨가 울타리에서 있을 때의 색감과 탈출해서 자유로울 때 색감, 늑대와 만난 뒤의 색감은 글의 위기감을 잘 표현해준다.

적 사고 증진 기법이다. 이때 프리즘 카드를 활용하기도 한다. 이 수업에서 활용한 카드는 딕싯카드이다. 자신의 생각과 어울리는 그림을 고르고 그 이유를 말한다. 포토스탠딩은 학생들의 사고를 활성화시키며, 자신의 생각을 정리하기 어려워하는 학생들이 더욱 쉽게 사고할 수 있도록 돕는다. 학생들은 이 과정에서 자연스럽게 비유

와 연상을 배운다. 학생들은 친숙한 그림이나 알고 있는 내용의 이미지가 있으면, 자신이 알고 있는 내용과 새로운 내용을 결합한다. 새롭게 내용을 구성하는 것보다 알고 있는 내용과 연결하는 것을 더 편하게 생각한다.

다음 쪽 그림은 학생들이 표현한 포토스탠딩이다.

3. 개인 질문 만들기

그림책을 읽고 떠오르는 질문을 개인별로 만든다. 이때 포스트잇을 활용하여 개인 질문을 적어 붙이도록 하면, 한정된 시간에 질문을 만들 수 있고 차후 모둠별 질문을 선정하기도 쉽다.

이때 질문을 적고 자신의 이름을 적는다. 이름을 적으면 자신의 질문에 책임의식을 갖게 된다. 또한 질문을 만든 이유를 반드시 적도록 해야 한다. 학생들은 자신의 질문이 선정되었으면 하는 바람이 크다. 질문을 선정한 이유를 상대에게 말하는 과정에서 또 다른 토론을 겪을 수 있다.

학생들이 만든 질문은 다음과 같다.

- 블랑께뜨라는 이름의 뜻은 무엇인가요?
- 스갱 아저씨가 나팔을 불며 찾았을 때, 블랑께뜨는 어떻게 했나요?
- 블랑께뜨는 몇 번째 염소였나요?

카드	느낌
	이야기와 어울리는 그림은 '나팔'이다. 왜냐하면 스갱 아저씨가 도망간 블랑께뜨를 애타게 찾고 있는 모습이 그림과 닮았기 때문이다.
	이야기와 어울리는 그림은 '나들이 가는 로봇'이다. 왜냐하면 도망친 블랑께뜨가 즐겁게 뛰어노는 모습이 그림과 닮았기 때문이다.
	이야기와 어울리는 그림은 '거인과 싸우는 작은 기사'이다. 왜냐하면 블랑께뜨가 늑대와 싸우는 모습이 거인 괴물과 싸우는 작은 기사의 모습과 같기 때문이다.
	이야기와 어울리는 그림은 '엄마와 아기 판다'이다. 왜냐하면 스갱 아저씨가 블랑께뜨를 엄마처럼 돌보기 때문이다.

- 스갱 아저씨는 왜 염소를 한 마리만 샀나요?
- 여섯 마리나 염소를 잃어버린 스갱 아저씨는 왜 또 염소를 샀을까요?
- 블랑께뜨가 집으로 다시 돌아가지 않은 이유는 무엇인가요?
- 산에 늑대가 있다는 것을 알면서도 블랑께뜨가 산에 가려는 이유는 무엇인가요?
- 블랑께뜨가 도망치지 않고 늑대와 싸운 이유는 무엇일까요?
- 피에르 그랭그와르 시인 아저씨는 블랑께뜨 이야기를 듣고도 왜 기자 생활을 거절했을까요?
- 블랑께뜨는 꼭 늑대와 싸워야 했나요?
- 왜 스갱 아저씨는 염소들이 계속 나가는 이유를 알고도 그 점을 고치지 않았을까요?
- 작가는 왜 블랑께뜨가 죽도록 이야기를 만들었나요?
- 스갱 아저씨가 여덟째 염소도 살까요?
- 블랑께뜨는 힘들어도 참고 울타리 안에서 사는 것이 더 좋지 않았을까요?

4. 모둠 질문 선정하기

개인별로 만든 질문들을 모둠원이 함께 살펴본다. 이때 교사는 "우리 반 모두가 이야기하면 좋을 질문을 고르세요"라고 한다. 개인별 질문을 하나씩 모둠원들과 나누면서, 자신의 질문이 선택되든 그렇지 않든 모둠원들이 자신의 의견을 존중해주는 느낌을 받게 된다.

모둠 질문을 선정하는 토론을 할 때, 상대의 질문이 너무 쉽거나 엉뚱하다며 무시하는 경우도 가끔씩 있다. 하지만 상대의 질문과 선정한 이유를 존중하고 상대의 의도를 경청할 수 있도록 지도해야 한다.

아이들이 선정한 모둠 질문은 다음과 같다.

1모둠: 왜 블랑께뜨는 스갱 아저씨의 나팔 소리를 듣고도 집으로 가지 않았나요?

2모둠: 스갱 아저씨는 염소를 여섯 마리나 잃어버렸으면서도 왜 키우는 방법을 바꾸지 않았나요?

3모둠: 일곱 째 염소를 산 이유는 무엇일까요?

4모둠: 검은 영양은 블랑께뜨가 늑대와 싸울 때 왜 돕지 않았나요?

5모둠: 늑대가 어떻게 블랑께뜨의 이름을 알았나요?

6모둠: 블랑께뜨는 힘들어도 참고 울타리 안에서 사는 것이 더 좋지 않았을까요?

5. 학급 대표 질문 선정하기

모둠 질문 중에서 학급 대표 질문을 선정한다. 이때 모둠별 대표가 모둠 질문을 선정한 이유를 설명한다. 마찬가지로 "우리 반 모두가 이야기하면 좋을 질문을 고르세요"라고 한 뒤 다수결로 하나를 선택한다. 각자 토론하고 싶은 질문이 여러 개 있을 수 있기 때문에 1인 2표의 기회를 준 후 많은 표를 얻은 질문을 선정할 수 있게 해주는 것이 좋다.

선정된 질문은 다음과 같다.

> 블랑께뜨는 힘들어도 참고 울타리 안에서 사는 것이 더 좋지 않았을까요?

초등학생 아이들은 이야기 속에서 주인공이 죽었다는 것을 가장 이해하기 어려워했다. 초등학생들의 인식에는 그림책의 주인공을 살려야 한다는 생각이 강하기 때문이다. 이야기의 특성상 "그래도 블랑께뜨가 죽은 것이 잘못되었다"와 "탈출해서 하루라도 행복하게 사는 것이 낫다"로 팽팽하게 대립했다.

6. 토론 준비하기

(1) 주장 내용 작성하기

찬성과 반대의 입장에 맞게 1분 동안 주장할 내용을 정리한다. 주장 내용을 작성할 때는 이유와 근거까지 작성한다. 1분 동안 주장하기 때문에 이유는 보통 2개 정도면 적당하다.

입장: 찬성		학년 반 번 이름	
① 이유	② 근거	③ 예상 반론 및 질문	④ 재반론

토론 흐름도 양식

(2) 상대 예상 질문 생각하기

자신의 주장에 따른 이유와 근거를 작성하였다면, 자신이 받을 수 있는 질문이나 반론을 예상해본다. 그에 따른 재반론거리가 있다면 함께 작성하는 것이 좋다.

입장: 찬성		학년 반 번 이름	
① 이유	② 근거	③ 예상 반론 및 질문	④ 재반론

토론 흐름도 양식

7. 토론하기

회전목마 토론은 짧은 시간에 최대한 많은 사람과 대화를 하는 것을 목표로 한다. CEDA 토론이나 퍼블릭포럼 토론 모형 등 토론 대회에 많이 사용하는 모형을 적용한다면 몇몇 학생들만 토론을 할 뿐, 대다수의 학생들이 발언 기회를 얻기 어렵다는 문제가 있다. 토론이 익숙하지 않은 학생들에게 이를 극복하기 위해 발언 시간을 짧게 하고, 모두가 발언할 수 있는 기회를 줄 수 있는 모형이 회전목마 토론이다.

(1) 찬성 주장하기

찬성 측이 반대 측을 향해 1분간 주장한다. 이때 반대 측은 활동지에 찬성 측 의견을 기록한다.

〈활동지 예시〉

입장: 찬성		학년 반 번 이름	
① 이유	② 근거	③ 예상 반론 및 질문	④ 재반론
블랑께뜨에게는 자유가 있다.	블랑께뜨는 울타리에서 너무 힘들었다		
	블랑께뜨는 탈출하고 나서 너무 행복해했다.		
블랑께뜨는 갇혀서 사는 것보다 나가서 죽는 것이 더 낫다고 생각했다.	블랑께뜨가 탈출하고 나서 스갱 아저씨가 블랑께뜨를 찾아다녔다.		
	하지만 울타리에서 사는 것보다 죽는 것을 선택했다.		

저는 블랑께뜨의 탈출이 잘한 일이라고 생각합니다. 첫째, 블랑께

뜨에게는 자유가 있기 때문입니다. 블랑께뜨는 울타리 안에서 너무 힘들었습니다. 더 이상 살 수 없을 만큼 힘들었습니다. 블랑께뜨는 탈출하고 나서 정말로 행복했습니다. 둘째, 블랑께뜨가 갇혀서 사는 것보다 나가서 죽는 것이 더 낫다고 생각했기 때문입니다. 블랑께뜨가 울타리에서 도망친 뒤 스갱 아저씨는 블랑께뜨를 찾았습니다. 하지만 블랑께뜨는 집에 돌아가기보다 늑대와 싸우다 죽는 것을 선택했습니다.

(2) 반대 질문하기

반대 측이 찬성 측에 1분간 질문을 한다. 이때 찬성 측은 답변만 할 수 있다. 찬성 측은 반대 측의 질문을 활동지에 간략히 기록한다.

〈활동지 예시〉

입장: 찬성		학년 반 번 이름	
① 이유	② 근거	③ 예상 반론 및 질문	④ 재반론
블랑께뜨에게는 자유가 있다.	블랑께뜨는 울타리에서 너무 힘들었다	스갱 아저씨가 잘해주었음에도 탈출한 이유는 무엇입니까?	아무리 잘해주어도 블랑께뜨는 울타리에서 불행했습니다.
	블랑께뜨는 탈출하고 나서 너무 행복해했다.		
블랑께뜨는 갇혀서 사는 것보다 나가서 죽는 것이 더 낫다고 생각했다.	블랑께뜨가 탈출하고 나서 스갱 아저씨가 블랑께뜨를 찾아다녔다.	블랑께뜨가 나가면 죽는다는 것을 알았다고 생각합니까?	늑대가 있다는 것을 알면서도 나갔습니다. 죽을 줄 알면서도 행복하기 위해 탈출한 것입니다.
	하지만 울타리에서 사는 것보다 죽는 것을 선택했다.		

반대: 스갱 아저씨가 잘해 주었음에도 탈출한 이유는 무엇입니까?

찬성: 아무리 잘해주어도 블랑께뜨는 울타리 안에서 불행했습니다.

반대: 블랑께뜨가 나가면 죽는다는 것을 알았다고 생각합니까?

찬성: 늑대가 있다는 것을 알면서도 나갔습니다. 죽을 줄 알면서도 행복하기 위해 탈출한 것입니다.

반대: 열심히 놀다가 죽는 것은 허무하다고 생각하지 않습니까?

찬성: 울타리 안에서 평생 괴롭게 살다가 죽는 것보다 하루라도 행복한 것이 낫다고 생각합니다.

(3) 반대 주장하기

반대 측이 찬성 측을 향해 1분간 주장한다.

〈활동지 예시〉

입장: 반대		학년 반 번 이름	
① 이유	② 근거	③ 예상 반론 및 질문	④ 재반론
블랑께뜨가 결국 죽었다.	블랑께뜨가 행복했던 시간은 하루뿐이었다.		
	그날 밤 결국 늑대에게 잡혀 죽었다.		
블랑께뜨는 스갱 아저씨를 배신했다.	스갱 아저씨는 좋은 보금자리에 줄도 길게 하고, 좋은 풀도 주었다.		
	스갱 아저씨는 탈출한 블랑께뜨를 찾으러 다녔지만, 블랑께뜨가 무시했다.		

저는 블랑께뜨가 탈출한 것이 잘한 일이 아니라고 생각합니다. 첫째, 결국 죽었기 때문입니다. 블랑께뜨가 탈출해서 좋았던 시간은 하루입니다. 그리고 그날 밤 늑대에게 결국 잡혀서 죽었습니다. 둘째, 블랑께뜨는 스갱 아저씨를 배신했기 때문입니다. 스갱 아저씨는 블랑께뜨에게 좋은 보금자리를 주었습니다. 묶은 줄도 길게 하고, 좋은 풀도 주었습니다. 그리고 스갱 아저씨는 탈출한 블랑께뜨를 나팔을 불며 찾으러 다녔지만 블랑께뜨가 무시했습니다.

(4) 찬성 질문하기

찬성 측이 1분간 질문을 한다. 이때 반대 측은 답변만 할 수 있다.

〈활동지 예시〉

입장: 반대	학년 반 번 이름		
① 이유	② 근거	③ 예상 반론 및 질문	④ 재반론
블랑께뜨가 결국 죽었다.	블랑께뜨가 행복했던 시간은 하루뿐이었다.	울타리에서 하루라도 행복했을 거라 생각하십니까?	스갱 아저씨가 열심히 노력하기 때문에, 울타리에서 행복할 수 있습니다.
	그날 밤 결국 늑대에게 잡혀 죽었다.		
블랑께뜨는 스갱 아저씨를 배신했다.	스갱 아저씨는 좋은 보금자리에 줄도 길게 하고, 좋은 풀도 주었다.	블랑께뜨가 단지 산으로 가고 싶다는 이야기에 아저씨는 블랑께뜨를 가두었습니다. 평소에도 블랑께뜨를 스갱 아저씨 마음대로 하지 않았을까요?	블랑께뜨가 죽지 않게 하기 위해 가둔 것입니다.
	스갱 아저씨는 탈출한 블랑께뜨를 찾으러 다녔지만, 블랑께뜨가 무시했다.		

찬성: 울타리에서 하루라도 행복했을 거라 생각하십니까?

반대: 스갱 아저씨가 열심히 노력하기 때문에, 울타리에서 행복할 수 있습니다.

찬성: 일제 강점기에 자유를 위해 돌아가신 분들이 잘못했다고 생각합니까?

반대: 이 이야기는 일제시대와 상관이 없습니다. 상관있다고 해도 결국 죽었기 때문에, 가족들이 슬퍼했을 것입니다.

찬성: 스갱 아저씨가 블랑께뜨와 놀아주었다는 부분을 어디에서 찾을 수 있습니까?

반대: 스갱 아저씨가 블랑께뜨를 정성껏 보살펴주었다면, 당연히 놀아주기도 했을 것입니다.

찬성: 블랑께뜨가 단지 산으로 가고 싶다는 이야기에 아저씨는 블랑께뜨를 가두었습니다. 평소에도 블랑께뜨를 스갱 아저씨 마음대로 하지 않았을까요?

반대: 블랑께뜨가 죽지 않게 하기 위해 가둔 것입니다.

(5) 자리 바꾸어 다시 시작하기

안쪽 원 자리는 그대로 두고 바깥쪽 원 자리를 한두 칸 옮겨서, 다음 토론을 준비한다. 이때 이전 학생과 토론했던 것을 정리하고, 다음 토론을 준비하기 위해 1분의 시간을 두면 좋다.

(6) 자리 바꾸고, 다음 토론 준비하기

자리를 바꾸어, 다음 토론을 준비한다. 자리를 바꾸고 지난 토론 때 받은 질문 등을 반영하여 자신의 주장을 수정한다.

학생들이 여러 번의 토론을 거쳐 한쪽 입장에 익숙해졌다면, 입장을 바꾸어 토론하는 것이 좋다. 학생이 찬성과 반대 입장 도두 역할을 맡으면, 주어진 논제를 넓고 깊이 이해할 수 있다.

8. 정리하기

학생들이 모두 끊임없이 토론 발언자로 참여하였다. 그러나 자신들과 토론한 사람들의 의견만 들을 수 있을 뿐이다. 따라서 학생들 개개인의 의견을 모으고 공유하는 것이 필요하다.

〈활동지 예시〉

( )반의 의견 모으기			
찬성		반대	
이유	근거	이유	근거

'선생님, 한 번만 더 하면 안 돼요?'

교사에게는 이상하게도 교실을 완전히 통제하고자 하는 마음이 있다. 바꾸어 말하면 교실 수업에서 교사가 알지 못하는 부분이 생길 경우 불안해한다. 나 자신도 모두가 토론을 하면, 모든 학생의 이야기를 듣지 못하게 된다는 생각에 회전목마 토론에 거부감이 있었다. 그래서 처음 이 토론 모형으로 토론을 하려 했을 때는 큰 기대를 하지 않았다. 그러나 걱정만 하기보다 한번 도전해보기로 했다. 놀라운 사실은 '그림책'과 '토론'이 결합한 강력한 흡입력에 다른 행동을 하는 학생을 찾아볼 수 없었다는 것이다.

회전목마 토론을 하면, 굉장히 교실이 시끄럽다. 하지만 동시에 아이들의 표정에 활기가 넘친다. '체육 시간을 제외하고 저런 표정을 지었나?' 하는 생각이 들 정도다. 아이들은 때로는 기뻐하고, 때로는 답답해 하기도 한다. 상대의 주장이 강할 때는 당황하기도 하며, 다음 사람과 말할 때는 어떻게 할지 심각하게 고민하기도 한다.

토론 수업을 하면서 겪는 가장 큰 어려움은 몇몇 학생들이 논리적 사고를 어려워한다는 것이다. 이 학생들의 대다수는 다른 사람 앞에서 자신의 생각을 말하기를 꺼린다. 토론 수업에 접어들면 평소 수업 때도 말이 없던 학생들은 입을 더욱 굳게 닫게 된다. 하지만 그림책이라는 친숙하고 쉬운 소재가 생각의 부담을 덜어준다. 오히려 생각을 자유롭게 하게 된다. 또한 앞에 있는 친구들과 이야기하게 되니 발표한다는 느낌보다는 친구들과 편하게 대화하는 느낌을 받게 된다.

수업 종료 종이 칠 때에도 학생들은 이렇게 이야기한다. "선생님, 한 번만 더 하면 안 돼요?"

〈참고문헌〉

정문성, 《토의·토론 수업방법 56》, 교육과학사, 2013.

이영근, 《초등 따뜻한 교실토론》, 에듀니티, 2013.

Book Talk 7

토론 주제 : 소외, 왕따, 관심, 사랑

관심과 사랑의 힘

| 김황곤 |

《까마귀 소년》
야시마 타로 글·그림, 윤구병 옮김, 비룡소, 1996

'그래도 되는' 친구는 없다

주인공인 '땅꼬마'는 입학 후 친구들과 어울려 지내지 못한 채 외톨이로 살아간다. 학교에서 보기 싫은 것을 보지 않기 위해 일부러 사팔뜨기 흉내도 내고, 무엇인가를 골똘히 바라보는 버릇을 가지게 된다. 누구도 '땅꼬마'에게 관심을 주지 않았다. 그렇게 시간이 지나 6학년이 되고 새로 오신 이소베 선생님을 만나면서 '땅꼬마'는 삶의 변화를 맞게 된다.

이소베 선생님은 '땅꼬마'의 모습을 관찰하고 이야기를 나누면서 '땅꼬마'의 행동들이 매우 의미있는 행동임을 알게 된다. 결국 사람들은 땅꼬마의 숨겨진 재능과 성실함을 알게 된다. 이후 마을 사람들에게 인정을 받게 된 땅꼬마는 숯을 팔면서 행복한 나날을 보낸다.

'왕따' 문제는 어제 오늘 일이 아니다. 왕따 문제의 원인을 찾다보면 여러 가지가 있을 수 있으며, 해결책도 다양하다. 이 책은 아이들과 어울리지 못하는 주인공, 그리고 주변의 친구들과 선생님의 모습을 통해 주인공이 어떻게 변화되고 학생들이 어떻게 그를 받아들이는지를 보여준다.

김춘수 시인의 시 〈꽃〉에서 내가 '그'의 이름을 불러주었을 때 '꽃'이 되는 것처럼 우리 반의 친구들 역시 누군가에게는 아름다운 '꽃'이 될 수 있음을 기억하며 수업을 진행하였다.

소크라틱 세미나

소크라틱 세미나란?

소크라틱 세미나란 소크라테스의 문답법을 기초로 하여 대화를 통해 글 속의 맥락과 의미, 진실과 진리를 깨닫는 토론 기법이다. 모든 학생이 토론에 참여할 수 있는 이 방법은 '이끎이' 1명, '도우미' 2명으로, 3인 1조가 되어 주어진 텍스트를 분석하고 이해하면서 본문이 전달하는 의미를 깊이 있게 찾아내는 방법이다. 발언은 '이끎이(원 안 쪽의 참여자)'만 할 수 있으며 '도우미(원 밖의 2명)'는 다른 사람들의 의견을 경청하며, 자신의 모둠과 다른 의견, 또는 보충할 내용을 적어 '이끎이'에게 전달하여 토론 진행에 도움을 준다.

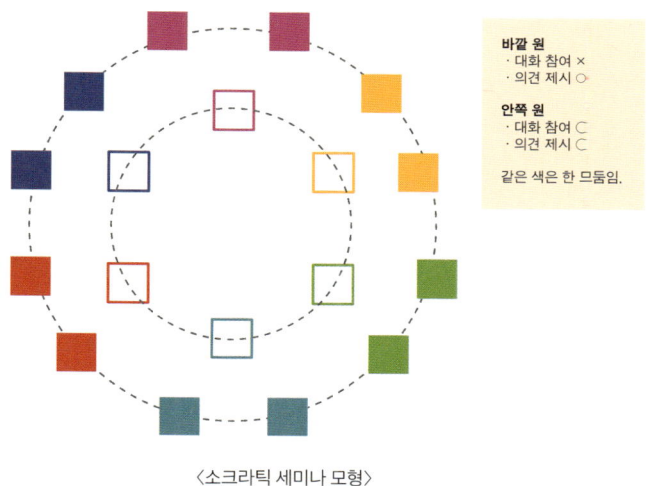

〈소크라틱 세미나 모형〉

'이끎이'는 모둠원 중 누구나 할 수 있으며, 토론 도중에도 바뀔 수 있다. 그래서 누구나 토론에 참여할 수 있는 집단적 토론 방법이 될 수 있다.

소크라틱 세미나에서는 토론 참가자를 찬성과 반대로 나눌 필요가 없고, 자신의 신념에서 나온 생각을 말하고, 상대의 의견을 경청하며 자신의 생각을 바꿀 수 있다. 따라서 기존의 찬반 토론에 비해 토론 준비에 대한 부담이 적으며, 유연한 사고를 통해 통찰력을 기를 수 있다. 소크라틱 세미나의 특징*은 다음과 같다.

---

* Moeller, Victor J. · Moeller, Marc V, "Socratic Seminars and Literature Circles for Middle and High School English", *Eye on Education*. 2002.

첫째, 찬성과 반대를 나누어 토론에 참여하지 않는다. 소크라테스는 '문답법'을 통하여 진리에 도달하는 방법을 안내한다. 질문에 답을 하다보면 자신의 생각이 바뀔 수 있는 것이 당연하듯이 소크라틱 세미나도 찬성과 반대를 나누지 않고 자신의 의견을 제시한 후 동료들과 이야기를 나누면서 자신의 생각을 바꿀 수 있다. 사고를 유연하게 하고 특정 의견을 강요하지 않기 때문에 학생들이 편한 마음으로 토론에 참여할 수 있다.

둘째, 소크라틱 세미나는 과정을 중요시하는 토론이다. 소크라틱 세미나에서는 제시된 텍스트를 읽고, 그 안에서 질문을 하며 답을 찾는다. 따라서 본문을 꼼꼼하게 읽어야 한다. 이를 통해 본문을 잘 이해하고, 그 안에서 깊은 사고를 할 수 있게 된다. 또한 과정을 중요하게 여기므로 답을 하나로 규정하기보다는 보편타당한 여러 생각들이 답이며, 그 답에 도달해가는 과정을 더욱 가치 있게 여긴다.

셋째, 수업의 주도권은 학생이 가진다. 학생들은 원을 형성하여 앉아 토론을 진행하게 된다. 이때 토론의 내용은 학생들이 만든 질문으로 진행된다. 교사는 원 밖에서 지켜보며 토론이 주제에서 벗어났을 때에만 안내를 한다. 이를 통해 학생들은 원 안에서 서로를 바라보며 같은 눈높이에서 토론을 할 수 있게 되고, 학생들이 수업을 주도하게 된다.

학생들이 토론을 주도했을 때 학생들의 발언 참여도와 평균 답변

율이 교사가 토론을 주도했을 때보다 훨씬 높다는 연구 결과*가 있다. 이를 통해 알 수 있듯이 수업을 학생들이 이끌기 때문에 학생들은 주인의식을 갖고 수업에 참여하게 된다. 소크라틱 세미나를 진행할 때는 다음과 같은 점을 유의해야 한다.

1. 발언 시간을 독점하지 않는다.
2. 시선은 교사가 아닌 토론 참여자들에게 둔다.
3. 세미나에 참여하기 전에 텍스트를 반드시 읽어야 한다.
4. 참여자는 자신의 의견을 텍스트에 근거하여 밝혀야 한다.
5. 대화하듯 발언에 참여하며, 상대의 말을 방해하지 않도록 한다.
6. 상대방의 말을 이해하지 못했다면 "이렇게 말씀하신 것 같은데 맞나요?"라며 확인 질문을 던진다.
7. 다른 참여자의 의견에 동의하지 않는다면, 왜 그런지에 대한 질문을 하며 자신의 생각을 밝힌다.
8. 자신의 생각과 논리를 용기 있게 주장하되, 새로운 증거나 깨달음에 유연하게 대처하고 생각 바꾸기를 부끄러워하지 않는다.**

★ "소크라틱 세미나의 경우 수업의 97퍼센트 정도를 학생들이 참여하는 반면, 토론 수업의 경우 97퍼센트 교사가 발언한다.", 위의 책.

★★ 경윤영, 「핵심 주제의 협력적 탐구, 소크라틱 세미나」 2017.

토론 모형 흐름도

1. 텍스트 읽기

2. 개인 질문 만들기

3. 모둠 대표 질문 만들기

4. 소크라틱 세미나 실시

5. 의견 나누기

수업 사례

1. 그림책 읽기

고등학교 수업 시간에 그림책을 읽는다는 것이 학생들에게는 매우 신선한 일이다. 입시와 관련한 각종 문학작품, 비문학 텍스트들은 종종 수준이 높아서 학생들이 수업에 참여하기가 벅찰 때가 많다. 하지만 그림책의 경우 내용이 간단하지만 많은 것을 생각할 수 있는 이야기가 있어서 시간을 할애하여 학생들과 함께 읽으면 좋다. 그러나 수업과 관련한 그림책을 사서 읽는 것이 금전적으로나 시간적으로 여유가 없을 때가 많다. 그럴 경우 프레젠테이션 프로그램을 활용하여 화면으로 띄워주는 것도 좋은 방법이 될 수 있다.

《까마귀 소년》을 읽을 때에는 학생들이 그림에 주목하는 경향이 강하다. 다른 동화에 비해 그림이 어둡고 묵직한 느낌이 강하기 때문이다. 따라서 학생들에게 그림에서 느끼는 것을 생각하게 하고, 그림이 이야기와 어떻게 연결되는지 관심을 갖고 읽도록 하는 것이 좋다.

2. 개인 질문 만들기

텍스트 읽기 활동이 마무리되면, 먼저 개인별로 질문을 만들어보게 한다. 함께 읽었을 때 궁금했던 내용, 개인적으로 읽으며 궁금했던 내용들을 적는다. 학생들이 본문을 쉽게 찾고, 토론 활동을 편하게 할 수 있도록 번호를 붙여주면 좋다.

질문을 만들 때에는 학생들의 지적 호기심, 학생들이 진지하게 생각할 수 있는 본질적 질문, 함께 고민할 수 있는 개방적 질문들을 만들어 많은 이야기를 할 수 있게 해야 한다. 고등학생이기 때문에 간단한 질문으로는 토론의 흥미를 잃을 수 있기 때문에 사회 문제와도 연결 짓고, 교과와 연계하여 작성하는 것이 좋다.

⟨개인 질문 만들기 대표 사례⟩

텍스트(부분 발췌)	학생의 개별 질문들
2) 그 애를 아는 애가 아무도 없었지. 우리는 그 애를 '땅꼬마'라고 불렀어. '땅꼬마'는 아주 작은 아이라는 뜻이야. 이 낯선 애는 선생님을 아주 무서워했어. 그래서 아무것도 제대로 배우지 못했지. 아이들도 무서워했어. 그래서 누구와도 어울리지 못했지. 그 애는 공부할 때도 따돌림 받고 놀 때도 따돌림 받았어.	- 선생님들이 이소베 선생님과 달리 엄격하고 권위적이었을까? - 소년은 가족 말고 타인과의 접촉이 없어서 사람 자체를 무서워했던 것은 아닐까? - 주인공은 왜 친구들과 선생님을 무서워했을까? - 친구들이 주인공을 따돌렸을까? - 주인공의 진짜 이름은 무엇이었을까? - 주인공은 '땅꼬마'라는 별명에 싫은 내색을 왜 하지 않았을까?
3) 땅꼬마는 늘 뒤처지고 꼴찌라서, 아무도 거들떠보지 않는 외톨이였어. 얼마 지나지 않아 땅꼬마는 사팔뜨기 흉내를 내기 시작했단다. 보기 싫은 것들을 보지 않으려고 말이야. 또 땅꼬마는 시간을 보내며 심심풀이 방법들을 하나둘 궁리해냈어. 몇 시간 동안 뚫어지게 천장만 쳐다보기도 하고 책상의 나뭇결도 골똘히 살펴보곤 했지. 동무 옷 어깨 부분의 꿰맨 곳을 찾아내어 꼼꼼히 살피기도 하고 말이야.	- 작가는 '꼴찌'를 뒤처지고, 외톨이라는 선입견을 두고 글을 쓴 것은 아닐까? - 2~3 문단) 왜 학교 폭력으로 신고하지 않았을까?
8) 그 해 학예회 무대에 땅꼬마가 나타나자, 모두 눈이 휘둥그레졌어. "아니, 저게 누구야? 저 멍청이가 무얼 하러 저기 올라갔지?" 땅꼬마가 까마귀 울음소리를 흉내 낼 거라고 이소베 선생님이 발표해도, 모두들 웅성거렸어. "울음소리?", "아니, 까마귀 소리라고!"	- 주인공은 왜 학예회에서 까마귀 소리를 흉내 내었을까? - 까마귀 소년은 까마귀를 좋아했을까?
9) 맨 처음에 땅꼬마는 알에서 갓 나온 새끼 까마귀 소리를 흉내 냈단다. 그다음에는 엄마 까마귀 소리를 냈어. 아빠 까마귀 소리도 냈지. 이른 아침에 우는 까마귀 소리도 들려주었어. 마을 사람들에게 좋지 않은 일이 생겼을 때, 까마귀들이 어떻게 우는지도 들려주었어. 까마귀들이 즐겁고 행복할 때 내는 소리도 말이야.	-'까마귀 소년'이라는 이름이 여기에서 붙여진 것일까? - 주인공은 어떻게 까마귀 소리를 다양하게 내게 되었을까?
11) 마지막으로 고목에 앉아 우는 까마귀 소리를 흉내 낼 차례가 왔어. 땅꼬마는 목구멍 깊은 곳에서 아주 별난 소리를 토해 냈어. 까우우워어아악! 까우우워어아악!	- 까마귀 소년은 왜 새를 좋아하게 되었을까?

12) 이제 땅꼬마네 식구들이 사는 멀고 외딴 곳이 모든 사람들의 머릿속에 뚜렷하게 떠올랐어. 이소베 선생님이 일어나 설명을 했단다. 땅꼬마가 어떻게 해서 그 소리들을 배우게 되었는지 말이야. 동틀 무렵 학교로 타박타박. 해질 무렵 집으로 타박타박. 여섯 해 동안 하루도 빠짐없이 날마다 타박타박. 우리들은 모두 울었어. 길고 긴 6년 동안 우리가 땅꼬마를 얼마나 못살게 굴었는지 생각하면서 말이야. 어른들조차 눈물을 흘리면서 말했어. "그래, 그래, 참 장한 아이야."	- 왜 어른들은 땅꼬마의 발표를 듣고 '참 장한 아이'라고 칭찬했을까? - 땅꼬마는 따돌림을 당하면서 어떤 의지를 갖고 개근할 수 있었을까?

3. 모둠 대표 질문 만들기

모둠 대표 질문 만들기 활동은 소크라틱 세미나의 핵심 기초 작업으로 전체 토론에서 의견이나 주장의 근거가 되는 활동이다. 세미나의 핵심인 전체 토론에서는 함께 참여하고 질문도 해야 하기 때문에 모둠에서 나눈 이야기들이 학생들이 말할 거리의 토대가 된다.

교과 내용과 관련한 질문들도 만들어 그림책의 내용과 연관 짓는 방법도 좋다. 예를 들어 문학 작품인 이태준의 〈달밤〉에 나오는 인물인 '황수건'을 '까마귀 소년'과 비교하여 '황수건'과 '까마귀 소년'의 공통점에는 무엇이 있으며, 같은 처지에 있는 '황수건'이 '까마귀 소년'을 보고 어떻게 반응할지, 제3자인 마을 사람들과 동화 속 친구들의 모습을 보고 현 사회에서 '방관자'로 살고 있는 우리의 모습을 반성하거나 〈달밤〉의 '나'와 현실의 '나'를 비교함으로써 소외된 이웃에 대한 반성과 깨달음을 나누는 것도 좋을 것이다.

모둠에서 만든 질문은 아래와 같다.

1모둠

- 소년은 왜 까마귀 흉내를 냈을까?
- 왕따를 예방하는 방법에는 무엇이 있을까?

2모둠

- 잘하는 것을 실천하면 주위로부터 인정을 받을 수 있을까?
- 그림책의 독특한 색깔과 그림은 작가가 의도한 것일까?

3모둠

- 땅꼬마와 이소베 선생님은 아무도 없을 때 무슨 이야기를 나누었을까?
- 다른 사람과의 관계는 없으면서 무언가를 잘하는 사람을 과연 능력자라 할 수 있을까?

4모둠

- 주인공은 왜 학예회에서 까마귀 소리를 흉내 내었을까?
- 주인공은 왜 왕따를 당했음에도 학교를 떠나지 않았을까?

5모둠

— 그림에 노란색이 많이 쓰인 이유는 무엇일까?

— 정말 사람은 누구나 한 가지씩 잘하는 것이 있을까?

6모둠

— 선생님은 왜 까마귀 소년에게 잘 대해줬을까?

— 따돌림을 당했다면 전학이나 다른 방법이 있었을 텐데도 계속 학교에 다닌 이유는 무엇일까?

7모둠

— 작가는 무슨 의도로 이 책을 지었을까?

— 학교에서 왕따는 사회에서도 왕따를 당할까?

8모둠

— 까마귀 소년은 왜 새를 좋아했을까?

— 주인공은 따돌림을 당하면서 어떤 의지를 갖고 개근할 수 있었을까?

4. 소크라틱 세미나 실시

위와 같은 질문을 통하여 소크라틱 세미나를 실시하게 되었다. 책상은 교실 벽에 두고 의자를 가지고 와서 교실 중앙에 두 개의 원을

〈모둠별 질문 정리〉

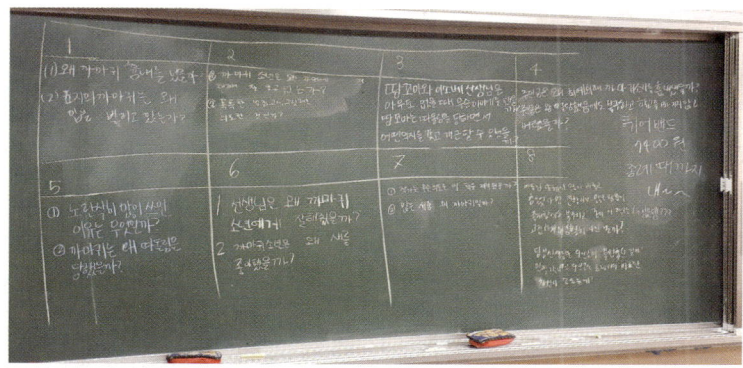

배치했다. 이후 모둠에서 발표할 '이끎이'는 안쪽 원에 앉게 하고 나머지 '도우미'들은 '이끎이' 뒤에 2명씩 앉게 했다. 그리고 발언권은 '이끎이'에게만 있음을 안내한 후, '도우미'들은 대화를 들으며 질문할 내용이나 반박할 내용을 적어 '이끎이'에게 주도록 하여, 토론의 주도권은 '이끎이'에게 있음을 주지시켰다. 혹시 '도우미'가 토

〈소크라틱 세미나 장면〉

론에 참여하고 싶다면 '이끎이'의 어깨를 살짝 두드린 다음 서로 자리를 바꾸어 토론에 참여하도록 하였다. 즉 역할은 자기가 앉은 자리를 기준으로 부여된다.

처음 토론에 참가할 경우 학생들의 대답이 짧고 단순해 토론이 잘 진행되지 않을 수 있다. 따라서 학생들이 미리 책에 대한 의견을 충분히 나누고 참여하도록 안내해야 한다. 또한 토론이 더디더라도 교사의 개입을 최소화하여 학생들이 스스로 대화를 만들어가도록 기다려주어야 한다. 교사의 개입은 토론의 내용이 본문의 내용에서 벗어날 경우, 한쪽으로 치우칠 경우 다시 토론의 주제를 상기시키고 토론에 집중할 수 있도록 한다.

그리고 토론 내용이 어렵거나 의견이 잘 안 나올 경우 '이끎이'가

뒤로 돌아서 자기 모둠원들과 토론 내용을 협의하여 다시 토론에 참여할 수 있도록 잠깐 준비 시간을 줄 수 있다. 모둠의 결과를 도출하여 전체 토론에 참여할 수 있도록 하기 위해서다.

다음은 대화 내용의 일부를 발췌한 것이다.

교사: 자, 지금까지 책을 읽고 개인 질문 만들기 및 모둠별 질문 만들기 활동을 하였습니다. 모둠을 통해 궁금하거나 이야기하고 싶은 내용들이 많았을 텐데요, 지금부터 소크라틱 세미나를 통해 그 궁금증들을 나누며 책의 내용 속으로 깊이 들어가 보겠습니다.

소크라틱 세미나는 대화를 통해 진리를 찾는 산파술과 같습니다. 따라서 서로 대화를 하면서 글 속의 진실과 진리를 찾아가면 됩니다. 그리고 토론이지만, 경쟁식 토론과 달리, 찬성과 반대를 나누지 않고 자신의 생각에 맞는 사람들의 의견을 듣고 말하고, 생각이 다른 사람들의 의견에 여러분들의 의견을 제시할 수 있습니다. 또 의견은 찬성이었다가 반대로 바뀔 수 있습니다. 그 반대도 가능합니다. 이를 통해 여러분들 자신이 대화를 통해 이 작품과 우리의 삶을 살펴보며 스스로 가치를 찾아가는 기회가 될 것입니다.

소크라틱 세미나의 규칙을 말씀드리겠습니다. 대화는 '이끎이'로서 원 안 inner circle의 사람들만 할 수 있습니다. 원 밖 out circle의 사람들은 '도우미'로서 다른 사람들의 의견을 경청하며 의견을 적습니다. 그것을 여러분들의 모둠원인 '이끎이'에게 전달하여 '이끎이'가 의견을 제시하도록 합니다. '도우미'들이 발언을 하고 싶으면 앞의 '이끎이'의 어깨를 살짝 건드리고 자리를 바꾸어 발언할 수 있습니다. 누가 먼저 발언할까요?

3모둠 제1 이끎이: 저희 모둠이 먼저 진행하겠습니다. 저희는 열두 째 문단★에서 궁금증이 생겼습니다. 까마귀 소년은 다른 친구들과 교류가 없었고, 적극적으로 친구를 사귀지 않았습니다. 그래서 친구가 없었을 것이고, 친구들에게 따돌림을 당했습니다. 그런데 까마귀 소리를 통하여 그가 장하다는 평가를 들으며 인정을 받는 모습을 보고, '다른 사람들의 관계는 없으면서 무언가를 잘하는 사람은 과연 능력자라 할 수 있을까?'라는 생각을 해보았습니다. 저희 모둠은 능력자라고 할 수 없다고 생각해요.

2모둠 제1 이끎이: 저도 3모둠 이끎이의 말에 동의합니다. 개인의 능력이 뛰어나더라도 그것을 주변에서 인정할 수 있는 기회가 제공되지 않는다면 그의 능력을 알아주는 사람이 없기 때문에 능력을 알

★ 12문단: 이제 땅꼬마네 식구들이 사는 멀고 외딴 곳이 모든 사람들의 머릿속에 또렷하게 떠올랐어. 이소베 선생님이 일어나 설명을 했단다. 땅꼬마가 어떻게 해서 그 소리들을 배우게 되었는지 말이야. 동틀 무렵 학교로 타박타박. 해질 무렵 집으로 타박타박. 여섯 해 동안 하루도 빠짐없이 날마다 타박타박. 우리들은 모두 울었어. 길고 긴 6년 동안 우리가 땅꼬마를 얼마나 못살게 굴었는지 생각하면서 말이야. 어른들조차 눈물을 흘리면서 말했어. "그래, 그래, 참 장한 아이야."

수가 없을 같아요. 그래서 결국 능력을 인정받지 못하죠. 만약 이소베 선생님이 아니었다면 까마귀 소년의 능력도 발견되기 어려웠을 겁니다. 자신의 능력을 알아주는 이소베 선생님 같은 사람이 과연 얼마나 있을까요?

5모둠 제1 이끎이: 저는 반대의 의견을 갖고 있어요. 능력자는 어떻게 되든 그 실력을 인정받을 것 같습니다. 아인슈타인이나 에디슨도 성적이 좋지 않고, 학교 생활이 평범한 우리와 다르지 않았습니다. 그래도 잘하는 무언가 하나를 누군가가 발견하고 인정해주면서 그의 천재성이 나타나고 인간의 생활을 편하게 해주었잖아요. 그래서 저는 까마귀 소년과 같은 주인공도 능력자라고 할 수 있을 것 같아요. 열째 문단에서 열두째 문단★에서, 그의 소리를 통해 사람들의 마음을 움직인 것을 보면 주인공도 능력자 같다고 봐요.

- 중간중간 학생들이 발언권을 얻으며 자유롭게 자리를 바꾼다.

1모둠 제3 이끎이: 잠시만요. 저희 모둠에서 이런 질문이 들어왔

★ 10문단: 그 소리를 듣고, 모두 마음이 먼먼 산자락으로 끌려갔어. 땅꼬마가 타박타박 걸어 학교로 오는 저 먼 곳으로 말이야.
11문단: 마지막으로 고목나무에 앉아 우는 까마귀 소리를 흉내 낼 차례가 왔어. 땅꼬마는 목구멍 깊은 곳에서 아주 별난 소리를 토해냈어. 까우우워워아악! 까우우워워아악!

습니다. 주제가 '다른 사람들과의 관계는 없으면서 무언가를 잘하는 사람을 과연 능력자라 할 수 있을까?'인데 이 능력자가 무엇을 의미하는지 알고 싶다고 하네요. 능력자가 천재성을 가진 사람들을 말하는 건지, 사람들의 삶에 도움을 준 사람인지 궁금합니다. 《까마귀 소년》에서는 주인공의 천재성을 알 방법은 없는 것 같습니다.

3모둠 제2 이끎이: 까마귀 소년의 천재성은 셋째~넷째 문단*에서 파악할 수 있을 거 같아요. 셋째 문단에서는 무언가에 집중하는 모습을, 넷째 문단에서는 소리를 구분해서 듣는 내용을 통해서 천재성이 있음을 알 수 있을 것 같아요. 그리고 저는 능력자와 천재성은 비슷하다고 봐요. 무엇인가에 능력이 있다는 것은 그 분야에서는 최고라는 의미가 아닐까요?

5모둠 제3 이끎이: 저도 3모둠 이끎이의 의견에 동의합니다. 능력자라면 실력 부분에서는 일인자가 되겠죠. 그럼 그 사람만의 천재성이 있다고 볼 수 있어요. 여러분들의 생각은 어떠세요?

★ 3문단: 땅꼬마는 늘 뒤처지고 꼴찌라서, 아무도 거들떠보지 않는 외톨이였어. 얼마 지나지 않아, 땅꼬마는 사팔뜨기 흉내를 내기 시작했단다. 보기 싫은 것들을 보지 않으려고 말이야. 또, 땅꼬마는 시간을 보내며 심심풀이할 방법들을 하나둘 궁리해냈어. 몇 시간 동안 뚫어지게 천장만 쳐다보기도 하고 책상의 나뭇결도 골똘히 살펴보곤 했지. 동무 옷 어깨 부분의 꿰맨 곳을 찾아내어 꼼꼼히 살피기도 하고 말이야.
4문단: 비 오는 날도 창밖을 보면 놀라운 것이 한두 가지가 아니었지. 운동장에서도 눈을 감고 귀를 기울이면, 온갖 소리가 다 들렸어. 멀리서도 들리고 가까이서도 들리고 또, 땅꼬마는 지네와 굼벵이들을 집어서 열심히 들여다보기도 했단다. 우리는 만지기는커녕 보고 싶지도 않은 것들을 말이야.

모든 이끎이: 네 동의합니다.

4모둠 제1 이끎이: 제가 발언을 별로 안했네요. 토론에 적극적으로 참여해야겠어요. 그럼 다시 토론의 주제로 돌아가서 다른 사람들과의 관계가 없으면서 무언가를 잘하는 사람들을 능력자로 봐야 하는지에 대해 이야기를 해보겠습니다. 다른 사람들과 관계가 없는데 일을 잘하는 사람은 능력자로 볼 수 있을까요? 만약 잘못된 생각을 갖고 있으면 문제가 발생할 수 있잖아요.《까마귀 소년》은 동화니까 좋게 해결되었겠지만, 실제 현실에서는 안 그럴 수 있잖아요. 그래서 저는 능력자로 볼 수 없다고 봐요.

2모둠 제1 이끎이: 저도 4모둠 이끎이의 의견에 동의해요. 소설을 영화화한 〈향수〉를 보셨나요?《까마귀 소년》이나 〈향수〉 모두 허구라는 공통점이 있어요. 영화 〈향수〉의 주인공 '그루누이'라는 인물이 생각나네요. 영화 주인공은 후각에 천재성을 갖고 있어요. 그러나 그 주인공은 향수를 제조하기 위해 살인을 저지르는 인물이죠. 그의 향수는 당시 최고였습니다. 그러나 자신의 천재성을 드러내기 위해 '살인'이라는 끔찍한 일을 저질렀습니다. 영화의 주인공은 주변 사람들과 친하지 않았습니다. 마치 '까마귀 소년'처럼 외톨이었죠. 이런 유형을 가진 사람들은 뉴스에서도 나옵니다. 따라서 다른 사람들과의 관계가 없으면서 무언가를 잘하는 사람은 능력자로 볼 수 없을 것 같아요.

 5모둠 제3 이끎이: 그래도 저는 다른 사람과의 관계는 없어도 무언가를 잘하는 사람은 능력자로 봐야 한다고 생각해요. 그 사람을 잘 지도하고 나쁜 일을 하지 않도록 이끄는 것은 사회의 일이라고 생각합니다. 기본 교육을 통해 옳고 그름을 가르친다면 2모둠이 발언한 문제는 없어질 것이라 생각해요. 영화의 시대와 현대는 다르니까요. 또한 능력이 있는 사람들을 찾아내어 좋은 멘토를 연결해주면 아인슈타인이나 에디슨 같은 사람들이 나오지 않을까요?

 1모둠 제2 이끎이: 저는 5모둠 이끎이의 발언에 동의하지 않습니다. 뭐라고 할까……. 좀 이상적이고 교과서적인 답변이 아닐까요? 사회의 몫이기 전에 가족의 문제이고, 개인의 문제가 아닐까 싶어요. 사회성은 가족에서 시작되고 개인과 개인에서 시작되는데 그것을 국가에서 개입하는 것은 아닌 것 같고요. 멘토를 연결해주는 것도 주변 사람들의 관심이 있어야 합니다. 본인의 의지가 없다면 어떨까요? 그리고 멘토를 연결하는 것이 쉬울까요? 따라서 개인의 노력도 중요하다고 봐요. 근데 그림책에서 주인공은 사람들과 관계를 맺기 위한 노력은 하지 않은 것 같아요. 오히려 그의 생각을 모든 사람들이 이해해주기 바라는 것 같아요. 이소베 선생님이 오셔서 아이와 이야기를 해서 그의 사정을 알게 되었잖아요. 그렇다면 1학년에서 5학년 때까지 주인공은 어떠한 노력을 안 한 거잖아요. 그건 주변의 잘못일 수 있지만, 본인의 잘못도 있지 않을까요?

　4모둠 제3 이끎이: 이어서 제 의견을 덧붙이고자 합니다. 1모둠 이끎이의 의견도 타당합니다. 자신의 재능을 알아줄 누군가가 필요하겠죠. 또 까마귀 소년이 1학년부터 5학년 때까지 누군가와 친해질 노력을 하지 않은 부분도 충분히 논란의 여지가 있어요. 그런데 거꾸로 1학년부터 5학년 때까지 누구도 그에게 말을 건네지 않거나 친해지지 않은 것도 문제가 있지 않나요? 혹시 아이가 사회성이 부족해서 그럴 수 있을 텐데……. 그러면 친구들이 먼저 다가와줄 수도 있지 않을까 합니다. 그러면 주인공 아이도 마음의 문을 열 수 있지 않을까요? 13~14문단* 을 보면 친구들이 아는 척을 했을 때 주인공이 반응한 장면이 나오거든요.

---

* 13문단: 졸업을 한 뒤 남자 아이들은 집안일을 돕느라고 읍내로 종종 심부름을 왔단다. 땅꼬마도 식구들이 구운 숯을 팔러 읍내에 왔지. 그렇지만 이제 그 애를 '땅꼬마'라고 부르는 사람은 없었어. 우리는 그 애를 까마동이라고 불렀지. "안녕, 까마동이!"
14문단: 그러면 까마동이는 고개를 끄덕이며 씩 웃었단다. 그 이름이 싫지 않았나봐. 숯을 다 팔면 그 애는 산에서 필요한 물건들을 이것저것 사곤 했어. 일이 끝나면, 그 애는 산자락에 있는 집으로 돌아갔지. 마치 어른처럼 어깨를 떡 펴고 뚜벅뚜벅 걸어서 말이야. 그러면 그 애가 사라진 산길에서 까마귀 울음소리가 들려오는 거였어. 즐겁고 행복한 까마귀 소리 말이야.

3모둠 제3 이끎이: 맞아요. 14문단을 보면 까마귀 소년이 사회적으로 문제가 있어 보이지 않아요. 반응에 답하고, 필요한 물건도 살 줄 알고, 어른처럼 걷는 행동도 하고요. 주변에서 먼저 알아주고 인정해주면 충분히 발전할 수 있을 것 같아요. 그래서 저는 이번 토론 주제였던 '다른 사람들과의 관계는 없으면서 무언가를 잘하는 사람은 과연 능력자라 할 수 있을까?'에 대한 고민을 마무리 지어야 할 것 같아요. 저는 능력자로 인정해야 할 것 같아요. 주인공처럼 친구와 서로 관계를 맺고 자신을 인정하고 알아가는 과정에서 많이 성장할 수 있다고 생각합니다.

5모둠 제2 이끎이: 저는 토론을 하면서 '다른 사람들과의 관계는 없으면서 무언가를 잘하는 사람은 과연 능력자라 할 수 있을까?'에 대한 우리 모둠의 의견인 '능력자로 볼 수 있다'라는 의견을 지지합니다. 친구들의 의견을 통해 잠시 제 마음이 흔들렸어요. 아무리 좋은 능력자도 잘못된 생각을 가지면 위험한 결과를 초래할 수 있다는 친구들의 의견에 공감했기 때문이죠. 또한 자신을 인정해주는 사람들이 있다면 그는 그 사람들을 위해 좋은 능력을 발휘할 수 있다는 것도 깨닫게 되었고요. 그러나 정말 나쁜 마음을 가지고 있으면서 능력을 발휘할 사람이 얼마나 있을까 생각을 해봤습니다.

기본적으로 사람들은 옳고, 나쁨을 구분할 줄 알 것이라 생각됩니다. 오히려 사람들과의 관계가 없으니 나쁜 의견을 들을 필요도 없을 것이고 자신의 소신대로 연구를 할 수 있을 것이라는 생각이 들어요. 그러면 훌륭한 성과물이 나오지 않을까 생각이 듭니다. 그래서 저희는 우리 모둠의 의견이 틀리지 않다고 생각합니다. 여기서 나눈 여러 친구들의 의견이 저희가 생각하지 못한 부분을 지적해주어서 매우 좋았던 것 같아요.

2모둠 제2 이끎이: 맞아요. 정해진 토론 규칙이었으면 상대의 주장이 맞더라도 '아니다'라고 우기면서 계속 주장해야 하는 부담이 있었는데, 이번 토론은 상대의 주장을 인정하면서 우리 팀의 주장을 바꿀 수 있어서 좋았어요. 그래서 친구들의 의견을 더 넓게 들을 수 있었던 것 같아요. 그래서 사고의 폭이 훨씬 넓어진 것 같습니다.

4모둠 제3 이끎이: 저도 여러 친구들의 의견을 듣고 정리할 수 있어서 좋았던 것 같습니다. 《까마귀 소년》 그림책이 무척 쉬운 듯 싶었는데, 저희가 주제를 정하고 토론해보니 깊이 있는 이야기를 한 것 같아서 뿌듯해요. 그리고 우리 반 학생들이 이렇게 말을 잘하는지 몰랐어요. 처음엔 말하기가 어렵고 힘들었는데 토론을 할수록 점점 적극적으로 참여한 모습이 정말 인상적이었어요.

5. 의견 나누기

의견 나누기는 그림책을 읽고 나눈 느낀 점들을 공유하며 내면화하는 시간이다. 토론을 마친 후 그 자리에서 할 수도 있고, 소감문을 적을 수도 있다. 특히 중고등학교 학생들이라면 교과와 연계된 활동을 통해 소감문 활동을 한 후 학생의 정의적 영역을 교과 세부 특기 사항에 기록해둘 수 있다. 학생들마다 느낀 점들이 모두 다르기 때문에 학생들의 성장을 잘 기록할 수 있는 좋은 방법이다. 다음은 학생들의 의견이다.

> 소크라틱 세미나를 하면서 책에는 나오지 않은 부분을 친구들과 궁금해 하고 추측하는 과정에서 책의 내용을 완전히 이해할 수 있었다. 또한 새로운 토론 방법을 접하면서 기존의 토론 방법과는 다르게 다른 사람의 의견을 반대하거나 깎아 내리지 않고도 토론을 할 수 있다는 것을 알게 되었다. 마지막으로 책 속의 주인공인 까마귀 소년 같은 소위 '왕따'라고 불리는 친구들에 대하여 토론하면서 왕따의 원인, 그것을 극복하는 방법, 왕따인 친구들이 사회에 나갔을 때에 적응을 잘할 수 있는지에 대해 친구들의 의견을 듣고 친구들에게 의견을 말할 수 있었으며, 사회 문제인 왕따에 대해 다시 한번 생각하는 계기가 되었다.
>
> _영생고등학교, 김○○

새로운 방식으로 우리 반 모두가 같은 주제를 가지고 이야기해보는 시간이었는데 '토론 방식에 이런 방법도 있구나'라는 것을 알게 되었고, 토론 방식이 새롭고 신선했다. 그냥 앉아서 토론하는 것보다 이러한 방식으로 토론하는 것이 진행도 매끄러웠고 다양한 의견이 섞여서 생각의 범위를 넓혀준 유익한 시간이었다. 다음에도 이런 방식으로 수업을 했으면 좋겠다.

_영생고등학교, 박○○

소크라틱 세미나를 한다고 했을 때 토론하는 것이 싫었다. 근데 막상 진행해보니 어릴 적 읽었던 동화를 이런 식으로 만날 수도 있음을 알게 되었다. 또한 토론이 이렇게 즐거운지도 처음 알았다. 애들이 말하는 내내 참가하고 싶었으나 딱히 의견이 없어 참여하지 못했다. 다음에 기회가 된다면 꼭 내 의견을 말하고 싶다.

_영생고등학교 이○○

'까마귀 소년'이라는 글을 읽고 소크라틱 세미나 수업을 하면서 별거 아닌 문장에도 '왜 그러지?', '어쩌다 그런 거지?' 등 다양한 의문들을 떠올리고 그 답을 찾아가면서 여러 가지 생각을 할 수 있게 되었다. 또 나의 성격이 소심해서 그런지 몰라도 다른 사람 앞에서 내 주장을 잘 이야기하지 못한다. 토론 수업을 할 때 내 주장을 정확히 표현하지 못했지만, 친구들이 자신의 주장을 말하는 것들을 보면서 내가 말하고자 하는 것을 머릿속에서 잘 정리할 수 있었다.

_ 영생고등학교, 이○○

학생들 간의 소통과 학습의 내용을 통해서 배우는 기회

인문계 고등학교에서 10년 넘게 수업만 해왔다. 입시를 대비한 문제 풀이 위주의 수업을 하다보니, 얼마나 교과 내용을 잘 가르치고, 입시와 연계를 얼마나 잘 하느냐에 따라 교사의 능력과 역량이 평가되는 현장에서 '토론 수업'은 '남의 나라 이야기'였다. 입시 위주의 수업을 하다보니 '내가 교사가 맞나?' 하는 반성과 지루함을 느낄 수밖에 없었고, 매너리즘에 빠져 있었다. 어떻게 보면 한편으로는 다른 수업 방법을 찾고 있던 것 같다. 이때 토론 수업을 해보았고, 시행착오 끝에 충분히 진도를 맞추면서 아이들이 수업을 진행할 수 있는 방법들을 찾아내게 되었다.

그러나 이 토론 수업을 항상 활용할 수는 없다. 교과 내용에 따라 강의식도 필요하고, 모둠 활동, 토론 수업 등을 적절히 활용해야 한다. 토론 수업이라 하더라도 매번 같은 토론 방식이 아닌 학급의 특성과 교과의 내용에 따라 그 방법을 달리해야 한다는 것을 시행착오를 통해 배우게 되었다.

처음 소크라틱 세미나를 토론에 적용할 때는 힘들었다. 그동안 토론 수업이라면, 찬반 위주의 경쟁식 토론 수업을 했기 때문에 소수의 아이들만 참여했다. 반면, 소크라틱 세미나는 전체 학생들이 참여하기 때문에 토론의 질문과 논제들을 잘 정리하는 것이 중요했다. 또한 실제 토론 활동에서는 아이들의 반응이 적었고, 토론을 이어가기도 어려웠다. 학생들도 이러한 토론 방법을 잘 몰랐기 때문이었다. 그러나 질문을 정리하고 모둠 활동을 하면서 학생들이 토론 내용을 자기의 삶과 연관지어 표현할 때는 서로 이야기에 빠져들었다.

어떤 아이는 "학원을 다니는데 그 학원엔 우리 학교 학생이 없어 외롭다. 혹시 나에게 문제가 있지는 않을까?"라는 자기 고백을 하였고 친구들은 "그것은 너의 잘못이 아니다. 너는 충분히 우리 사이에서 소중한 존재이다", "그림책 주인공은 스스로 자기를 닫고, 사람들과의 관계를 회복하기 위해 노력을 하지 않았지만, 너는 우리들 사이에서 너를 보여주고 우리에게 다가오려고 했던 점이 매우 가치가 있다. 그리고 너는 우리 반에서 잘 지내고 있으니 걱정하지 않았으면 좋겠다"는 위로와 격려의 말을 건넸다.

교사의 말 한마디보다 친구의 격려와 객관적인 시선이 이 학생에게는 큰 도움이 되었다. 또한 학생들 스스로 왕따 같은 사회 현상에 대한 해결책을 구체적으로 제시하는 시간이 되었다.

학습은 교사와 학생 사이에서도 일어날 수 있지만, 학생들 간의 소통을 통해서 이루어지기도 한다. 학생 스스로 소통을 통해 배우는 기회가 된 수업이라 매우 의미가 있었다.

〈참고문헌〉

Moeller, Victor J. · Moeller, Marc V., "Socratic Seminars and Literature Circles for Middle and High School English", Eye on Education. 2002.01.01.

〈책읽는 교실 함께하는 독서토론〉, 경기도교육청 문예교육과, 2017.

Book Talk 8

토론 주제: 행복, 욕심, 나눔

사람의 욕심은 제어할 수 있을까?

| 김황곤 |

《색깔을 훔치는 마녀》
이문영 글, 이현정 그림, 비룡소, 2004

행복이란 무엇인가?

그림책《색깔을 훔치는 마녀》에서 '꼬마 마녀'는 '흰색'으로 채워진 자신의 모습에 불만을 느껴 주위 동식물의 색을 빼앗으며 만족한다. 그러나 정작 빼앗은 색의 최후는 '검정'이었으며 그것이 결코 아름답지 못하다는 생각에 눈물을 흘리고 만다. 코끼리 아저씨의 조언으로 색을 원래대로 나눠주며 해에 비치는 물방울을 통해 아름다운 무지개 색을 찾아가는 모습에서 꼬마 마녀는 기쁨을 느낀다.

'행복'은 그 자체로 또는 비움에서 빛을 발한다. 훔친 색을 다시 돌려주고 원래대로 돌아왔을 때 꼬마 마녀는 '무지갯빛'을 선물로 받았다. 보이지는 않지만 '비'가 내리면 선명하게 살아나는, 그래서 모든 색을 다 보여주어 아름다움을 발하며 주변을 행복하게 하는 색이다. 평소에는 볼 수 없지만, 그렇다고 절대로 사라지지 않는 빛의 아름다움.《색깔을 훔치는 마녀》는 행복은 무엇인지, 나눔이 무엇인지 고민하는 좋은 기회가 될 책이다.

월드카페

월드카페란?

월드카페 World Cafe 토론*은 주어진 질문이나 과제에 대해 여러 사람들이 함께 의견을 나누며 아이디어를 도출하고 공유하면서 문제를 해결해나가는 토론 방식이다. 이 토론은 찬반 토론과 달리 주어진 주제에 대한 자신의 의견을 제시하고 다른 사람의 의견을 경청하며 새로운 결론을 정리할 수 있는 방법이다.

　월드카페는 어떤 질문이나 과제에 대해 최소 12명에서 1,200명의 사람들이 함께 아이디어를 도출하고 공유할 수 있는 토론 방법이다.

★ https://www.youtube.com/watch?v=JWExFMjFeaU

분위기는 카페처럼 편안하게 진행하며, 사람들의 집단 지성을 공유하여 문제를 해결해나가는 방식이다. 4~5명 단위로 팀을 구성하고 대화를 시작하여 구성원들이 서로 교차하여 대화를 이어나감으로써 많은 사람들이 내용을 공유하고 발전시킨다.

또한 큰 주제와 관련된 다양한 소주제를 만들어 여러 모둠에서 토론이 진행되며, 참가자들은 여러 모둠을 돌아다니며 다양한 주제로 토론하게 된다.

언뜻 보면 원탁토론과 비슷해 보인다. 공통점은 사회자의 역할이 있다는 것이며, 정해진 시간 동안 토론을 해야 한다는 것이다. 차이점은 사회자 외의 다른 참여자들이 여러 주제와 관련하여 토론에 참여할 수 있다는 것이며, '입론-반론-재반박'과 같은 토론 순서가 없다는 것이다. 개인별로 발언 시간과 횟수에 제한은 없다. 누구나 평등하고 편안한 가운데서 자신의 의견과 상대 의견에 대한 반박, 재반박을 자유롭게 할 수 있다. 다만 특정인이 발언을 독점하는 것은 지양해야 한다.

월드카페의 기본적인 특징은 다음과 같다.

첫째, 집단 지성의 힘을 느끼게 된다. 모둠별 주제를 여러 사람들과 나누게 된다.

둘째, 편안한 환경에서 토론을 하게 된다. 월드카페는 대화하듯 모둠별 주제에 대해 이야기를 나누며 낙서하듯이 의견을 적는다.

셋째, 이동을 하며 토론을 한다. 다른 토론 기법은 하나의 주제를 가지고 토론하는 반면, 월드카페 토론은 핵심 주제와 관련된 다양한 주제를 모둠별로 정하여 정해진 시간 동안 토론한 후, 다른 토론 주제로 이동하여 토론에 참가한다.

넷째, 호스트가 존재한다. 사람들이 이동을 하며 토론에 참여하는 동안 각 모둠의 호스트는 이동을 하지 않고, 그동안 모둠에서 나누었던 이야기를 새로운 참가자들과 공유하고 새로운 아이디어를 생산하게 안내한다.

다섯째, 생각을 공유하게 된다. 하나의 주제에 여러 사람들이 여러 차례 참여하기 때문에 다양한 의견이 모이고, 그것이 문제의 해결을 제시하는 단서가 될 수 있다.

여섯째, 찬반 토론과 같이 상대를 반박하기보다는 상대의 의견에 대한 문제점과 그 대안들에 대해 이야기함으로써 건설적인 토론이 진행된다.

월드카페 토론을 할 때는 다음의 사항을 유의해야 한다.

첫째, 많은 사람들이 토론에 참여하기 때문에 질문은 엄선되고 강력한 것으로 구성해야 한다.

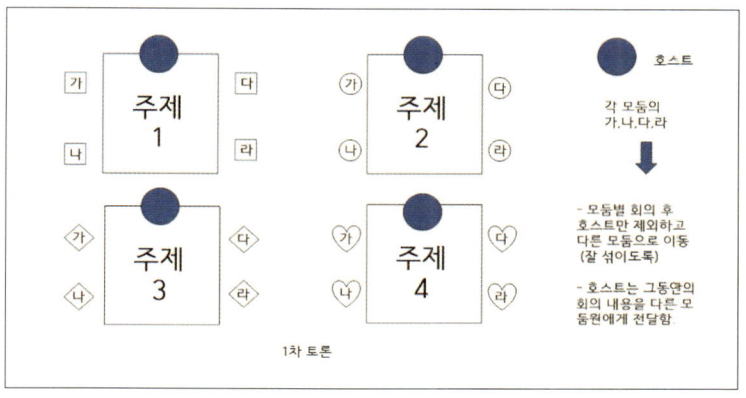

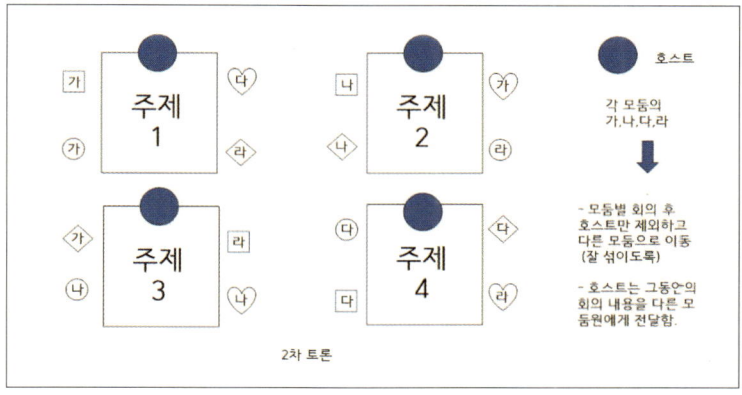

둘째, 토론 활동은 토론 시간과 이동 시간이 정해져 있으며, 새로운 사람들과 만나야 한다. 이동시 흥미로운 주제에 참여할 수 있다. 이를 통해 새로운 의견들을 접하면서 주제와 관련된 다양한 생각들을 찾아낼 수 있다. 이동시 가급적 새로운 사람들을 만나야 서로의 생각을 공유하며 신선한 아이디어를 찾을 수 있다.

활동	하는 일	방식
준비	모둠 구성과 호스트 정하기, 토론 방법 안내	교사 진행
1차 토론	준비된 질문에 대한 답변을 모둠원들이 돌아가며 이야기하기	모둠
자리이동		
2차 토론	호스트가 새로운 구성원들에게 이전의 이야기를 하고, 모둠원은 새롭게 도출되는 생각을 다시 토론하고 공유함.	모둠
자리이동		
3차 토론	아이디어 정리(원래 모둠으로 이동)	모둠
발표	각 모둠 내 아이디어 발표 및 정리하기	전체

토론의 횟수는 학생의 참여와 수업 흐름에 맞추어 3차 이상 진행할 수도 있다. 깊이 있는 토론을 원할 경우 토론 시간을 많이 부여하고 위의 방법으로 3차 토론까지 진행할 수 있다. 상황에 따라 교사가 탄력적으로 운영하면 좋다.

수업 흐름도

1. 그림책 읽기 - 《색깔을 훔치는 마녀》
2. 개인 질문 만들기
3. 모둠 질문 만들기

4. 월드카페

    가. 준비하기

    나. 1차 토론 진행하기

    다. 2차 토론 진행하기

    라. 3차 토론 진행하기

5. 소감 발표

수업 사례

1. 그림책 읽기

《색깔을 훔치는 마녀》 책을 함께 읽는 가장 좋은 방법은 모둠별로 책을 나누어주고 읽게 하는 것이다. 초등학교 혹은 중학교 초반일 경우 선생님을 중심으로 모여, 선생님이 읽어주는 방법도 좋다. 부모가 자녀에게 읽어주는 느낌이 들기 때문에 정서적으로 안정적일 수 있다. 그 외에도 본문을 사진으로 찍어 프레젠테이션 프로그램을 활용하여 보여주는 방법도 좋다.

  이 동화에서는 대화를 통해 이야기가 전개되고 있으며, 표정, 목소리 등 간접 제시 방법을 통해 성격을 제시하고 있다. 따라서 선생님들이 읽어줄 경우에는 등장인물의 감정을 잘 파악하며 읽어주면 학생들이 더욱 실감나게 이해할 수 있다. 또한 꼬마 마녀가 입고 있는 옷과 주변의 색깔을 비교하면서 읽으면 학생들이 본문의 내용과 캐릭터를 분석하는 데 효과적이다.

2. 개인 질문 만들기

학생들은 글을 읽으며 궁금했던 점들을 찾아 밑줄을 긋고, 질문을 만들었다. 먼저 개인 시간을 주어 글을 읽으며 궁금했던 것들을 찾아 적어보도록 하였다. 특히 본문을 워드로 작성하여 나누어주었더니 학생들이 꼼꼼하게 읽으면서 함께 읽었을 때 확인하지 못한 내용을 찾아가며 질문을 만드는 모습이 인상적이었다.

- 옷은 하얀데, 왜 피부색과 머리는 하얗지 않을까?
- 마녀는 왜 흰색을 좋아할까?
- 코끼리는 왜 색을 안 빼앗겼을까?
- 왜 맨 처음으로 사과의 색을 빼앗았을까?
- 왜 꼬마 마녀는 얼굴과 머리가 하얀색이 아니었을까?
- 왜 하필 코끼리가 조언을 해주었나?
- 왜 검정색에 만족하지 못했을까?(검정도 예쁘다.)
- 코끼리는 답을 왜 바로 알려주지 않았을까?

- 꼬마 마녀는 왜 자신의 얼굴보다 옷에 신경을 더 썼을까?
- 처음부터 색깔이 있는 옷을 입으면 되었는데 왜 흰색 옷을 입었을까?
- 요술봉으로 피부색도 바꿀 수 있었을까?
- 왜 꼬마 마녀만 색깔이 없었을까?
- 내가 코끼리 아저씨였다면 꼬마 마녀를 어떻게 깨닫게 했을까?
- 자신의 잘못을 모르고 뻔뻔하게 행동하는 친구를 어떻게 깨우칠 수 있게 할까?
- 해님처럼 아무 말 없이 지켜보고 해결을 하는 것이 과연 좋은 행동일까?
- 잘못을 깨닫도록 돌려서 표현하는 것이 꼬마 마녀에게 정말 도움이 되었을까?

3. 모둠 질문 만들기

개인이 만든 질문을 토대로 모둠 질문 만들기를 실시하였다. 월드카페에서 가장 중요한 부분이기도 하다. 월드카페에서는 주제와 관련된 '강력한 질문'이 학생들의 사고를 키우기 때문이다. 따라서 자신의 질문을 가지고 모둠원들과 함께 나눌 주제를 만들어보도록 하였다. 《색깔을 훔치는 마녀》의 경우 '욕심, 나눔'의 주제를 찾아낼 수 있기 때문에 그것과 관련하여 본문을 참고하여 모둠별 주제를 만들어보도록 하였다.

1차 모둠 질문들

1모둠 질문: 사람의 욕심은 제어할 수 있는가?

2모둠 질문: 자신의 권력을 마음대로 사용하는 것은 정당한가?

3모둠 질문: 권력은 힘없는 사람들을 더욱 어렵게 하는가?

4모둠 질문: 국가는 세금을 인상하는 것이 정당한가?

5모둠 질문: 학교는 학생들의 두발, 복장을 제한하는 것이 정당한가?

6모둠 질문: 자식에 대한 부모의 욕심은 정당한가?

4. 월드카페 진행하기

(1) 준비하기

첫째, 공간 조성 및 자리 배치를 한다. 교실 자체를 편안하게 꾸민다. 편안한 환경을 통하여 학생들이 자유로운 생각을 표현하도록 안내한다. 5~6명이 마주보고 앉도록 책상과 의자를 배치하여 모둠원 모두가 참여할 수 있는 분위기를 조성한다.

둘째, 질문을 확인한다. 모든 대화의 맥락을 촉진시킬 주제와 관련된 질문을 미리 준비해야 한다. 월드카페의 핵심은 질문이기 때문이다. 사고를 이끌어낼 수 있는 질문이어야 많은 이야기와 심도 있는 토론이 진행될 수 있다.

셋째, 질문은 모둠별로 다양하게 준비한다. 문제 상황과 의도에 따라 주제가 모둠별로 같을 수 있고, 다를 수도 있기 때문이다. 따라서 교사는 사전에 학생들의 의사를 촉발할 수 있도록 여러 질문들을 구성한다.

넷째, 전지와 유성매직을 준비한다. 학생들이 토론에 참여하면서 생각한 내용과 들은 내용들을 정리하고 표현할 수 있도록 필기구를 준비한다.

5. 토론 진행하기

먼저 자기가 앉은 자리에서 1차 토론을 진행한다. 주어진 주제에 대해 자신의 의견을 자유롭게 나누고 적을 수 있도록 안내한다. 정해진 시간이 끝나면, 교사는 다른 모둠으로 이동하도록 안내하고, 새롭게 구성된 모둠에서 토론을 진행한다. 호스트는 새로 앉은 구성원들에게 이전 팀에서 나눈 이야기를 짧은 시간 내에 공유할 수 있도록 안내하고, 구성원들은 이전 테이블에서 나눈 이야기들을 다시 공유해 줌으로써 한꺼번에 여러 테이블에서 일어난 대화를 모은다. 이 와중에 새롭게 도출된 생각들을 다시 토론하고 공유한다.

이렇게 토론한 자료를 정리한 내용을 살펴보면 다음과 같다.

〈월드카페 수업 장면〉

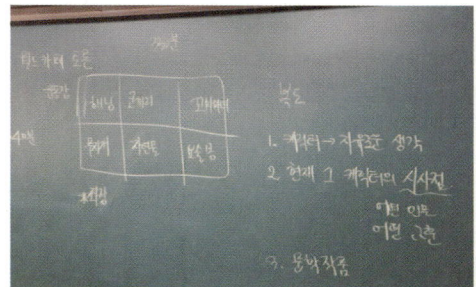
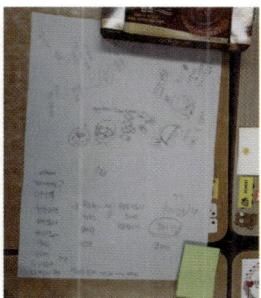

1모둠 주제: 사람의 욕심은 제어할 수 있는가?

- 초반, 중반 정도에는 계속 욕심을 부릴 수 있다. 그 이후에는 외부 요인에 의해서라도 최악의 상황에 욕심이 제어된다.
- 단지 환경에 따라 실천으로 옮기지 못할 뿐 욕구는 채워질수록 더욱 많은 것을 원한다.
- 욕심이 있기에 발전이 있는 거 아닌가?(전쟁, 다이어트 등)
- 제어할 수 없으면 자신의 욕심을 위해 범죄를 저지를 텐데 실제 범죄를 저지르는 비율은 높지 않다.
- 마음에 드는 것이 있다고 하더라도 자기의 욕심에 따라 마음을 제어할 수 있다.
- 욕심이라는 감정을 가졌기 때문에 무언가를 성취하고자 하는 욕구가 생겼고, 그 결과 인류가 발전할 수 있었다.

2모둠 주제: 자신의 권력을 마음대로 사용하는 것은 정당한가?

- 상대방이 피해를 입지 않는다면 정당하지 않을까?
- 스스로 노력해서 얻은 결과라면 남에게 피해를 주지 않으면 정당하다.
- 남이 피해를 안 보고 자신만 이득을 보면 정당한 것일까?
- 자신의 이익만을 위해 사용하는 권력이 존재할까?
- 법이 허락하는 범위 내에서 권력을 사용하면 정당하다.
- 신 같은 막강한 존재가 아닌 이상 권력은 스스로 얻을 수 없다.
- 주권이 없는 권력은 어떻게 활용의 방향을 잡아야 할까?
- 권력이 필요할 때 책임을 질 수 있다면 정당하고, 그렇지 않다면 정당하지 않다.
- 상황에 따라 바뀔 수 있을 것 같다.

3모둠 주제: 권력은 힘없는 사람들을 더욱 어렵게 하는가?

- 자신의 권력이니까 자기가 써도 된다고 생각한다.
- 권력을 남용할 수 있기 때문에 힘없는 사람들을 더욱 어렵게 할 수 있다.
- 책 속 꼬마 마녀의 역할과 비슷하다고 생각한다.
- '힘없다'의 기준은 무엇일까? 또한 '어렵다'는 것은 무엇일까? 민주주의 국가에서는 모두 어렵게 살고 있는가?
- 사회에는 힘없는 사람들이 많기 때문에 국가를 운영하려면 어쩔 수 없이 어렵게 할 수밖에 없다. 나라를 운영해야 하기 때문이다.
- 삶의 계층화는 어느 시대나 어느 나라나 있던 보편적인 현상이다.
- 어떤 의도를 갖느냐에 따라 사람들의 삶은 달라질 수 있을 것 같다.

4모둠 주제: 국가는 세금을 인상하는 것이 정당한가?

- 국민이 부담을 가질 수 있다.
- 세금을 '복지'에 투자한다면 세금 인상에 동의하겠지만, 현재 우리나라는 다른 나라에 비해 복지에 투자하는 비용이 적다.
- 시장 경제가 원활히 돌아가지 않을 것 같다.
- 세금이 복지에 투자될 것인가?

5모둠 주제: 학교는 학생들의 두발, 복장을 제한하는 것이 정당한가?

- 심리적으로 영향을 주기 때문에 어느 정도 제한해야 한다.
- 선생님과 학생의 신분은 구별할 필요가 있다. 제한해야 한다.
- 두발과 복장의 변화는 학생의 권리이다.
- 학생의 본분을 다하면서 표현을 할 수 있다.
- 사회 규율을 지키는 것도 학습이다.
- 학생의 의사와 상관없이 어른들의 고정 관념을 억지로 주입하는 것이다.
- 두발, 복장 관리시 드는 비용으로 인한 학생들의 소득에 따른 불평등이 표면화될 수 있다. 현재에도 교복 위에 입은 외투로 인한 문제점이 존재하기 때문이다.
- 개인의 개성과 자유를 억압하는 것이다.
- 외모와 성적은 정비례하지 않는다.
- 경제권은 부모님에 의해 얻게 되는 것이 대부분이다. 불필요한 갈등을 유발하는 것은 옳지 않다.
- 외국의 경우 두발, 복장을 제한해서 성공한 사례가 있는가?- 두발의 경우 제한하면 오히려 관리가 더 어렵다.
- 두발, 복장 외에 다른 것은 왜 제한하지 않는가? 핸드폰, 액세서리 등 빈부 격차를 느끼게 하는 요인은 얼마든지 많다.
- 외국의 유명 사립학교의 경우 명예와 전통을 존중하기 때문에 제한하는 경우도 있다.

6모둠 주제: 자식에 대한 부모의 욕심은 정당한가?

- 자식을 옳은 길로 인도해주고 자식이 하고 싶은 것을 응원해주는 것도 부모의 역할이다.
- 근본적으로 부모가 자식에 대해 욕심을 가지는 것은 보편적이다.
- 욕심이 '폭력', '강요'로 변질될 수 있다.
- 자식이 자신보다 더 발전하길 원하는 것은 당연하다.
- 자식은 부모의 소유가 아니다.
- 인생의 선배로서 더 편하고 좋은 길을 안내하고 싶은 것이다.
- 자식은 독립된 개체이다.
- 자식이 잘못되길 바라는 부모는 없다.

6. 소감 발표하기

위와 같은 내용을 나눈 후 원래 모둠으로 돌아가 지금까지 나눈 이야기를 정리해서 발표하도록 한다. 여러 주제와 관련된 토론을 통해 자신의 생각이 어떻게 확장되고 정리되었는지를 서로 나누고 함께 내용을 발표한다.

정리한 내용을 소감문으로 적어 발표할 수 있다. 소감문에는 토론 전에 생각했던 내용과 토론 후에 변화된 자신의 생각을 적으면서 어떻게 변화되었고, 어떤 느낌이 있었는지 기술한다. 또한 앞으로의 다짐 등을 적도록 하여 학생의 변화된 모습을 교과 세부 능력 특기사항에 기록하는 것도 좋은 방법이 될 수 있다.

우리 모둠은 '사람의 욕심은 제어할 수 있을까?'라는 주제로 월드카페 토론을 시작하였다. 나는 사람의 욕심은 제어할 수 있다는 생각으로 나의 생각을 기록하였다. 그 이유는 사람들은 각자 자신의 능력을 스스로 알고 있기 때문에 어느 정도의 선에서 절제할 수 있다고 생각했기 때문이다.

월드카페에서 나는 호스트 역할을 맡게 되었다. 사실 우리 모둠의 의견을 다른 사람에게 전달하는 것이 부담스러웠다. 평소 친구들의 이야기를 잘 듣지 않거나, 전달하는 것에 미숙했기 때문이다. 그래서 이번 역할은 부담이 많았다. 그러나 다른 친구들의 의견을 듣는 시간이 될 것 같다는 기대도 있었다. 그래서 친구들의 의견을 잘 듣고 기록하고자 노력을 하였다. 막상 토론이 시작되니까 친구들이 자유롭게 이야기를 하는 모습을 보고 나의 역할에 대한 부담이 줄어들었다.

처음에는 '사람의 욕심은 제어할 수 있다'는 의견이 많았다. 다른 친구들이 와서 의견을 나눌 때에는 '사람의 욕심은 마음이기 때문에, 욕심으로 행해지는 행동은 제어되더라도 마음은 남아 있어 제어되지 않는다'는 새로운 의견이 나왔다. 계속 의견을 나누다보니, 사람의 욕심은 행동 차원에서 보느냐, 마음 자체로 보느냐의 시각이 있음을 알게 되었다. 그리고 욕심의 정도가 있기 때문에 욕심을 제어하기가 힘들 수 있다는 의견도 나왔다.

여러 사람의 의견이 덧붙여지면서 생각이 점점 커져가는 모습이 매우 신선했고, 함께 나눌수록 더 좋은 생각이 만들어진다는 사실을 알게 되었다.

_영생고등학교 2-11반 최○○

나는 '자식에 대한 부모의 욕심은 정당하다'라는 주제로 토론에 참가하게 되었다. 평소 나는 부모님이 자식에 기대를 거는 것이 당연하다고 생각하고 있었기 때문에 이 토론의 주제는 정당하다고 생각되었다. 부모로서 자녀를 안전하고 건강하게 기를 '의무'가 있다면 당연히 부모로서의 '권리'도 있다고 생각했기 때문이다.

토론을 하면서 이 논제를 '누구'의 입장에서 보느냐에 따라 생각이 달라질 수 있음을 느꼈다. '왜 내가 부모님의 관점에서 이 논제를 분석했을까?' 고민해보니, 무의식중에 자녀를 부모의 것으로 여기는 우리나라의 문화에 영향을 받았다는 것을 알게 되었다. 그리고 이 논제에 대해 최근 개정된 '아동학대'에 관련된 법까지 생각하게 되는 계기가 되었다.

토론이라면 늘 찬성과 반대로 나누어 싸우는 듯한 모습이라고 생각했다. 그런데 이번 토론은 내 생각에 친구들의 생각이 덧붙여지고 유사한 다른 주제를 토론하면서 생각의 변화가 일어남을 느꼈다. 그 변화는 상대의 반박에서 나오는 것이 아니고, 대화 도중에 서로 공감하고 다른 의견에 대해 자신의 의견을 제시하면서 스스로 정리되는 것 같았다. 스스로 커지고 발전했다는 생각이 들었다.

기존 토론과 달라 의아했지만 나의 생각이 완성되고 반대 의견에 대해 고민하면서 내 생각이 고쳐지는 이상야릇한 경험이 매우 의미 있게 다가왔다. 고등학교에서 받은 가장 인상 깊은 수업 중 하나로 기억될 것이다.

_ 영생고등학교 2-11 이○○

그림책 수업의 효과

'그림책으로 수업을 하는 것이 학생들에게 과연 효과적일까?'라는 문제는 수업을 설계하는 단계에서 무척 고민했던 부분이다. 그림책이라는 것이 애초에 유아나 초등학교 저학년 학생에게 유용하다고 생각했지, 수능을 앞둔 고등학교 2학년에게 과연 얼마나 '효과적일까?' 하는 의문을 가질 수밖에 없었다. 그렇지 않아도 국어과 영역들인 문학, 문법, 화법, 작문, 독서 등의 제시문을 가지고 수업하기에도 벅차기 때문이었다. 게다가 진도도 빠듯한 상황에서 그림책 수업은 준비도 부담되고, 두 차시 수업을 추가로 더 만들어야 했다. 같은 교과 선생님들과 진도를 맞춰야 하기 때문에 부담은 더욱 가중

될 수밖에 없었다. 그래서 전체 진도에서 일부만 그림책으로 진행하기로 하였다. 특히 시험 이후와 학교 행사로 진도를 나가기 어려운 기간을 골라 집중적으로 수업을 진행하였다.

《색깔을 훔치는 마녀》를 활용한 수업은 그동안 학생들이 학습했던 지식이 총 동원되면서 발산적 수업으로 진행될 수 있었다. 국어 시간에 활동하였지만 학생들은 책의 내용을 경제, 정치, 사회, 과학 등 여러 분야의 지식을 쏟아내며 융합적 수업이 가능했다. 학생들은 책의 내용을 자신의 삶과 사회에 적용하면서 그동안 생각해왔던 것들을 바탕으로 내용을 재해석하였으며, 자신들의 생각을 창의적으로 잘 표현하였다.

또한 월드카페 토론 방식은 학생들에게 다양한 사고를 신장시키는 결과를 냈다. 자신의 모둠에서 나눈 이야기를 다른 모둠에서 다른 측면으로 분석해보면서 자신의 생각을 여러 측면에서 볼 수 있게 되었다. 친구들의 말을 경청하는 모습도 매우 인상적이었다. 찬반으로 나누어 자신의 주장을 관철시키는 '경쟁적 토론'과 달리 월드카페는 자신의 생각을 주장하는 도중에 스스로 오류를 찾고 더 나은 해결책을 모색하여 다양한 결론을 제시하는 '비경쟁적 토론'으로 볼 수 있을 것이다.

무엇보다 자신들이 토론을 이끌고 의견을 조정하면서 스스로 결과에 도달하는 모습이 매우 인상적이었다. 또한 이러한 월드카페 토론을 다른 과목에도 적용하여 학습 요소별로 토론 학습을 하여 주어진 시간 안에 4~6개의 학습 요소를 다룰 수 있을 것이라는 장점도 찾아내어 학습의 도구로 사용하려는 모습도 무척 인상적이었다.

에필로그

월드카페 토론을 할 때 캐릭터 분석에 대한 수업을 먼저 실시하였다. 학생들이 생소한 월드카페 토론에 쉽게 적응할 수 있도록 준비한 것이다. 본문과 관련된 내용 및 대주제인 '욕심'과 '나눔'에 대한 기초 작업으로, 캐릭터 분석을 선택해 사람의 욕심을 현대 사회의 현상과 비교하는 수업으로 진행하기로 하였기 때문이다. 캐릭터 분석을 통해 등장인물들이 현대 사회의 누구와 닮아 있고, 그러한 사회 문제에는 무엇이 있는지 알아보도록 하는 준비를 했다.

결과적으로, 수업이 매우 흥미롭게 진행되었고 학생들도 토론 활동을 잘 따라오기 시작했다. 결과물이 유의미해 다음 쪽에 소개하고자 한다.

모둠별 질문(캐릭터 분석)

모둠 질문 1) 꼬마 마녀가 의미하는 바는? 현대 사회에서 꼬마 마녀는 누구를 나타내는 것일까?

모둠 질문 2) 코끼리가 의미하는 바는? 현대 사회에서 코끼리는 누구를 나타내는 것일까?

모둠 질문 3) 해님이 의미하는 바는? 현대 사회에서 해님은 누구를 나타내는 것일까?

모둠 질문 4) 무지개가 의미하는 바는? 현대 사회에서 무지개는 누구를 나타내는 것일까?

모둠 질문 5) 색을 빼앗긴 동식물이 의미하는 바는? 현대 사회에서 색을 빼앗긴 동물은 누구를 나타내는 것일까?

모둠 질문 6) 요술봉이 의미하는 바는? 요술봉은 누구를 나타내는 것일까?

모둠별 질문 내용 정리

캐릭터	성격	현대 사회의 모습
꼬마 마녀	- 생각이 어리다. 욕심이 많다. - 천진난만하다. 팔랑귀 - 이기적이다. - 순진하다(코끼리 말을 들음)	- 노진구(도라에몽) - 금수저들, 일진, 대기업
코끼리 할아버지	- 현명함, 생각을 많이 한다.	- 검찰, 불의를 보고 참지 못하는 정의파 - 사극에서 나오는 '도인' - 친오빠, 정부, 부모님
해님	- 인자함, 너그러움 - 잘못을 보고 방관한다. - 사람을 자신도 모르게 변화시켜 주는 사람 - 권력자 중의 최고 권력자	- 도라에몽, 방관자 - 학교폭력 방관자 - 경찰, 드라마 〈힐러〉의 할아버지 - 아빠, 신
색을 빼앗긴 자연물들	- 자기주장이 없다. - 순종적이다	- 시민, 잘못된 정치인들과 국민들 - '을'의 관계에 있는 사람들 - 사회적 약자 - 엄마, 유재석
무지개	- 아름다움	- 기부, 정당한 사회, 정의구현 - 좋은 사회, 화합

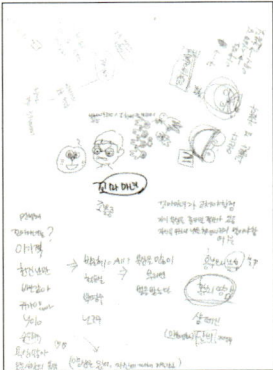
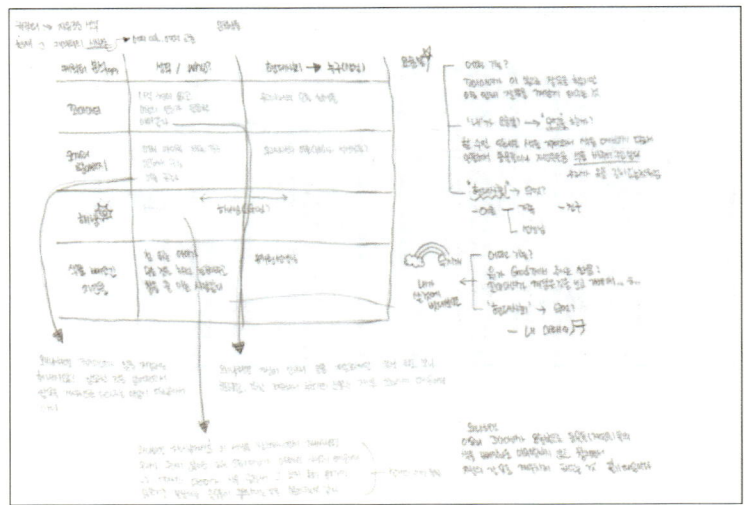

학생 소감문

평소에 책을 읽으면 전체적인 줄거리를 파악하기만 했는데, 이번 활동을 통해 책에 나오는 인물의 성격에 대해 생각해보게 되었다. 월드카페를 하기 전에는 '코끼리'라는 캐릭터가 자비롭고 배려심이 깊은 인물이라는 생각을 했는데, 토론을 하며 내가 가진 생각과 친구들이 가진 생각을 비교하면서 코끼리는 꼬마 마녀의 잘못을 보고도 방관만 하는 인물이라는 생각이 들었다. 한 인물에 대한 다양한 견해를 나눌 수 있던 월드카페 토론을 계기로 사회적으로 문제가 된 일들에 관한 토론을 해보고 싶었다.

_영생고등학교 2학년 김○○

자유로운 형식과 주제로 이야기를 나누고 들으면서 월드카페 토론이라는 새로운 경험을 하게 되었고, 내 지식의 폭도 넓힐 수 있게 되었다. 단순히 그림책 주인공들에 대해 이야기를 나누는 것이 아니라 현대 사회의 인물, 상징 등과 연결해보면서 나 자신은 현대 사회에서 어떤 인물이 되어야 하는지도 배울 수 있게 되었다. 게다가 색을 빼앗긴 자연물들이 사회적 약자를 상징한다면 그들은 왜 꼬마 마녀에게 대항하지 않고 억압만 당했으며, 만약 이들이 대항했다면 결말은 어떻게 되었을지, 혹은 과연 이 모든 상황을 지켜본 해님이 꼬마 마녀의 요구에 대가도 없이 무지개를 제공해준 것은 과연 옳은 일이었는지 등 심화적인 부분까지 학습할 수 있는 계기가 되었다. 요즘 대학 면접에서도 그림책 관련 질문을 통해 가치관을 알아보기도 한다는데, 더 나아가 스스로에게 '이런 질문에는 어떻게 대답해야 할까?', '또 어떤 창의적인 확장된 이야기를 들을 수 있을까?' 등의 질문을 던져봄으로써 진로와 입시에 관련하여서도 대비해볼 수 있는 기회가 되었다.

_ 영생고등학교 2학년 최○○

월드카페 토론으로 진행된 '꼬마 마녀' 이야기에서 나는 '색을 빼앗긴 자연물'에 대한 토론의 호스트를 맡게 되었다. 처음에는 색을 빼앗긴 자연물들이 마냥 약자고 힘이 없는 이들이라고만 생각했다. 그런데 토론 중 한 친구가 "그들은 힘이 없지만 다수였기에 대항했더라면 이야기가 바뀌지 않았을까?"라는 말을 하였고, 나는 그 말을 들은 순간 '시민'인 우리가 '시위', '촛불집회' 등을 했던 사례를 생각하며, 힘없는 자도 대항할 수 있으며 힘은 직접적인 것이 아니라는 생각을 했다. 이 수업을 통해 짧게나마 다양한 친구들의 생각을 들을 수 있어 의미 있었다.

_영생고등학교 2학년 심○○

월드카페 토론을 처음 해보게 되었는데, 다른 토론과 달리 내가 생각하지 못한 다른 사람들의 생각을 많이 들어볼 수 있었다. '꼬마마녀'처럼 등장 횟수가 많은 캐릭터의 성격이나 특징은 대부분 비슷하게 분석하는 반면, '무지개' 또는 '해님'처럼 등장 횟수가 적은 캐릭터에 대해서는 다양한 의견이 나왔다. 이를 통해 주어진 정보가 적을 때 우리들의 생각이 더 넓게 퍼질 수 있다는 것을 느꼈고, 주어진 정보가 많으면 생각은 비슷하지만 더 정확히 그 특성을 분석할 수 있다는 것을 알게 되었다.

_영생고등학교 2학년 김○○

참고문헌

〈토의 수업을 위한 월드카페 활용 가능성 탐색〉, 《교육방법연구》 제24권 제3호. 2012.2.
〈책읽는 교실 함께하는 독서토론〉, 경기도교육청 문예교육과, 2017.

Book Talk 9

토론 주제: 가족의 의미와 역할, 결혼 제도, 인간의 욕구, 양성 평등, 물질 만능주의

방귀쟁이 며느리는 시댁으로 돌아가야 할까?

| 권현숙 |

《방귀쟁이 며느리》
신세정 글·그림, 사계절, 2008

다양한 이야기를 끌어내는 우리 옛 이야기

《방귀쟁이 며느리》는 방귀를 소재로 전승되어온 우리 옛 이야기 중 하나이다. 구수한 전라도 방언을 사용한 해학적인 문체와 작가의 한국적인 그림이 어우러진 그림책이다.

방귀를 요란스럽게 뀌는 한 처자가 시집을 가게 되었는데, 시집을 가서는 방귀를 뀔 수 없어 참고 또 참다 보니 얼굴이 점점 누렇게 변해버렸다. 며느리를 걱정하던 시아버지가 시원하게 방귀를 뀌라고 허락을 했는데, 며느리의 방귀에 온 집안이 풍비박산이 났다.

시댁은 도저히 이 며느리를 받아들일 수 없다면서 친정으로 돌려보내기로 한다. 가던 길에 우연히 장사꾼들을 만난 며느리는 방귀의 위력으로 비단이랑 놋그릇을 나눠 받게 된다. 다시 시아버지와 함께 시댁으로 돌아간 며느리는 사랑을 받으며 잘 먹고 잘 살았다.

이 책을 읽고 교과 수업에서 다룰 수 있는 주제는 가정에서 남편과 아내의 역할과 지위, 우리나라 결혼 제도에서의 양성평등 문제, 전통적인 가족 제도와 현대 가족 제도의 비교, 가족의 의미, 결혼 전 서로에 대한 정보 공유의 문제, 인간의 생리적 욕구와 기본권 문제 등 다양하다.

논증 게임

논증 게임이란?

논증 게임은 주장-이유-근거를 토대로 한 논증 구조 모형을 활용하여 마치 게임을 하듯 모둠별로 글쓰기 활동지를 교환하며 논리를 상호 검증하는 토론 활동이다. 이 활동을 통해 논리력, 비판적 사고력을 기를 수 있다. 1차시에는 그림책 핵심 질문을 토대로 논제를 도출하고, 이를 활용하여 2차시에는 논증 게임 활동 수업을 전개한다. 짧은 시간에 논증 구조를 익히는 것이 목적이기 때문에 굳이 어려운 논제를 선택할 필요는 없다. 다만, 교사와 학급 구성원들이 협의하여 논제의 범위를 좁혀주는 것이 이 활동에는 좀더 효율적이다. 실제 입론을 작성할 때는 반드시 개념 정의를 기술해야 하지만, 본 활동에서는 논증의 틀을 학습하는 것이 목적이기 때문이다.

논증이란 논리적인 근거를 토대로 하여 주장을 타당하게 증명해 가는 과정이다. 주장을 뒷받침할 수 있는 일련의 근거나 증거들을 논리적으로 제시하여 주장의 옳고 그름을 증명할 수 있는 논증이 타당하게 이루어져야만 상대방을 설득할 수 있다.

논증 구조란 주장, 이유, 근거, 연결고리(전제)로 구성된 논증의 틀을 말한다. 여기에서 말하는 논증 구조는 다음과 같다.

주장: 무엇을 주장하고자 하는가?
이유: 그 주장을 뒷받침하기 위해 어떤 이유를 제시할 수 있는가?
근거: 그 이유가 타당하다는 것을 어떻게 아는가?
전제(연결고리): 어떠한 원칙(전제) 때문에 그러한 이유가 주장을 뒷받침하는가?

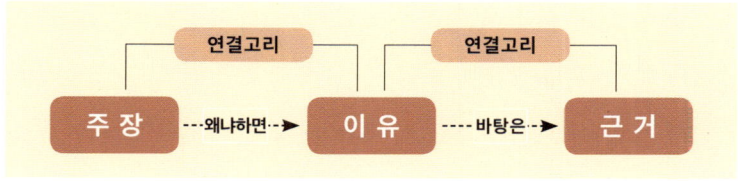

조셉 윌리엄스·그레고리 콜럼 지음, 윤영삼 옮김, 《논증의 탄생》, 홍문관, 2012, 60~84쪽.

논증게임 토론 수업의 특징은 다음과 같다.

첫째, 주장-이유-근거(사례)의 논증 구조에 따라 모둠원(4인 1모둠)이 함께 논증을 구성한다. 이는 토론에서 입론을 작성을 하는 것과 같다.
둘째, 어려운 논증 세우기 활동을 마치 게임하듯 모둠별로 상호 논증의 타당성을 검증하면서 배울 수 있는 활동이다.
셋째, 모둠별로 논증 활동지(전지 형태)를 교환하든 자리를 이동하든, 학생들이 자유롭게 선택할 수 있는 역동적인 수업 형태이다.
넷째, 논증에 대한 타당성을 2~3차례에 걸쳐 검증받을 수 있어서 논리적, 비판적 사고력을 증진시키는 데에 매우 유용한 수업 방법이다.

논증게임 수업 활동에서 유의할 점은 다음과 같다.

첫째, 주장-이유-근거(사례)-연결고리의 관계를 설명할 때, 각 논증 요소에 해당하는 구체적인 일상 사례를 문장으로 제시하여 학생들의 이해를 돕는다. 논증 요소를 칠판에 게시해두어도 좋다.
둘째, 전체 모둠이 먼저 찬성 측 견해에서 논증을 세우도록 한다. 찬성과 반대를 구분하기보다 한 번에 견해를 동일하게 편성하는 것이 활동지를 교환하고 다시 원모둠으로 돌려주기가 용이하다.

셋째, 모둠별로 논증을 작성하는 시간에 차이가 크다. 따라서 전체 모둠이 일시에 논증이 작성되기를 기다리는 것보다는 활동을 비슷하게 마치는 모둠끼리 활동지를 교환하여 반대 측 입장에서 논증을 검토하게 하는 것이 효율적이다.

넷째, 논증적인 문장은 이유, 근거, 연결고리를 하나의 완결된 문장으로 구성하도록 지도한다. 학생들은 한두 개의 핵심 단어보다 문장으로 적는 것을 훨씬 어려워한다. 이 활동으로 논증적인 글을 먼저 작성해보기 때문에 실제 토론을 할 때 좀더 논리적이고 정확한 문장으로 말하려고 하는 모습을 볼 수 있다.

토론 모형 흐름도

1. 논제 선정하기
2. 논증 구조 이해하기
3. 찬성 측 입론 구성하기
4. 반대 측 견해에서 옆 모둠의 찬성 입론을 검토(반론)하기
5. 다시 찬성 측 견해에서 재반론하기
6. 논증 과정에 대해 피드백하기

수업 흐름도

1. 그림책 읽기

2. 생각 펼치기 - 마인드맵과 그림

3. 개인 질문 만들기

4. 모둠 질문 선정하기

5. 학급 대표 질문 선정하기

    가. 질문이 선정된 이유나 배경 물어보기

    나. 질문의 중심 주제나 개념 파악하기

    다. 원질문의 주제나 개념에서 파생되는 주제나 개념으로 확장하기

    라. 논제 선정하기

6. 토론하기 - 논증 게임

7. 표현 활동 - 논증적 글쓰기

수업 사례

1. 그림책 읽기

영상매체에 익숙한 학생들에게 책장을 넘겨가며 교사의 육성으로 책을 읽어주는 아날로그적 접근이 오히려 학생들의 감성을 일깨우고 '책을 읽고 싶다'는 인간 본연의 욕구를 일으킬 수도 있다. 실제 고등학교 교실에서 교사가 직접 책장을 넘겨가며 읽어주는 그 시간을 의외로 학생들이 의미있게 받아들인다는 반응이 많았다.

그림책은 글과 함께 그림도 읽을 수 있어야 한다. 그림은 그림책에서 매우 중요한 요소이고 특징이다. 그림책은 그림 속에 메시지를 담고 있거나 글과 그림을 함께 엮어서 읽어야만 비로소 의미가 전달되는 경우가 많다. 따라서 교사는 그림책을 읽을 때 텍스트를 읽으면서도 그림을 더 세심하게 읽어야 함을 설명해주어야 한다. 이때 주의할 것은 교사가 그림에 내재된 가치나 의도, 의미를 직접적으로 강조하는 것이 아니라 학생들이 스스로 찾아낼 수 있도록 그림의 독특함을 짚고 넘어가는 정도에 그쳐야 한다는 것이다.

(1) 교사의 그림책 스토리텔링

방귀쟁이 며느리는 전라도 사투리로 쓰여 있다. 따라서 교사가 읽어줄 때에도 전라도 사투리로 억양을 조절하면서 읽어주면 훨씬 실감나게 들릴 수 있다. 또한 대화체인 경우에는 구연동화의 수준까지는 아니더라도 대화하듯 목소리를 약간 바꿔 읽어주면 학생들의 호기심이 더욱 강해진다.

(2) 그림 읽기

이 책은 특히 편집 아이디어가 독특하다. 구전되어 내려오는 옛 이야기를 모티브로 하였기에 책을 읽을 때 왼쪽에서 오른쪽으로 페이지를 넘겨가며 보도록 구성하였다. 또한 가로쓰기가 아닌 세로쓰기로 편집되어 있어서 진짜 옛날 책을 보는 듯한 기분을 느끼게 해주어 읽는 재미를 한층 살려준다. 또한 표지 그림은 신윤복의 〈미인도〉를 패러디한 장면, 앞부분에서 방귀를 피해 달아나는 남녀는 김

그림책 《방귀쟁이 며느리》 읽기 Tip

《방귀쟁이 며느리》는 인물마다의 표정을 자세히 보아야 재미와 흥미를 느낄 수 있다. 며느리와 시아버지, 시어머니와 남편, 각자의 위치에서 어떤 표정으로 말하고 있는지를 글과 함께 읽으면 한층 더 이 책의 의도를 깊이 들여다볼 수 있다. 며느리가 집에서 쫓겨날 때의 표정과 청실배나무 앞에서 방귀를 뀔 때 어떤 표정과 몸짓을 하는지도 읽게 하고, 방귀 뀌는 장면이 화려한 색으로 양면에 넓게 배치되어 있는 장면도 그림으로 읽어낼 수 있다. 또한 그림마다 인물의 체구도 다양하게 그려진다. 어떤 때는 시아버지가 크게, 어떤 경우에는 며느리가 크게 그려지는데, 이러한 배치 역시 그림책 토론을 할 때 하나의 근거로 활용될 수 있다는 점에서 놓치지 않고 자세히 보아야 할 부분이다.

득신의 〈야묘도추〉 속 인물들, 이야기 후반부에 나오는 배나무 아래서 쉬는 장사꾼들은 이교익의 〈휴식〉에 나오는 인물들을 패러디한 것으로, 옛 그림을 보는 재미도 쏠쏠하다.

2. 첫 느낌 나누기: 마인드맵과 그림으로 표현하기

모둠별로 그림책을 한 권씩 나눠준 뒤에 그림책을 다시 보면서 마인드맵과 그림으로 자신의 첫 느낌을 표현해보도록 한다. 이때 각 모둠에서 그림책을 자세히 볼 수 있도록 지도한다. 각 모둠별로 한 명이 다시 읽거나 개인별로 돌아가며 읽는 등 다양한 양상이 나타날 수 있다. 이 부분은 모둠별로 자유롭게 하도록 두어도 좋다.

(1) 마인드맵으로 느낌 나누기

마인드맵은 1971년 영국의 토니 부잔Tony Buzan이 창시한 학습 기법으로, 읽고 생각하고 분석하고 기억하는 모든 것을 마음속에 지도를 그리듯 하는 독특한 방법이다. 복잡한 사고를 방사형 형태로 시각적인 지도를 그려가며 정리해나가는 방법이다.

그림책을 읽은 후 등장인물, 사건, 주제나 키워드를 하나 선택하고 스토리를 구조화하여 마인드맵으로 표현하게 한다. 마인드맵 활동은 책을 전체적으로 연상하여 서로의 관계를 연결해볼 수 있고, 자신이 의미있게 생각하는 부분이 무엇인지를 생각해보게 한다.

〈학생들이 표현한 마인드맵〉

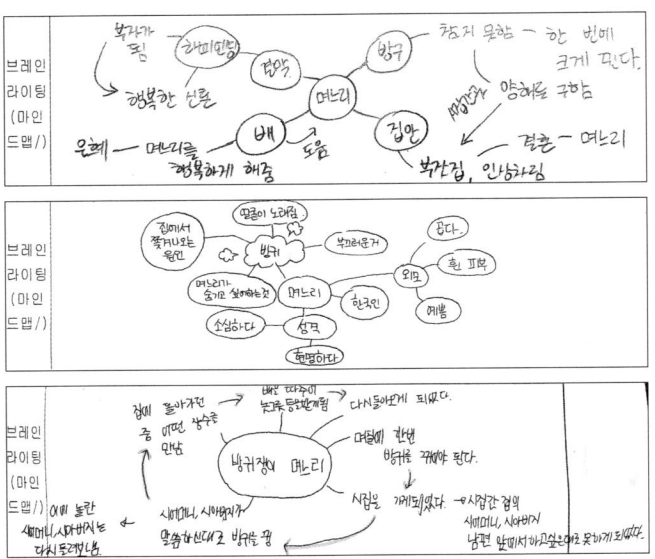

(2) 그림으로 표현하기

그림책의 첫 느낌을 그림으로 표현하게 하면 학생들은 대부분 자신이 가장 강렬한 느낌을 받은 장면을 따라 그린다. 그것은 그림책의 여러 장면 중 그 장면이 유독 본인의 마음 상태에 가장 와닿거나 질문이 발생하는 지점이 될 수 있으므로 교사는 이 부분도 유의미하게 보아야 한다.

〈학생들이 표현한 이미지〉

3. 개인 질문 만들기

그림책을 읽고 떠오르는 질문을 개인별로 2개 정도로 만들어본다. 이때 교사는 1인당 질문 개수를 정해주는 것이 좋다. 미리 정해주지 않으면 주어진 시간에 개인별로 질문의 개수에 차이가 많이 나며, 질문을 하나도 만들지 않고 모둠에 무임승차하려는 학생이 발생할 수도 있다. 각자 2개씩 만들게 되면 4인 1모둠인 경우 8개의 질문이 나오므로 그중에서 대표 질문 1개를 선정하게 한다. 학생들이 처음 질문 만들기를 할 때는 매우 당황한다. 질문을 만들어본 경험이 없기 때문이다. 학생들은 주어진 질문에 정답을 찾는 경우가 일반적이었다. 따라서 질문을 만드는 수행 활동은 매우 낯선 경험이다. 이때 질문에 위계가 있다거나 유형을 구분하라는 등의 발언을 하지 않는 것이 좋다. 학생들의 창의적 사고를 향상하기 위하여 질문의 유형에 개방적이어야 한다. 즉 모든 질문은 의미 있고 좋은 질문이 될 수 있다는 점을 말해준다. 다만 그림책의 경우 텍스트와 함께 그림도 주의 깊게 보아야 하고, 그림에서도 질문이 나올 수 있다는 점 역시 강조해야 한다.

학생들이 만든 개인 질문은 다음과 같다.

(1) 방귀

· 결혼 전에 친정에서는 방귀를 어떻게 뀌었을까?

· 방귀 뀌는 것은 생리적 현상인데 왜 숨겨야 하는 것인가?

· 며느리는 왜 시댁에서 방귀 뀌는 것을 참았을까?

· 며느리의 방귀 능력을 사회를 위해 활용할 수 있는 방법은 없을까?

· 며느리의 방귀 뀌는 능력은 단점인가, 장점인가?

· 며느리가 아닌 다른 식구가 방귀를 이 정도로 뀌었다면 집에서 내쫓았을까?

· 왜 결혼 전에 방귀에 대한 사실을 말하지 않았을까?

· 여성의 조신함, 여성스러움, 의무, 가부장적 분위기를 강요받았던 사회에서 주인공이 남자였어도 방귀를 뀌지 못하고 쫓겨나야 했을까?

(2) 인물

· 남편은 아내가 내쫓겼을 때 왜 가만히 있었을까?

· 남편은 아내를 사랑하지 않았나?

· 만약 나라면 며느리처럼 다시 시댁으로 갔을까?

· 며느리를 내쫓는 시아버지를 나쁘다고 비난할 수 있을까?

· 시아버지는 며느리가 좋은가, 재물이 좋은가?

(3) 결혼 제도

· 방귀 때문에 쫓겨났다면 오늘날에도 이런 이유로 이혼할 수 있는가?

· 다시 시댁으로 돌아간 며느리는 과연 편안하게 잘살았을까?

(4) 물질 만능주의

- 시아버지가 며느리를 다시 집으로 데리고 가는 이유는 무엇일까?
- 주인의 허락 없이 배를 따는 것은 불법 아닌가?

(5) 그림

- 며느리는 왜 항상 종을 들고 있을까?
- 방귀를 뀔 때의 장면이 화려한데, 작가는 왜 이렇게 예쁘게 그렸을까?
- 왜 방귀 뀌는 장면을 이렇게 요란하고 화려한 색깔을 사용하여 그렸을까?

4. 모둠 대표 질문 선정하기

모둠 내에서 개인별로 만든 질문들을 살펴보면서 대표 질문을 선정하기 위한 토의를 진행한다. 서로 자신의 질문 의도와 배경을 말하고 상호 토의를 통하여 가장 토론하기 좋은 질문을 선정한다. 모둠별로 한 개씩 질문을 선정하고 칠판에 작성한다. 1차시에 대표 질문 수는 최대 5~6개를 넘지 않도록 한다. 질문이 많으면 많을수록 좋겠지만, 시간상 제약이 있고 전체 학급 구성원이 함께 생각하는 것이 궁극적인 목적이기 때문이다. 어떤 경우 2~3개 모둠에서 선정된 대표 질문 내용이 비슷하여 겹칠 수 있다. 그런 경우에는 먼저 나와서 칠판에 쓴 모둠에게 우선권이 있다는 규칙을 정해두는 것이 좋다. 따라서 뒤늦게 같은 대표 질문이 선정된 경우 나중에 나온 모둠은 다른 질문으로 바꾸어야 한다. 토론에 참여하는 학생 수가 적은 경우에는 모둠 대표 질문 선정하기를 생략할 수 있다. 그럴 경우에는 각자 개인 질문 1개씩을 칠판에 작성하고 바로 학급 전체 대표 질문을 선정하면 토론을 진행할 수 있다.

학생들이 선정한 모둠별 대표 질문은 다음과 같다.

1모둠: 며느리는 시댁에서 방귀를 왜 참았을까?

2모둠: 시아버지는 며느리보다 재물이 더 중요했나?

3모둠: 남편은 아내가 내쫓겼을 때 왜 가만히 있었을까?

4모둠: 방귀 뀌는 능력은 며느리의 단점인가, 장점인가?

5모둠: 왜 시집오기 전에 자신의 비밀(방귀)을 말하지 않았을까?

6모둠: 방귀쟁이 며느리는 다시 시댁으로 돌아가야 할까?

그 외 다른 모둠 대표 질문들

· 왜 방귀 뀌는 장면을 이렇게 요란하고 화려한 색깔을 사용하여 그렸을까?

· 주인의 허락 없이 배를 따는 것은 불법 아닌가?

· 만약 나라면 며느리처럼 다시 시댁으로 갔을까?

· 남편은 아내를 사랑하였을까?

· 결혼 전에 친정에서는 방귀를 어떻게 뀌었을까?

5. 학급 대표 질문 선정하기 1

학생들이 칠판에 모둠별 대표 질문을 모두 쓴 후에 교사 주도로 전체 토론을 진행한다. 이 단계에서는 먼저 교사가 각 모둠별로 질문이 생성된 이유를 묻고, 질문의 의미를 명확히 하여 중심 주제나 개념을 이끌어내고, 다시 파생될 수 있는 주제나 개념으로 확장시키는 토론을 진행한다. 이러한 대화식 질문 방법은 소크라테스 대화법에서 아이디어를 얻어 수업에 도입하게 되었다. 대개 학생들은 질문의 의미를 명확히 잘 모르는 경우가 있어서 이를 통해 토론이 불명확해질 수 있다. 이를 확인하는 과정이 필요함을 깨닫게 되었다.

첫째, 질문이 도출된 이유와 배경을 질문한다. 먼저 그 질문이 왜 궁금해졌는지를 물어본다. 즉 질문에 대한 질문을 하는 것이다. 질문의 의도와 배경을 물으면 대체로 학생들이 어느 부분에서 호기심을 느끼는지, 왜 그것이 궁금한지, 또는 어떤 부분을 잘 모르고 있는지 등 교사는 학생들의 관심 분야를 빠르게 파악할 수 있다. 학생들이 궁금해 하는 부분에서 시작하면 다른 학생들도 서로 비슷하다는 반응을 보이거나, 그와 정반대인 경우 새로운 질문을 도출할 수 있다.

둘째, 중심 개념이나 주제를 끌어내도록 교사가 발문하며 토론을 진행한다. 학생들이 만든 질문을 중심으로 토론을 이끌어가는 과정에서 교사는 주어진 교육 과정상 의미 있는 개념을 도출할 수 있다. 따라서 교사는 질문의 의미를 잘 분석하여 핵심이 되는 개념을 잡아내고 그에 대한 적절한 발문을 통해 학생들의 생각을 자연스럽게 중심 개념으로 이끌어가도록 진행한다.

셋째, 도출된 개념, 주제와 관련된 다른 주제, 개념으로 확산하는 토론을 진행한다. 교사는 원 질문의 주제나 개념에서 관련이 있는 주제나 파생되는 개념으로 확장하는 질문을 한다. 이러한 과정을 통해 학생들은 하나의 주제나 개념에서 새로운 개념으로 연결짓기, 확장하기를 경험한다.

6모둠의 질문은 "며느리가 다시 시댁으로 돌아가야 할까요?"로 정해졌다. 먼저 학생들에게 이 질문이 나오게 된 배경, 이유를 다시 묻는다.

학생 1: 며느리가 다시 시아버지를 따라서 시댁으로 가는 것이 이상했어요. 저라면 시댁으로는 돌아가지 않을 것 같아요. 시댁에서 방귀 때문에 쫓겨났는데, 놋그릇과 비단을 얻게 되었다고 다시 시아버지를 따라가는 것을 이해할 수 없어요. 시댁에서는 이 며느리를 더 이상 가족으로 생각하지 않는 것 같은데 말이죠.

학생 1의 의견은 방귀 때문에 구박을 받았다가 놋그릇과 비단 때문에 다시 시댁으로 간다는 것을 이해할 수 없다는 것이었다. 다른 모둠의 생각도 그럴까? 의견을 들어보았다.

학생 2: 제 생각에는 며느리가 시아버지를 따라 시댁으로 간 것은 잘한 행동이라고 생각합니다. 당시 가부장 중심 사회에서는 시댁에서 내쫓김을 당한다는 것은 가문의 수치이므로 친정으로 돌아가더라도 쫓겨난 딸을 받아주기가 어려울 것 같아요. 만약 친정에서 받아주지 않는다면 혼자 살아야 하는데, 그것은 더 힘들 것 같아요. 따라서 시댁으로 돌아가는 것이 며느리 입장에서는 최선의 선택이라고 생각합니다.

학생 2의 생각은 가부장 중심의 사회 분위기에서는 며느리가 친정으로 가는 것도 쉽지 않았을 것이라는 의견이다. 학생이 이러한 답변을 하는 과정에서 교사는 '가부장 제도'와 '결혼 제도와 여성'이라는 핵심 키워드를 칠판에 적고 개념을 이끌어내는 질문을 한다.

학생 3: 저는 며느리를 쫓아낸 시댁보다 친정으로 가야 된다고 봅니다. 시댁에서는 이 며느리를 가족으로 대하지 않은 것 같습니다. 정말로 며느리를 가족으로 생각했다면 아무리 방귀를 심하게 뀐다고 해도 쫓아내지는 않았을 것이라고 봅니다. 다른 해결 방법을 찾았어야 한다고 생각합니다.

학생 4: 왜 시아버지가 쫓아내는데 그 남편은 가만히 보고만 있었던 걸까요? 남편은 자기 아내가 쫓겨나는데도 아무런 행동도 하지 않았습니다. 이건 좀 말이 안 된다고 생각해요.

학생 3, 4의 의견을 들으며 옛날 가부장 중심 사회에서 집안의 중요한 일을 결정하는 권한이 누구에게 있었는지, 또한 진정한 가족의 의미는 무엇인지에 대해 서로 이야기해보도록 하고, 학생들의 생각을 들으며 뽑아낸 중요한 개념들을 칠판에 적는다.

과거에 비하면 오늘날 남녀 평등사상이 많이 확산되었고, 남성에 비해 상대적으로 낮았던 여성의 사회적 지위도 향상되었음을 설명한다. 학생들 입장에서 볼 때 오늘날 결혼 생활에서는 양성평등이 어느 정도 실현되었다고 생각하는지 학생들의 생각을 다양하게 표현할 수 있도록 토론을 진행한다.

학생 5: 당시 여성들에게 결혼은 너무나 불합리한 점이 많은 제도였다고 생각합니다. 애초에 며느리가 시댁에서 방귀를 참다 보니 이런 일도 생긴 것이죠. 결혼하기 전 친정에서는 방귀를 이렇게까지 심하게 뀌지는 않았을 텐데, 시집을 와서 참다 보니 집안이 풍비박산이 나는 지경까지 온 겁니다. 왜 며느리는 결혼하고 방귀를 참으려고만 했을까요? 사정을 말하고 욕구를 해소했으면 좋지 않았을까요?

학생 6: 저는 며느리가 독립을 했으면 더 좋을 거라고 생각합니다. 며느리가 이 정도로 방귀를 뀌는 능력을 가진 것은 어찌 보면 장점이 될 수도 있습니다. 청실배나무의 배를 딴 것처럼 자기 능력을 계발하여 여자가 혼자 살기 힘든 시대라고 해도 결혼하지 않고 당당하게 혼자 살 수 있는 방법을 찾는 것도 좋지 않을까요? 반드시 결혼이라는 제도 속에 살아야 할 필요는 없지 않나요?

　학생 7: 오늘날에도 양성평등이 완전히 실현된 건 아닌 것 같아요. 저희 엄마는 친할아버지 댁을 방문하는 것을 불편해 하셔요. 아빠가 외할아버지 댁을 갈 때와는 조금 다른 것 같아요. 특히 명절 때 친할아버지 댁에서 차례 상 준비에서부터 정리까지 여자들은 거의 쉬지 못하고 일하는데, 남자들은 텔레비전을 보거나 잠만 자요. 명절이 끝나면 늘 엄마와 아빠는 부부싸움을 하시더라고요. 그런 면에서 아직도 남녀 불평등 문제는 남아 있는 것 같아요.

　학생 8: 맞아요. 우리 집도 그래요. 아직도 우리 사회에서 남녀차별은 남아 있는 것 같아요.

　여러 학생들의 의견을 들으며 오늘날에도 가족 내에서 남녀간 양성평등 문제와 관련하여 해결해야 할 과제가 남아 있다는 식으로 내용을 정리하며 전체 토론을 마무리한다.

　질문을 확장하는 토론을 진행하는 과정에서 가장 유의해야 할 점은 교사가 먼저 답변을 하려고 하거나 자신의 생각을 강요해선 안 된다는 것이다. 교사는 질문에 대해 질문하고, 학생들의 답변이 나오면 그러한 생각에 대해 다른 학생들은 또 어떻게 생각하는지를 물어보고 연결해주는 터미널과 같은 역할을 해야 한다. 그렇다고 교사의 역할이 단순하다고 말해서는 안 된다. 실제로 질문식 토론을 진행하는 이 과정이 그림책 토론 수업에서 고도의 전문성이 필요한 지점이라고도 말할 수 있다. 왜냐하면 학생들의 대화 과정에서 중요한 개념을 잡아내고 그것을 다시 질문으로 연결하는 과정이 교사가 해야 할 역할이기 때문이다. 교사가 답변을 하는 것이 아니라 학생들의 대화를 잘 듣고 무엇이 핵심인지를 빠르게 파악해야만 질문을 연결하고 주제와 개념으로 확장되는 토론을 진행할 수 있다.

6. 학급 대표 질문 선정하기 2

모둠 질문 중에서 다수결로 학급 전체 대표 질문을 선정한다. 각자 토론하고 싶은 질문이 여러 개 있을 수 있으므로 개인별로 두 번씩 손을 들어 자유롭게 투표할 수 있게 해주는 것이 좋다. 학생들은 대개 자신의 모둠에서 나온 질문에 애착이 있어서 한 번 투표할 경우 자신의 모둠 질문으로 표가 몰릴 수 있다. 그렇게 되면 하나의 학급 질문을 선정하기가 어려울 수 있다. 따라서 두 번씩 투표하게 되면 다른 모둠의 질문에서도 대표 질문을 선정할 수 있으므로 좀더 나은 질문을 학급 대표 질문으로 선정하기가 훨씬 수월하다.

학습 대표 질문은 다음과 같이 선정되었다.

- 방귀쟁이 며느리는 시댁으로 가야 할까, 친정으로 가야 할까?
- 방귀쟁이 며느리는 시댁에서 방귀를 참아야 하는가?
- 방귀쟁이 며느리를 쫓아낸 시아버지의 행동은 옳은가?
- 방귀쟁이 며느리가 결혼 전에 방귀에 대하여 숨긴 것은 이혼 사유가 될까?

"방귀쟁이 며느리는 시댁으로 가야 할까, 친정으로 가야 할까?" 라는 대표 질문을 두고 토론을 하면서 학생들은 자신의 이야기를 자유롭게 펼쳐냈다. 자연스럽게 나눈 대화 속에서 학생들은 서로의 의견을 존중하며 가부장적 사회에서 양성간 차별이 어떤 것인지, 오늘날 우리 일상생활에서 양성평등이 실현되지 않는 부분은 무엇인지 이야기하고 결혼과 가족제도, 인권에 대해 깨닫고 배울 수 있었다.

7. 학급 대표 질문을 토론 논제로 만들기

선정된 학급 대표 질문을 다음 차시 토론 수업을 위한 논제로 만들려면 교사가 전문성을 갖춰야 한다. 가치 논제든 정책 논제든, 논제의 형식에 맞게 다듬는 작업이 필요하기 때문이다. 그림책으로 토론 수업을 하는 경우에는 대체로 가치 논제로 도출된다. 그러나 교육과정상의 성취 기준이나 우리 사회의 현실을 반영하여 학생들에게 의미 있고 시의성 있는 정책 논제로 만들 수도 있다. 이때 교사가 논제에 대한 설명을 간단히 한 후에 선정된 학급의 대표 질문을 논제로 다듬는 작업을 학생들과 함께해볼 수 있다. 《방귀쟁이 며느리》 책으로 도출된 토론 논제는 다음과 같다.

(1) 가치 논제
- 방귀쟁이 며느리는 친정으로 가야 한다.
- 방귀쟁이 며느리는 시댁에서 방귀를 참아야 한다.
- 방귀쟁이 며느리를 쫓아낸 시아버지의 행동은 잘못이다.
- 방귀쟁이 며느리가 결혼 전 방귀에 대해 숨긴 것은 이혼 사유이다.

(2) 정책 논제
- 결혼 전 중요한 정보는 서로 공개해야 한다.

8. 논증 게임으로 토론하기

(1) 준비

모둠별로 자리에 앉도록 배치한다. 모둠별 인원은 3~4명이 적당하다. 이때 교사는 학급 인원을 고려하여 모둠의 수가 짝수가 나오도록 한다. (모둠별 활동지를 교환해야 하므로 가급적 모둠 수는 짝수가 되도록 인원을 조정한다.) 모둠별로 매직펜 세트와 전지를 2등분하여 모둠별로 각 1장씩 나누어준다.

(2) 수업 절차

첫째, 논제 선정하기: "며느리는 친정으로 가야 한다"라는 논제로 논증게임 토론 수업을 진행한다.

둘째, 논증 구조 설명하기: 주장-이유-근거-연결고리(전제) 구조를 간략히 설명한다. 논증 구조를 설명할 때에는 간단한 예시문을 칠판에 적어두면 학생들이 쉽게 이해한다. 예시문은 다음과 같다.

논증 구조 예시문

논증	내 용
주장	철수가 반장이 되어야 한다.
이유	왜냐하면, 철수는 성실하기 때문이다.
연결고리	철수가 성실하다면, 반장이 되어야 한다.
근거	예를 들면, 1학기 동안 철수는 학급 청소시 분리수거를 도맡아서 열심히 해왔다.

셋째, 전지 활용 방법 설명하기: 모둠별로 전지와 매직펜을 배부한다. 교사는 칠판에 아래 양식을 그려서 보여주고 모둠별로 학생들이 함께 전지를 접어 양식을 통일하도록 한다.

넷째, 1차 찬성 입론 논증 구성하기: 학급원 전체가 찬성 측이 되어 논증 구조에 따라 모둠별로 각각의 입론을 구성하고 전지에 문장

〈전지의 활용〉

논제 :		모둠원 이름 : ○○, ○○, ○○
<찬성 입론>- 자기 모둠 작성	<반론>- 다른 모둠 작성	<재반론>- 본 모둠 작성
1. 이유 : 　근거 : 　연결고리 :	→ → →	→ → →
2. 이유 : 　근거 : 　연결고리 :	→ → →	→ → →

형식으로 표현한다. 모둠원이 합심하여 할 수 있도록 지도한다.

다섯째, 2차 반론하기: 2개 모둠씩 짝을 지어 타 모둠의 논증을 검토한다. 1차 찬성 입론을 비슷한 시간대에 완성한 모둠끼리 자리를 이동한다. 모든 모둠이 같은 시간에 이동하는 것이 원칙이지만, 모둠별로 1차 찬성 입론을 완성하는 시간이 제각기 다르므로 비슷한 모둠끼리 자리를 바꾸어 2차 반론을 작성하도록 한다.

여섯째, 3차 재반론하기: 타 모둠이 검토한 내용을 토대로 자기 모둠의 논증을 탄탄하게 세운다.

일곱째, 발표하기: 전체 모둠 중 잘된 논증을 구성한 1~2개 모둠을 선정하여 발표하도록 한다.

(3) 논증게임 학생 활동

9. 글쓰기로 입장 정리하기

토론이 마무리된 뒤에는 토론 내용을 내면화하기 위한 생각 표현 활동이 중요하다. 글쓰기가 대표적인 방법이지만 그림 그리기, 역할극 등 다양한 표현 활동 방법을 활용하면 더욱 좋다.

다음은 방귀쟁이 며느리 책으로 토론 수업을 한 후 학생들이 쓴 간략한 논술이다.

> 방귀쟁이 며느리는 다시 시댁으로 가야 한다. 방귀쟁이 며느리는 친정으로 돌아가던 중 배나무에서 배를 떨어뜨리고 비단과 놋그릇을 받아 다시 시댁으로 돌아간다. 그런데 여기서 다시 친정으로 돌아가야 한다는 주장이 나올 수 있는데, 나는 며느리가 친정으로 돌아가지 않아도 된다고 생각한다. 왜냐하면 며느리의 방귀가 항상 피해를 주는 것은 아니기 때문이다. 물론 처음에는 시댁을 풍비박산 낼 정도로 엄청난 피해를 입혔다. 그리고 책의 후반부에서는 방귀를 통해 비단과 놋그릇을 얻어 엄청난 재산을 얻을 수 있었고 시아버지도 다시 며느리에게 집으로 가자고 하였다. 이는 며느리의 방귀가 피해보다는 이득을 얻을 수도 있는 장점으로 바뀔 수 있음을 보여준다.
>
> _위례고 고○○

> 방귀쟁이 며느리는 친정으로 돌아가야 한다. 왜냐하면 시댁에서는

며느리를 단지 재물을 얻는 존재로 생각하기 때문이다. 며느리의 방귀로 집안이 망가지자 며느리를 친정으로 돌려보내려고 한다. 그러나 배나무에서 배를 딴 대가로 비단과 놋그릇을 얻게 되자 다시 시댁으로 가자고 한다. 이는 며느리를 가족으로 보는 것이 아니라 물질을 얻을 수 있는 수단으로 보는 것이다. 물론 당시 사회의 분위기상 며느리가 친정으로 돌아가는 것도 쉽지 않은 일이다. 그러나 친정에서도 자신의 딸이 돌아오는 것을 거부하지는 않을 것이다. 며느리를 재물 취급하는 시댁보다는 친정으로 돌아가는 것이 더 나을 것이다.

_위례고 박○○

며느리는 시댁에서 방귀를 참을 필요가 없다. 방귀는 인간이라면 모두 겪는 생리적 현상이다. 따라서 이러한 생리적 현상을 참아야 할 필요는 없다. 생리적 현상을 참을 경우 건강에 이상이 생길 수 있다. 실제로 이 책에서도 며느리가 시댁에서 방귀를 계속 참았을 때 얼굴이 누렇게 변하고 힘들어 했다. 물론 며느리가 방귀를 뀌었을 때 집이 날아갈 정도로 위력이 컸다는 점은 문제이다. 그러나 이것도 방귀를 참았기 때문에 생긴 일이다. 따라서 타인에게 해를 끼치지 않는 범위 내에서 생리적 현상을 해소하는 것은 인간의 당연한 권리이므로 며느리는 방귀를 참을 필요가 없다고 생각한다.

_위례고 박○○

생리적 욕구 문제 해결로부터
인간 해방의 문제에 이르기까지

학생들과 함께 즐겁게 토론한 수업 중 하나가 바로《방귀쟁이 며느리》그림책이다. 소재가 '방귀'이다 보니 너도나도 어릴 적 추억을 떠올리며 자신의 경험담을 실어 초등학생처럼 재잘거리다 한바탕 웃음판이 벌어지기도 한다. 여기에 신세정 작가의 그림도 한몫을 하여 학생들은 토론을 하며 그림 한 장면, 한 장면을 자세히 들여다보기도 한다. 또 어떤 학생은 그림책의 한 장면을 재창작하여 유머러스하게 표현하기도 한다.

며느리는 왜 시댁에서 방귀를 참아야 하는지부터 이야기가 시작되어 남편과 시아버지, 시어머니 등 그림책에 등장하는 인물과 집

안에서의 역할과 지위별로 적나라한 비판과 동조, 추론이 난무한다. 결국 방귀쟁이 며느리와 오늘날 며느리의 삶을 비교해볼 때 사회적 지위는 어떻게 달라졌는지, 한 집안의 구성원들의 역할과 서로에 대한 상호작용은 어떤 변화가 있는지도 생각해볼 수 있었다. 이처럼 학생들은 한 권의 그림책을 매개로 토론을 하며 사실과 가치, 근거와 이유 구분, 논리적 비판과 창의적 생각, 공감과 배려의 눈길, 예리한 질문과 답변 등을 공유한다. 수십 번 주입해도 가르치기 쉽지 않은 사회적 가치와 문제 해결에 관한 쟁점을 그림책 한 권으로 즐겁게 토론하며 배울 수 있었다. 어려운 사회적 주제의 쟁점들이 학생들의 주체적인 생각과 입말로 공유될 수 있음을 확인한 시간이었다.

〈참고문헌〉

조월례 외, 《북북서로 진로를》, 나무늘보, 2013.

조셉 윌리엄스·그레고리 콜럼 지음, 윤영삼 옮김, 《논증의 탄생》, 홍문관, 2013.

경기도토론교육연구회, 《교사 토론교육 직무연수자료집》, 2015.

경기도토론교육연구회, 《전국토론교육페스티벌 자료집》, 2016.

권현숙, 〈그림책 독서토론 수업모형 연구〉, 경기도수업실기연구대회보고서, 2011.

권현숙, 〈그림책 활용한 교육과정·수업·평가 일체화사례〉, 《전국토론교육페스티벌자료집》, 경기도토론교육연구회, 2016.

권현숙, 〈그림책 독서토론 수업 원리와 실습〉, 《경기도토론교육연구회강의자료집》, 2016.

권현숙, 〈교실 수업에 적용할 수 있는 사회과 토론 수업의 원리와 실제〉, 《경기도학교밖전문적학습공동체연수자료》, 2016.

권현숙, 〈고등학교 사회과 교육과정·수업·평가 일체화 사례〉, 《경기도교수평일체화강의자료》, 2016.

Book Talk 10

토론 주제: 자아 정체성, 통제와 금기, 안전과 자유, 공동체 규칙과 개인의 권리

도시 '물'의 규칙은 정당한가?

| 권현숙 |

《고슴도치 X》
노인경 글·그림, 문학동네어린이, 2014

진정한 나의 본모습을 찾아가는 용기

완벽하고 세련된 고슴도치들의 도시 '올'. 뾰족한 것을 금지하고 외부와는 완전히 차단된 그들만의 도시에서, 주인공 고슴도치는 도서관 청소를 하게 된다. 청소 중 금지된 책을 우연히 발견하게 되고, 이로 인해 고슴도치는 자신의 진짜 모습이 뾰족한 가시에 있다는 것을 알게 된다. 자기의 본 모습을 찾고자 부단히 훈련한 고슴도치는 마침내 자유자재로 뾰족한 가시를 세울 수 있게 되었다. 결국 주인공 고슴도치는 도시를 벗어나 혼자 자유롭게 숲 속으로 간다.

사회 질서 유지를 위한 각종 규범들은 어느 순간 각자의 개성을 무시하고 똑같은 삶을 살아가는 인간과 사회 구조를 만들어놓았다. 같은 학교를 다니고, 같은 교육을 받고, 같은 인생 목표를 갖고, 똑같은 꿈을 꾸며 그렇게 어른이 된다. 진정 나다운 모습이 무엇인지 찾으려 하지 않게 되었고, 또 찾고자 하지만 쉽지 않다. '하면 되는 것'보다 '하지 말아야 할 것'이 점점 더 많아지는 세상이다. 도시 '올'은 어쩌면 우리의 현실과 너무나 닮았다.

찬반패널토론

찬반패널토론이란?

정반대의 주장을 가진 패널들이 팀을 이루어 찬반 토론을 펼치는 것을 찬반패널토론이라고 한다. 패널들은 각자 맡은 역할에 따라 토론 주제(논제)에 대해 자기 팀 주장의 옳음을 논증을 통해 입증하고, 상대방 주장의 논리적 허점을 찾아 반박함으로써 좀더 합리적이고 타당한 문제 해결을 위해 함께 노력하는 토론을 펼치게 된다.

찬반패널토론은 절차상 네 단계로 이루어진다. 첫째는 입론 과정이다. 입론은 자기의 견해를 정당화하기 위하여 논리적 이유와 실제 증거를 제시하며 핵심 주장을 펼치는 절차이다. 둘째, 확인 질문

과정이다. 이는 상대방의 입론에 담긴 논리적 모순과 실제 증거의 타당성 등에 문제가 있음을 짚어주는 확인 질문을 함으로써 상대방 논리의 허점을 드러내는 과정이다. 셋째, 반박 과정이다. 새로운 논리나 증거를 제시하는 것이 아니라 이제까지 나온 입론과 질문의 결과를 재정리하여 반박할 것은 반박하고 더 주장할 것은 강화하여 자기 측 주장을 정당화하는 절차이다. 넷째, 쟁점 정리 과정이다. 토론 과정에서 부딪힌 핵심 쟁점을 분석하여 쟁점별로 정리하고 자신의 입장이 상대방 입장과 비교하여 어떤 점에서 논리적으로 타당한지, 어느 측이 해당 논제의 문제를 해결하기 위해 더 노력하였는지 최종적으로 정리하고 마무리 발언을 하는 과정이다.

본 토론 수업 모형은 1단계에서 찬반패널토론이 진행된 이후 2단계에서 패널과 토론 배심원들 간의 심화 토론이 함께 이루어지는 수업 모형으로, 이 토론 수업의 특징은 다음과 같다.

첫째, 1단계 패널 토론에서는 학생 사회자의 진행에 따라 양 팀 패널이 중심이 되어 찬반 토론을 펼치고, 나머지 배심원들은 토론 내용을 잘 듣고 핵심 쟁점과 질문을 메모하며 주의 깊게 토론을 경청한다. 2단계 심화 토론에서는 교사의 진행에 따라 패널과 배심원들 간의 질의응답 및 논박형의 찬반 토론이 펼쳐지게 된다.

이러한 토론 수업에서는 팀별 전략 및 협력과 더불어 개인의 토론 역량, 경청 능력도 필요하다. 그래야 학급 구성원이 20명을 초과

할 경우 전체가 동시에 토론할 때 나타날 수 있는 소란스러움과 집중의 어려움을 해소할 수 있다. 교사로서도 학생의 개별 토론 능력을 정확하게 평가할 수 있으며, 배심원들의 질문 도출 능력과 쟁점 파악 여부를 확인할 수 있다. 다만, 패널 토론자의 경우 입론, 반론 등 찬반 토론의 기본적인 절차와 방법을 익힌 후 토론을 수행해야 하고, 배심원들이 토론을 잘 경청할 수 있도록 교사의 전문적인 토론 교수 및 평가 역량이 필요하다.

찬반패널토론을 할 때 유의할 점은 다음과 같다.

첫째, 찬성과 반대 토론을 담당하는 양 팀의 패널은 3인 또는 4인으로 진행하는 것이 좋다. 토론 패널이 더 많은 경우 집중력이 흐트러지고 논의 쟁점도 너무 많아질 수 있기 때문이다.

둘째, 찬반 의견이 한쪽에 기울지 않고 팽팽히 나뉘는 논제를 선정하는 것이 중요하다.

셋째, 토론 전에 모둠원이 논증 구조에 따른 토론 개요서를 함께 작성한다. 자신이 맡은 발언이 다르더라도 주요 쟁점과 이유 등을 서로 협의하여 구성해야 상대방의 반론에 전략적으로 대비할 수 있다.

넷째, 패널 토론자와 배심원 모두 토론의 순서, 방법, 절차, 규칙을 사전에 알고 있어야 한다. 교사가 사전에 설명하여 학생들이 토론의 형식을 이해하도록 안내한다.

토론 모형 흐름도

1. 논제 선정하기

2. 찬반 양측의 패널 선정하기(3대3)

3. 찬반 토론하기

4. 패널의 토론 내용에 대해 배심원과 질의 및 답변하기

5. 토론 판정하기

6. 토론 쟁점 정리 및 피드백하기

수업 흐름도

1. 그림책 읽기

2. 생각 펼치기: 마인드맵과 그림

3. 개인 질문 만들기

4. 모둠 대표 질문 선정하기

5. 학급 대표 질문 선정하기

    가. 질문이 선정된 이유나 배경 물어보기

    나. 질문의 중심 주제나 개념 파악하기

    다. 원질문의 주제나 개념에서 파생되는 주제나 개념으로 확장하기

    라. 논제 선정하기

6. 토론하기 – 찬반패널토론

7. 표현 활동 – 논증적 글쓰기

수업 사례

1. 그림책 읽기 - 교사의 스토리텔링

그림책을 읽을 때는 교사가 책을 한 장 한 장 넘겨가며 천천히 읽어준다. 교실 수업 때 그림책을 들고 가면 간혹 어떤 학생들은 표지만 보고도 자신이 읽어주고 싶다고 자원하는 경우가 있다. 그런 경우에는 학생이 읽어주도록 한다. 가급적 교사가 읽어주는 것을 권하고 싶다. 교사는 사전에 그림책을 읽었기 때문에 읽기의 템포나 빠르기 조절, 스토리 전체의 느낌 전달, 쉬어가야 할 곳, 그림에서 유의미한 장면 등을 생각하며 읽어줄 수 있어서 학생들이 듣기에 훨씬 더 감동적일 수 있다.

그림책 《고슴도치 X》 읽기 Tip

《고슴도치 X》는 '올'이라는 도시 내에서도 학교를 배경으로 한 이야기로, 아이들이 친근감을 느끼고 이야기에 잘 빠져든다. 독특한 거리 모습, 단순하지만 절제된 고슴도치의 독특한 표정, 학교에서 볼 수 있는 각종 금지 사항, 단체 생활의 규칙 등이 그림 곳곳에 명패처럼 제시되어 있는 것도 현실감 있다. 읽기에는 다소 어려울 수 있으나 하나의 화면을 여러 형태로 2분할, 3분할한 구성도 독특하고, 이미지에 따른 글자의 배치 역시 독창적이고 세련되었다. 세밀화로 그리되 옅으면서도 화사한 색감, 강렬한 붉은색, 검정색 등 이야기 흐름에 따라 색상의 변화도 다채로워 그림을 보는 재미와 함께 무한한 상상을 가능케 한다.

교사가 그림책의 본문 내용을 천천히 읽어준다. 《고슴도치 X》는 표지에서부터 학생들의 눈길을 끌기에 충분하다. 수채화로 은은하게 그려놓은 표지의 "고슴도치 X"라는 글자도 고슴도치를 상징하듯 뾰족하다.

녹색 제목 위에 빨간색으로 그려진 고슴도치의 모습은 우리의 시선을 사로잡는다. 도대체 이 고슴도치에게 어떤 일이 일어날지 읽어주기도 전에 학생들은 궁금해 한다.

《고슴도치 X》는 작가의 톡톡 튀는 아이디어와 위트가 돋보이는 흥미로운 설정에 탄탄한 서사 구조와 섬세하고 활기찬 그림이 더해진 작품이다. 곳곳에 학생들이 재미있어 할 만한 유머러스한 장치들

〈학생들이 표현한 마인드맵〉

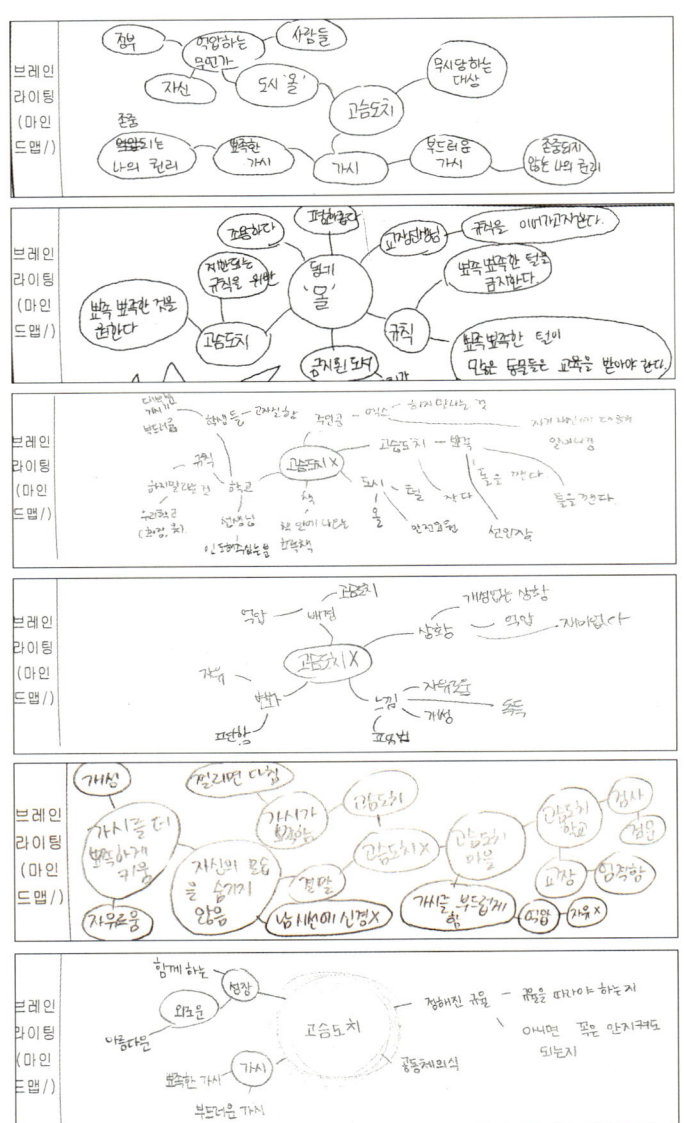

이 있어서 읽는 재미를 더한다. 글이 무질서하게 퍼져 있거나 그림 곳곳에 배치되어 있어서 읽기가 다소 어려울 수 있으나, 포인트를 짚어가며 천천히 그림과 함께 읽어준다.

2. 생각 펼치기: 마인드맵과 그림으로 표현하기

(1) 마인드맵으로 표현하기

마인드맵은 읽고 생각하고 분석하고 기억하는 모든 것을 마음속에 지도를 그리듯 해야 하는 독특한 방법이다. 그림책을 읽은 후 학생 본인이 생각하는 키워드나 인물, 사건, 주제를 하나 선택하여 관련성을 찾아 구조화하고 연결해보게 한다. 마인드맵 활동을 통하여 그림책을 읽은 첫 느낌을 표현하게 하거나, 어떤 질문을 만들어야 할지 몰라서 당황하는 학생들이 스스로 의미있게 생각하는 부분을 연상하게 함으로써 지도를 그리듯 생각을 구조화할 수 있다. 이처럼 생각 펼치기 활동은 개인 질문 만들기 활동과도 연결되는 유용한 수업 활동이다.

(2) 그림으로 표현하기

그림책을 읽고 난 후 첫 느낌을 그림으로도 표현해보도록 한다. 이 경우 대개 학생들은 자신이 그림책에서 받은 가장 강렬한 느낌을 복사하거나 그림책 중 한 장면을 재구성하여 그리는 경우가 많다.

〈학생들이 표현한 이미지〉

학생들이 그림으로 표현한다는 것은 여러 장면 중에서 유독 본인의 마음 상태와 가장 비슷하거나 질문이 발생한 촉발점이라는 뜻이기도 하다. 교사는 이 부분도 유의미하게 관찰해야한다.

3. 개인 질문 만들기

그림책을 읽고 각자 떠오르는 생각을 질문 형태로 1~2개씩 만들어 본다. 이때 교사는 개인당 질문 개수를 정해주는 것이 좋다. 미리 정해주지 않으면 주어진 시간은 같은데도 개인별로 질문의 개수 차이가 많이 나며, 질문을 하나도 만들지 않고 모둠에 무임승차하려는 학생이 생길 수도 있다. 각자 2개씩 만들면 4인 1모둠인 경우 8개의 질문이 나오므로 그중에서 대표 질문 1개를 선정하게 한다.

학생들은 질문을 만들어본 경험이 거의 없다. 처음 질문 만들기 활동을 하는 경우 학생들은 대개 당황하게 된다. 이러한 수행 활동은 매우 낯선 경험이다. 일반적으로 수업에서 학생들은 주어진 질문에 대한 답을 찾는 경우가 많았기 때문이다. 따라서 유의해야 할 점은 교사가 좋은 질문을 하도록 요구하거나 질문의 단계나 유형을 구분하라는 식의 강요를 하지 않는 것이다. 학생들의 창의적 사고를 향상하기 위하여 질문의 유형이나 수준에 개방적이어야 한다. 즉 모든 질문은 의미 있고 좋은 질문이라고 언급해야 한다. 다만 그림책의 경우 텍스트와 함께 그림도 주의 깊게 보아야 하고 그림에서도 질문이 나올 수 있다는 점도 강조한다.

학생들이 질문을 만들 때 교사는 허용적인 분위기를 조성해야 한다. 이러한 토론 수업에는 정답이 없으며 어떤 종류의 질문도 유의미하다는 점을 강조하여 말해주어야 한다.

학생들이 만든 개인 질문은 다음과 같다.

(1) 도시 '올'에 대한 질문

- '올'은 정말 안전하고 세련된 도시인가?
- '올'은 완벽한 도시인가? 완벽한 도시가 꼭 좋은 도시인가?
- 공동체에서 규칙에 어긋나면 강제로 탄압해도 되는 것인가?
- 강제적인 평화는 진정한 평화인가?
- 도시에서는 왜 가시가 뾰족하면 안 되는 법을 제정했을까?

(2) 고슴도치에 대한 질문

- 고슴도치의 가시가 부드러워도 될까?
- 꼭 고슴도치는 '교양 있는' 고슴도치로 살아야 하는가?
- 공동의 안전을 위해 고슴도치의 선택권을 억압할 수 있는가?
- 가시를 세우는 것이 고슴도치의 본성인데 굳이 막을 필요가 있을까?
- 도서관에서 읽은 책은 고슴도치에게 어떤 교훈을 주었나?

(3) 책과 제목에 대한 질문

- 이 책에서 고슴도치를 주인공으로 설정한 이유는 무엇일까?
- 왜 그림책 제목이 '고슴도치 X' 일까?
- 마지막에 고슴도치는 왜 도시를 탈출하여 숲으로 갔을까?

· 고슴도치 X에서 'X'는 무엇을 의미하는가?

(4) 사회적 문제로 확장시키는 질문

· 왜 사회는 개인의 특성을 허용하지 않을까?

· 왜 고슴도치의 자유와 권리를 억압할까? 그 근거는 무엇인가?

· 고슴도치는 사회에 저항하면서도 어떻게 웃음을 잃지 않았을까?

· 이 책의 내용과 우리가 살고 있는 현실 사회는 어떤 면이 비슷할까?

· 주어진 틀에 맞춰 살지 않는 것은 과연 위험한 일일까?

· 현실에서 고슴도치처럼 행동할 수 있는 방법은 무엇일까?

· 현대 사회에서 부드러운 가시와 뾰족한 가시에 해당하는 것은 각각 무엇일까?

· 타인이 자신의 모습과 다르다고 흉보는 것은 과연 옳은가?

· 고슴도치가 가시를 세우는 일처럼, 자신의 꿈이 사회적으로 인정받지 못한다면 무엇을 선택해야 할까?

· 가시를 마음대로 세우지 못하도록 규제한 교장 선생님을 비롯한 여러 선생님들의 행동은 옳은가?

4. 모둠 대표 질문 선정하기

모둠 내에서 개인별로 만든 질문들을 살펴보면서 대표 질문을 선정하기 위한 토의를 진행한다. 서로 자신의 질문 의도와 배경을 말하고 상호 토의를 통하여 가장 토론하기 좋은 질문을 선정한다. 모둠별로 1개의 질문을 선정하고 칠판에 작성한다. 1차시에 대표 질문 수는 최대 5~6개를 넘지 않도록 한다. 질문이 많으면 많을수록 좋겠지만, 시간상 제약이 있고 전체 학급 구성원이 함께 생각하는 것이 궁극적인 목적이기 때문이다. 어떤 경우 2~3개 모둠에서 선정된 대표 질문의 내용이 비슷하여 겹칠 수 있다. 그런 경우에는 먼저 나와서 칠판에 쓴 모둠에게 우선권이 있다는 규칙을 정해두는 것이 좋다. 따라서 뒤늦게 같은 대표 질문이 선정된 경우 나중에 나온 모둠은 다른 질문으로 바꾸어야 한다. 토론에 참여하는 학생 수가 적은 경우에는 모둠 대표 질문 선정하기는 생략할 수 있다. 그럴 경우에는 각자 개인 질문 1개씩을 칠판에 작성하고 바로 학급 전체 대표 질문을 선정하면 토론을 진행할 수 있다.

학생들이 선정한 모둠별 대표 질문은 다음과 같다.

1모둠: '올'이라는 도시에서는 왜 가시가 부드러운 것이 안전한 것이라고 생각했을까?

2모둠: 도시민 선서(가시를 부드럽게 유지하는 것)는 도시민을 보호하는 것일까, 속박하는 것일까?

3모둠: 고슴도치는 도시 '올'의 규칙을 따라야 하는가?

4모둠: 도시 '올'의 규칙은 정당한가?

5모둠: 고슴도치 X에서 'X'는 무엇을 의미할까?

6모둠: 가시를 마음대로 세우지 못하도록 제압한 교장 선생님과 선생님들의 행동은 옳은가?

그 외 대표 질문들은 다음과 같다.

- 뾰족한 가시를 가꾸는 것을 금지시키는 것은 고슴도치의 자유를 뺏는 것이 아닌가?
- 타인이 자신의 모습과 다르다고 흉보는 것은 과연 옳은가?
- 마지막에 고슴도치는 왜 도시를 탈출하여 숲으로 갔을까?
- 고슴도치는 사회에 저항하면서도 어떻게 웃음을 잃지 않았을까?
- 이 책의 내용과 우리가 살고 있는 현실 사회는 어떤 면이 비슷할까?

5. 학급 대표 질문 선정하기 1

교사는 학생들이 만든 모둠별 대표 질문을 칠판에 쓰게 한 후 전체 토론을 진행한다. 이 단계에서는 먼저 교사가 각 모둠별로 질문이 생성된 이유를 묻고, 질문의 의미를 명확히 하여 중심 주제나 개념을 이끌어내고, 다시 파생될 수 있는 주제나 개념으로 확장시키는 발문을 하며 토론을 진행한다. 이러한 대화식 질문법은 소크라테스식 산파법에서 아이디어를 얻은 것이다. 학생들은 질문의 의미를 명확히 잘 모르거나 또는 의미는 명확한데, 문장 표현이 모호한 경우가 있다. 교사의 발문을 통해 이를 확인하는 과정이 필요하다.

첫째, 질문이 도출된 이유와 배경을 질문한다. 학생들이 만든 질문을 대상으로 그 질문이 왜 나오게 되었는지를 물어본다. 즉 질문에 대한 질문을 하는 것이다. 질문의 의도와 배경을 물으면 대체로 학생들이 어느 부분에서 호기심이 생기는지, 왜 그것이 궁금한지, 또는 어떤 부분을 잘 모르고 있는지 등 교사는 학생들의 관심 분야를 빠르게 파악할 수 있다. 학생들이 궁금해 하는 부분에서 시작하면 다른 학생들도 서로 비슷하다는 반응을 보이거나, 그와 정반대인 경우 새로운 질문을 도출할 수 있다.

둘째, 질문의 이유를 파악한 후 중심 개념이나 주제를 도출하는 토론을 진행한다. 학생들이 만든 질문은 간혹 교육과정에서 요구하는 개념에서 벗어나는 경우가 있다. 이런 경우에는 해당 질문에 대해 2~3번 다시 묻고 다른 사람들과의 의견 교환을 통해 깊이 있게 다루다 보면 교육과정상 성취 기준과 만나는 핵심 개념으로 발전하여 서로 연결되는 지점이 발견된다. 이때 교사는 중심 개념이나 핵심 주제를 칠판에 적으며 질문에서 파생된 것임을 상기시킨다.

셋째, 중심 개념이나 주제에서 연관될 수 있는 주제나 개념으로 확장하는 토론을 진행한다. 교사는 원질문의 주제나 개념에서 관련된 주제나 개념으로 확장하는 질문을 한다. 이러한 과정을 통해 학생들은 하나의 주제나 개념에서 새로운 개념으로 연결 짓기, 확장하기를 경험한다.

2모둠의 질문은 "도시민 선서(가시를 부드럽게 유지하는 것)는 도시민들을 보호하는 것일까, 속박하는 것일까?"로 정해졌다. 먼저 학생들에게 이 질문이 나오게 된 배경과 이유를 묻는다. 답변을 들은 후 그 답변에 대해 다른 모둠의 생각은 어떠한지 다시 질문한다.

학생 1: '올'이라는 도시의 도시민 선서는 고슴도치를 보호하는 것 같지 않습니다. 오히려 고슴도치들을 속박하는 것 같습니다. 도시에서 고슴도치들에게 이렇게 선서를 하도록 강요하는 이유가 무엇인지 궁금합니다.

학생 2: 저도 학생 1과 같은 생각입니다. 고슴도치는 원래 가시가 뾰족한 것이 정상이잖아요. 왜 굳이 가시를 부드럽게 해야 하나요?

학생 3: 고슴도치의 가시가 뾰족할수록 고슴도치들끼리 서로 위협이 될 수 있으므로 그 도시가 뾰족한 가시를 규제한 것이 아닐까요? 도시의 안전을 위해 고슴도치들을 보호하는 장치가 될 수 있다고 생각할 수 있어요.

교사는 학생 3의 의견이 도시민 선서가 속박이 아니라 고슴도치를 보호하는 것으로 본다는 것임을 확인하고 이에 대해 다른 의견이 있는지를 묻는다.

 학생 4: 저는 이 선서가 고슴도치들을 속박하는 것으로 여겨집니다. 이 도시의 규칙은 고슴도치의 본성을 거스르도록 억압하고 규제하는 것으로 생각됩니다.

도시 '올'에서의 규칙이 과연 타당한지에 대해 쟁점이 형성되는 것 같다. 한 사회가 유지되려면 여러 가지 규칙이 필요하다. 학생 1, 2와 학생 4는 도시민 선서가 고슴도치의 삶을 속박하는 것이라고 보았고, 학생 3은 보호하는 것이라고 보았다. 이러한 주장에 대해 다른 학생들의 의견은 어떠한지 질문해보았다.

 학생 5: 고슴도치를 우리 사회로 비유한다면, 개인의 본성이나 권리도 중요하지만 사회의 질서 유지도 중요하게 여겨져야 합니다. 왜냐하면 오늘날 사회는 공동체이고 인간은 혼자 살아갈 수 없기 때문이죠. 따라서 한 도시의 규칙이 정해져 있다면 구성원들은 그 규칙을 따라야 하는 것이 아닐까요?

학생 5의 의견을 정리하며 다음과 같은 학습 주제를 이끌어낼 수 있다. 이러한 상황은 공동체 규칙과 개인의 권리가 충돌하는 상황으로 볼 수 있는데, 사회질서 유지와 개인의 권리 보호 측면에서 어떻게 조정해야 할지 신중하게 생각해야 함을 설명한다.

학생 6: 이 책에는 고슴도치의 뾰족한 가시가 도시에 어떤 위험을 일으켰는지 자세히 언급되어 있지 않습니다. 그러나 고슴도치의 본성을 따르지 못하도록 규제하는 것은 지나친 규제라고 생각합니다.
학생 7: 책의 내용과 그림을 보면 모든 고슴도치들이 가시가 부드러운지 정밀검사를 받아야 한다는 표현들이 있어요. 매일 등교할 때마다 검사를 하고 있거든요.

우리 헌법에는 개인의 권리 보호와 함께 특별한 경우 국민의 기본권을 제한할 수 있다는 근거 규정도 있으며, 사회질서 유지가 그 하나의 경우임을 설명한다. 그러나 기본권을 제한하는 경우에도 본질적인 부분까지 제한할 수 없다는 한계 규정도 있기에, 이 책에서처럼 고슴도치의 본성을 거스를 정도로 과도한 규제는 정당한지 토론해볼 것을 제안한다.

학생 7: 저는 사회질서 유지를 위해 공동체의 법과 규칙을 따르는 것에는 동의하지만, 과연 그 도시에서의 규칙이 정당한지는 의문이 듭니다. 정당하지 않은 법과 규칙도 따라야 하는 걸까요?

학생 7은 제정된 법과 규칙을 따르라고 말하는 것도 중요하지만, 제정된 법과 규칙이 과연 정당하고 옳은 것인지도 함께 검토해야 한다고 강조한다. 우리 사회에서도 공동체의 이익과 개인의 권리가 충돌하는 경우 검토해야 할 쟁점이 많은 것 같다고 언급하며, 이와 비슷한 사례를 생활에서 찾는다면 어떤 경우가 있는지를 묻는다.

학생 8: 우리가 생활하는 학교도 이와 비슷하다고 생각합니다. 크게 위협이 되는 것이 아닌데도 학생들의 행동 하나하나를 규제하는 경우가 많은 것 같습니다. 두발이나 복장 등이요. 정말 규제해야 되는 것인가요?

최근 학생인권조례가 제정되어 학생들의 권리가 많이 향상되었지만 아직도 학교 현장에서 구성원들이 협상하고 토론하고 조정해야 할 부분이 많음을 언급하며 이 쟁점에 대한 부분을 정리한다.

질문을 확장하는 토론을 진행하는 과정에서 교사가 가장 유의할 점은 교사가 먼저 답변을 하려고 하거나 교사 자신의 생각을 강요해선 안 된다는 것이다. 따라서 교사는 질문에 대해 질문하고, 학생들의 답변이 나오면 그러한 생각에 대해 다른 학생들은 또 어떻게 생각하는지를 물어보고 연결해주는 터미널과 같은 역할을 해야 한다.

그렇다고 교사의 역할이 단순하다고 말해서는 안 된다. 실제로 질문식 토론을 진행하는 이 과정이 그림책 토론에서 고도의 전문성이 필요한 부분이라고 볼 수 있다. 왜냐하면 학생들의 대화 과정에서 중요한 개념을 잡아내고 그것을 다시 질문으로 연결하는 과정은 교육과정을 모두 통찰하고 있는 교사만이 할 수 있기 때문이다. 교사가 답변을 하는 것이 아니라 학생들의 대화를 잘 듣고 무엇이 핵심인지를 빠르게 파악해야만 질문을 연결하고 주제와 개념으로 확장시키는 토론을 진행할 수 있다.

6. 학급 대표 질문 선정하기 2

모둠 질문 중에서 다수결로 학급 대표 질문을 선정한다. 각자 토론하고 싶은 질문이 여러 개 있을 수 있으므로 개인별로 2번 손을 들어 자유롭게 투표할 수 있게 해주는 것이 좋다. 학생들은 대개 자신의 모둠에서 나온 질문에 대한 애착이 있어서 1번 투표할 경우 자신의 모둠 질문으로 표가 몰릴 수 있다. 그렇게 되면 하나의 학급 질문을 선정하기가 어려울 수 있다. 따라서 2번 투표하면 다른 모둠 질문에서도 선정할 수 있으므로 좀 더 나은 질문을 학급 대표 질문으로 선정하기가 훨씬 수월하다.

학급 대표 질문은 다음과 같이 선정되었다.

- 도시 '올'의 규칙은 정당한가?
- 고슴도치는 도시 '올'의 규칙을 따라야 하는가?
- 도시민 선서는 고슴도치를 보호하는 것인가? 속박하는 것인가?

선정된 학급 대표 질문을 다음 차시 토론 수업을 위한 논제로 다듬는 작업이 이어져야 한다. 이때는 교사가 질문을 논제의 형태로 만들어준다. 가치 논제이든 정책 논제이든 논제의 형식에 맞게 다듬는 작업이 필요하기 때문이다. 그림책으로 토론 수업을 하는 경우에는 대체로 가치 논제로 도출된다. 그러나 교육과정상 성취 기준이나 우리 사회 현실을 반영하여 학생들에게 의미 있고 시의성 있는 정책 논제로 만들 수도 있다. 이때 논제에 대한 설명을 교사가 간단히 한 후에 선정된 학급의 대표 질문을 논제로 다듬는 작업을 학생들과 함께해볼 수 있다. 《고슴도치 ×》로 도출된 토론 논제는 다음과 같다.

가치 논제
- 도시 '올'의 규칙은 정당하다.
- 고슴도치는 가시를 부드럽게 유지하라는 규칙을 따라야 한다.
- 도시민 선서(가시를 부드럽게 유지하는 것)는 고슴도치를 보호하는 것이다.

정책 논제

· 도시 '올'의 규칙은 폐지해야 한다.

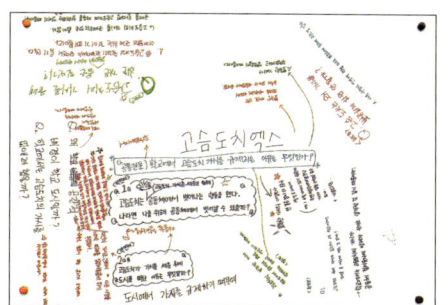
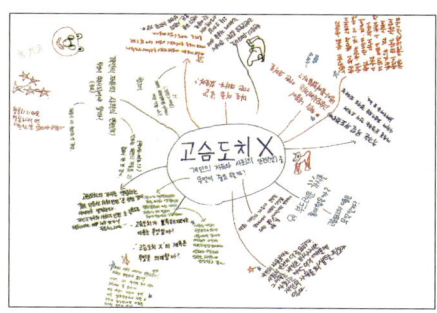
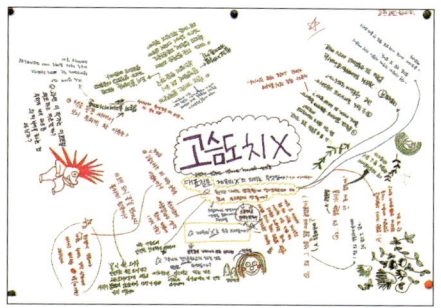

7. 찬반패널토론하기

찬성과 반대 입장에서 토론할 패널 토론자를 선정한다. 찬성 3명, 반대 3명, 사회자 1명을 선정하도록 한다. 이때 토론자와 사회자는 자원하는 학생으로 하는 것이 좋다. 나머지 토론을 평가할 평가자(배심원)들은 'ㄷ'자 형태로 앉는다. 대표 토론자는 사전에 작성한 토론 입론서를 준비하고 토론 평가자들은 토론 평가 활동지를 배부하여 토론시 작성하도록 지도한다.

찬반 토론시 자리 배치는 다음과 같다.

칠 판							
			사회자(학생)				
		찬성1(갑)		반대1(갑)			
	찬성2(을)					반대2(을)	
찬성3(병)							반대3(병)
토론 평가자							토론 평가자
토론 평가자							토론 평가자
토론 평가자							토론 평가자
토론 평가자							토론 평가자
토론 평가자	토론 평가자	토론 평가자	교사	토론 평가자	토론 평가자	토론 평가자	
토론 평가자	토론 평가자	토론 평가자	토론 평가자	토론 평가자	토론 평가자	토론 평가자	

(1) 수업 절차

첫째, 논제 선정하기. "도시 '올'의 규칙은 정당하다"라는 논제로 패널 중심의 찬반 대립 토론을 진행한다. 고슴도치의 도시 '올'을 인간 사회로 비유하여 토론하도록 한다. 헌법 등 법과 관련된 권리 규정 등을 인용하여 근거로 사용할 수 있음을 사전에 학생들에게 설명해 준다.

둘째, 토론 사회자, 패널 토론자, 토론 평가자는 각자 자리에 앉고 토론 수업 배치를 갖춘다.

〈찬반패널토론 순서〉

찬성 측 토론 내용	반대 측 토론 내용	시간
① 찬성1 입론 (2분)	② 반대2 확인 질문 (1분)	3분
④ 찬성2 확인 질문 (1분)	③ 반대1 입론 (2분)	3분
작전회의		1분
⑤ 찬성3 반론 (2분)	⑥ 반대3 반론 (2분)	4분
⑦ 찬성1 확인 질문 (1분)	⑧ 반대1 확인 질문 (1분)	2분
⑨ 찬성2 반론 (2분)	⑩ 반대2 반론 (2분)	4분
작전회의		1분
⑫ 찬성3 최종 발언 (2분)	⑪ 반대3 최종 발언 (2분)	4분
합계		22분

셋째, 찬반 대립 토론의 형식 및 규칙, 태도 등을 설명한다.

넷째, 1단계 찬반패널토론. 사회자는 주어진 토론 모형에 따라 토론을 진행하고 각 대표 토론자는 자신이 맡은 역할에 따라 쟁점을 중심으로 주장, 반론, 확인 질문, 최종 발언 등 토론을 진행한다. 토론 평가자는 토론 내용을 바탕으로 기록하고, 궁금하거나 의문이 나는 부분은 질문으로 기록해둔다.

다섯째, 질의 응답하기(교사 진행). 1단계 패널 토론이 끝나면 토론 내용을 바탕으로 배심원들의 질문이 이루어지는 2단계 심화 토론을 진행한다. 이때 심화 토론의 진행은 교사가 한다. 배심원들은 발언권을 얻어 패널 토론자들이 나눈 토론 내용을 바탕으로 질문을 하거나 내용을 반박, 수용할 수 있다. 패널들은 질의 내용에 대해 답변하고 재반론을 할 수 있다. 배심원 상호 간에도 질문을 하거나 토론을 할 수 있다. 다인수 학급에서는 반드시 발언권을 얻어서 질문하도록 해야 서로 의견을 경청하며 심화토론에 집중할 수 있다.

여섯째, 판정하기. 토론 내용에 대해 배심원들은 각자 찬성, 반대 중 어느 쪽이 승리했는지를 결정하고 기록한다.

일곱째, 쟁점 정리 및 피드백하기(교사 진행). 2단계 심화토론을 마치면 전체 토론 내용, 태도, 과정에 대해 학생들이 상호 피드백하게 한다. 만약 학생들의 토론이 진행되는 과정에서 논리적 오류가 있다면 교사는 반드시 정정해야 한다. 또한 논제와 토론의 핵심 쟁점에 대해 명료하게 정리한다. 이때 교사는 토론에서의 잘한 점, 미흡한 점, 개선할 점 등을 간략히 피드백한다.

(2) 찬반 대립토론 활동지

논제	도시 '올'의 규칙(가시 부드럽게 하기)은 정당하다.	
	찬성 측	반대 측
주장	도시 '올'의 규칙은 정당하다.	도시 '올'의 규칙은 정당하지 않다.
이유	고슴도치 가시는 뾰족하여 위험하므로 타인에게 위협이 될 수 있기 때문이다.	법에 규정되어 있는 기본적 권리가 있고, 고슴도치는 자신의 가시를 유지할 자유, 평등권 등이 있기 때문이다.

수정 및 보강	고슴도치의 가시가 원래 뾰족하여 그 본성대로 살아가면, 타인에게 위협이 될 수 있고 결국 사회질서 유지에 어려움이 있기 때문이다.	고슴도치에게는 자신의 본성을 표현할 자유가 있으며 자유권 등은 법에 규정되어 있는 기본적 권리이기 때문이다.
근거	고슴도치의 뾰족한 가시를 부드럽게 하는 것은 자유권을 침해하는 것이다.	고슴도치의 뾰족가시는 본성인데 압박을 가하고 있으며, 가시를 부드럽게 하지 않는다고 처벌하고 있다. 이것은 자유권 등을 침해하는 것이다.
수정 및 보강	우리나라 헌법에서도 사회질서 유지, 공공복리를 위하여 기본권을 제한할 수 있다는 규정이 있다. 이 경우 고슴도치의 뾰족한 가시를 부드럽게 하는 것은 공익을 위해 기본권을 제한하는 사례라고 볼 수 있다.	고슴도치의 뾰족가시는 타고난 성향인데 이에 대해 압박을 가하고 있으며, 가시를 부드럽게 하지 않는 고슴도치들을 처벌하고 있다. 또한 규제 자체가 외모에 대해 표현할 권리, 자유권을 침해하고 있다.
연결 고리	고슴도치의 가시가 타인에게 위협이 된다면, 도시 '올'의 규칙은 정당하다.	고슴도치의 자유권 등을 억압한다면, 도시 '올'의 규칙은 정당하지 않다.
수정 및 보강	타인에게 위협이 되고 사회질서 유지에 어려움이 있다면, 도시 '올'의 규칙은 정당하다.	고슴도치의 타고난 성향은 존중해주지 않고 표현의 자유를 억압한다면, 도시 '올'의 규칙은 정당하지 않다.
반론 수용 및 반박	함께 사는 도시에서는 규칙이 필요하다. 뾰족한 것보다는 부드러운 것이 타인에게 해를 입히지 않을 것이다.	뾰족가시가 위험할 수도 있지만, 이 책에서는 오히려 뾰족가시로 물을 얻어 공동체에 도움이 되었다. 따라서 무조건 자유를 제한하는 것은 권리를 침해하는 일이다.
수정 및 보강	고슴도치의 뾰족가시가 사회에 위협이 되지 않는다고 주장할 수도 있지만, 함께 사는 도시에서는 규칙이 필요하다. 뾰족한 것보다는 부드러운 것이 타인에게 해를 입히지 않을 것이다.	뾰족가시가 위험 요인이 될 수도 있지만, 이 책에서는 오히려 뾰족가시로 물을 얻어 공동체에 도움이 되었다. 따라서 이러한 이유만으로 제한하는 것은 권리를 침해하는 일이며, 안전상 문제는 다른 방법으로 해결할 수 있다.
결론	그러므로, 고슴도치의 뾰족가시를 부드럽게 하는 것은 사회질서 유지를 위하여 제한할 수 있는 사유에 속하므로 도시 '올'의 규칙은 정당하다.	그러므로 도시 올의 규칙은 고슴도치의 표현의 자유권 등을 보장해주지 않으므로 정당하지 않다.

8. 표현 활동

토론이 마무리된 뒤에는 토론 내용을 내면화하는 생각 표현 활동이 중요하다. 글쓰기가 대표적인 방법이지만 그림 그리기, 역할극 등 다양한 표현 활동 방법을 활용하면 더욱 좋다.

다음은 토론 수업을 한 후 학생들이 쓴 간략한 논술이다.

고슴도치 엑스는 가시를 부드럽게 하라는 도시 '올'의 규칙을 따라야 한다. 왜냐하면, 고슴도치의 가시는 뾰족하여 만지면 따가워 다른 고슴도치에게 해가 될 수 있기 때문이다. 예를 들면 고슴도치 엑스는 단단한 바위돌과 같은 물체도 가시만으로 뚫었다. 그것은 가시가 대단히 위험한 것이라는 이야기다. 물론 그 뾰족한 가시가 직접 피해를 주었다는 내용은 이 책에 나와 있지 않지만, 바위를 뚫을 만한 고슴도치의 가시는 조심하지 않으면 다른 사람을 찌를 수도 있고 다치게 할 위험성이 매우 크다. 그러므로 다른 고슴도치에게 해가 될 수 있으므로 도시 '올'의 규칙대로 가시를 부드럽게 해야 한다.

_미사중 박OO

고슴도치 엑스는 가시를 부드럽게 하라는 도시 '올'의 규칙을 따르지 않아도 된다. 왜냐하면, 고슴도치의 자유권이 침해되기 때문이다. 예를 들면 고슴도치가 가시를 뾰족하게 하거나 부드럽게 하는 것은 개인이 선택할 사항이다. 개인적인 성향, 외모까지 도시가 규제하는 것은 자유권을 침해하는 것이다. 또한 이 책에서는 뾰족 가시 때문에 피해를 주거나 위험한 사례는 없었다. 오히려 누구도 할 수 없었던 단단한 돌을 뚫어 마을에 물을 공급하였다. 따라서 고슴도치의 뾰족한 가시는 개성을 표현할 수 있고 다른 동물을 도울 수 있으므로 가시를 부드럽게 하라는 도시 '올'의 규칙은 따르지 않아도 된다.

_미사중 이OO

고슴도치의 본성을
생각해보게 된 수업

어느 날 한 학생이 고슴도치 인형을 사서 내게 내밀었다. 《고슴도치 X》 그림책을 읽으면서 토론 수업을 하고 며칠이 지난 뒤였다. 우연히 쇼핑을 하다가 고슴도치 인형을 보고 마음에 들어서 샀다고 하였다. 그림책 토론 수업이 생각났다고 하면서. 대개 학교에서 수업을 하고 난 이후 학생들은 시험에 나오는 것이 아니면 금방 잊어버린다. 시험이 끝난 직후에도 지식은 바로 리셋된다. 그런데 이 그림책은 아이들의 마음에 남아 있던 모양이다.

《고슴도치 X》에는 아이들이 학교생활을 하면서 응어리진 마음속 이야기들을 쏟아내게 하는 힘이 있었다. 어른들은 왜 우리에게 하지 말라고 하는 것들이 그렇게 많은지, 학교에서는 왜 우리의 머리부터 발끝까지 자유를 허락하지 않는지 등 학생들은 자신이 처한 현실에 답답해 하였다. 학생 입장에서 보는 사회는 온통 금지어와 금지 행동뿐이라고 하소연하였다. 대학에 들어가기 전까지 우리가 해야 하는 것은 오로지 공부뿐인 건지. …… 많은 금지와 통제 속에서 학생들은 고슴도치의 용기 있는 행동을 부러워하였다. 학생들은 한 개인이 어찌할 수 없는 거대한 사회라는 틀 속에서 나만이 갖고 있는 진짜 나의 모습은 무엇인지를 찾고자 하였다. 그림책 토론 수업에서 만난 고슴도치가 학생들의 삶에 어떤 긍정적인 변화를 일으킬지 기대된다.

〈참고문헌〉

박재현, 《국어교육을 위한 의사소통 이론》, 사회평론아카데미, 2016.

조셉 윌리엄스·그레고리 콜럼 지음, 윤영삼 옮김, 《논증의 탄생》, 홍문관, 2012.

경기도토론교육연구회, 《전국토론교육페스티벌 자료집》, 2016.

학교도서관저널 편집부, 《그림책 365》, vol.2, 학교도서관저널, 2016.

권현숙, 〈그림책 독서토론 수업모형 연구〉, 《경기도수업실기연구대회보고서》, 2011.

권현숙, 〈다인수학급에서의 대립토론 수업모형 연구〉, 《경기도교육과정실천연구대회보고서》, 2011.

권현숙, 〈그림책 활용한 교육과정·수업·평가 일체화사례〉, 《전국토론교육페스티벌자료집》, 경기도토론교육연구회, 2016.

Book Talk 11

토론 주제: 환경, 생명존중, 동물권리, 인간과 자연의 조화

모든 생명이 함께 사는 세상, 우리는 무엇을 할 수 있을까?

| 백지원 |

《시애틀 추장》
수잔 제퍼스 글·그림, 최권행 옮김, 한마당, 2013

아름다운 생명의 그물

시애틀은 미국 북서부에 있는 도시이다. 캐스케이드산맥 서쪽 퓨젓 사운드의 엘리엇만에 위치한 아름다운 이 도시는 기후가 온화하며, 공업도시로 잘 알려져 있다. 이 책은 바로 이 '시애틀'이라는 도시와 관련이 있는 책이다.

이 책은 아주 오래전 유럽 백인과의 전쟁으로 삶의 터전을 잃은 인디언 부족의 추장 '시애틀'이 영토 분쟁 서류에 서명을 하는 자리에서 백인들에게 한 연설문을 바탕으로 한 것이다. 현재 미국의 도시 '시애틀'이 바로 이 추장의 이름을 따서 지어졌다.

시애틀 추장은 인디언 부족이 살던 땅을 백인들에게 넘겨주며 이 땅의 주인은 인간이 아니라 자연이라며 그들에게 땅을 잘 관리해줄 것을 당부한다. 그는 조상 대대로 인간과 자연은 결코 떨어질 수 없는 형제, 자매 관계라는 얘기를 전해 들었으며, 이제 그 메시지를 자신의 목소리를 통해 백인들에게 전달하려고 하는 것이다. 그는 백인들에게 숲 속 동물들이 사라지고 숲이 사라진다면, 결국 우리의 삶도 끝날 것이라는 메시지를 전한다. 즉 세상만물은 하나로 연결되어 있으며, 이 생명의 그물은 인간이 엮은 것이 아니라 인간은 단지 그 그물에 들어 있는 하나의 그물코일 뿐이라는 것이다.

시애틀 추장의 이와 같은 연설은 오늘을 사는 우리가 귀 기울여 들어야 하는 말이다.

오픈스페이스

오픈스페이스란?

오픈스페이스 Open Space 는 관심사가 같은 학생들이 모둠을 형성하고, 주제와 관련한 경험, 정보, 느낌, 생각을 공유하며 실행 계획을 도출하거나 의견을 수렴하는 자기 주도적 토론 방법으로, 정식 명칭은 오픈스페이스 테크놀로지 Open Space Technology 이다.

관심사가 같은 학생들의 모둠은 안건의 제출과 선택으로 이루어진다. 교사가 제시한 대주제와 관련하여 학생들은 A4 용지나 포스트잇을 이용해 자신의 관심사가 담긴 안건을 제출하고, 관심사가 같은 학생들이 그 안건에 관한 생각을 나누고 공유하는 활동을 하게 된다. 교사는 토론의 주제와 결과물의 형태만 제시하고, 대화 진행이나 과제 수행 방법은 학생들 스스로 결정하고 진행함으로써 창의적인 협력 학습이 이루어진다. 교사가 제시하는 대주제는 토론의 목적을 드러내고, 학생들이 어떤 안건을 제출해야 하는지를 안내한다. 오픈스페이스 토론의 목적이 협업을 통한 과제 수행과 공동체성 형성에 있기 때문에, 교사는 대주제를 제시할 때 행동을 요구하는 형태로 작성하는 것이 좋다. 즉 주제의 키워드와 관련해, '우리는 무엇을 할 수 있을까?'라는 식으로 질문을 만들면 주제가 더욱 선명해진다.

주제와 안건의 예시는 다음과 같다.

주제: 모두가 행복한 학교, 어디서부터 어떻게?
안건: 학생회 규칙에 어떤 내용을 담으면 좋을까요?
　　　우리 학교 텃밭 홍보 영상, 어떻게 만들어볼까요?

〈행동계획 양식 예시〉

무엇을	누가 (참여자 이름)	언제(까지)

오픈스페이스 토론은 한 번에 많은 학생이 참여할 수 있다는 특징을 지닌다. 오픈스페이스 토론은 가장 효율적인 소통을 구현하는 개방형 집단 토론으로, 5~2,000명 이상까지 참여 가능하며, 어떤 유형의 조직에도 적용할 수 있다. 또 다른 특징으로는 모든 참가자가 토론할 주제를 제출할 수 있으며, 학생들 각자의 관심사를 반영해 모둠을 만들고 자신이 원하는 주제에 참가해 토론할 수 있다는 것이다. 관심은 열정을 낳고, 열정은 일을 진행하게 만들기 때문에 관심이 같은 사람들이 모이면 교사가 세부적인 사항까지 개입하지 않아도, 학생들 스스로 문제를 정의하고 해결 방법을 찾아낼 수 있다.

학생들은 개인의 경험이나 느낌 그리고 이를 통해 가지게 된 생각을 표현하고 이해하는 과정을 겪는다. 이를 통해 개인으로서 자아 존중감이 형성되는 계기를, 모둠 구성원으로서 상대를 깊이 있게 이해할 수 있는 계기를 맞는다. 이는 인성을 함양하고 긍정적 가치관을 형성하는 데 도움이 된다.

학생들이 실제 문제를 해결하면서 정보를 받아들이기 때문에 관찰 능력과 이해력이 향상되고 정보의 수용성이 확장된다. 협업을 통한 과제 수행은 문제를 정의하고 해결 방법을 찾아내는 능력을 배양하고, 이 과정에서 표현력과 창조성 또한 성장한다.

오픈스페이스 토론 수업 때는 다음과 같은 점을 유의해야 한다.

첫째, 대주제뿐 아니라 학생들이 제출하는 안건도 가능하면 질문의 형태로 만들도록 안내하는 것이 좋다. 질문은 학생들의 관찰 능력을 키워 문제의 본질에 접근하도록 인도하고, 창조적 사유를 전개하는 힘을 키워준다.

둘째, 안건 문장은 짧고 구체적일수록 좋다. 때로는 1~2개의 단어로 안건을 작성하는 경우도 있다.

셋째, 교사는 대화를 기록하는 양식(보통 A4 용지)을 미리 준비해 모둠이 형성된 다음 학생들에게 나누어주고 모둠별로 기록자와 사회자를 정하도록 안내한다. 이때 최대한 많은 대화 내용을 기록할 수 있도록 한다. 경우에 따라 반절지(전지의 반)를 이용해 모둠 학생들이 자유롭게 글자나 그림으로 생각을 표현할 수도 있다.

넷째, 행동 계획의 경우에는 누가, 무엇을, 언제까지가 표현되도록 하고, 필요할 경우 업무 분장표도 준다. 모든 기록물과 과제물을 모아 보고서를 만들고, 참여한 학생들과 공유하면 더 좋다.

다섯째, 교사가 제시하는 결과물은 주제와 관련한 조사 보고서, 연구 보고서, 문제 해결이나 캠페인 등의 프로그램, 편지, 에세이처럼 다양한 형태로 표현할 수 있다. 토론회 이후 학생들이 수행하는 과제가 있는 경우 분량을 적게 만드는 것이 좋다.

토론 흐름도

1. 대주제 제시(교사) 및 공유

2. 안건 제출하기(학생)

3. 제출된 안건을 바탕으로 모둠 만들기(한 모둠이 3~5명 정도의 인원이 되도록 안내)

4. 모둠별 대화 진행

    가. 모둠별로 기록자와 사회자 선정(사전에 준비한 양식이나, 반절지를 이용해 대화 내용 기록)

    나. 주제와 관련한 경험, 정보, 느낌, 생각을 돌아가며 이야기

    다. 주제의 본질 파악이나 과제 수행에 관한 자유 대화

5. 실행 계획 만들기

    가. 개인 또는 모둠별로 6주 이내에 실행할 단기 계획 작성(모둠별 계획은 역할 나눔 포함)

    나. 학교 수업의 경우, 일주일 이내에 수행 가능한 과제물 형태로 계획을 작성하도록 안내

    다. 누가, 무엇을, 언제까지 3가지 내용을 구체적으로 작성(사전에 준비한 양식 활용)

    라. 의견 수렴을 목적으로 토론이 진행된 경우에는 실행 계획 대신 요청 사항을 작성할 수 있음

6. 모둠별 발표

가. 가장 인상 깊었던 내용, 이 순간의 느낌, 친구들에게 하고 싶은 말, 과제 수행 의지 등을 발표

　　나. 특별 프로그램으로 진행한 경우에는 참여 학생 전체가 발표하는 공감 나누기 실행

7. 토론 후 학생들은 계획에 따라 과제 수행하고 결과물 제출, 교사는 수행 결과물 확인

수업 흐름도

1. 대주제 공유

2. 그림책 읽기

3. 마인드맵 작성하기

4. 개인 질문 만들고 안건 제출하기

5. 모둠별 대화 진행하기

6. 모둠별 발표

7. 보고서 쓰기

수업 사례

1. 대주제 공유

(1) 대주제 작성 방법

보통 대주제는 교사가 토론 전 '초대문' 형식으로 학생들에게 학교 홈페이지나 SNS 등을 통해 공지해 안건을 생각해오도록 안내한다. 초대문에는 주제에 대한 해설, 안건 만드는 법(질문으로), 오픈스페이스 진행 방법(준비물) 등이 제시된다.

〈초대문 예시〉

대주제: 모든 생명이 함께 사는 세상, 우리는 무엇을 할 수 있을까?

사람은 자연이 낳은 기적이라고 합니다. 다른 포식동물에 비해 연약한 신체적 조건을 가지고도 이렇게 놀라운 역사와 문명을 이루고, 우주 시대를 열어가고 있으니 틀린 말이 아닙니다. 사람만이 가지고 있는 이성의 능력 덕입니다. 그런데 사람의 문명이 자연을 더욱 힘들게 하고 있습니다. 시애틀 추장의 경고 이후에도 사람들은 이기적인 발전을 추구해왔으며, 많은 생명 종들이 사라지고 환경이 파괴되고 있습니다. 우리는 더 늦기 전에 자연과 함께 공존할 수 있는 방법을 찾아야 합니다. 너무 많은 생명들이 떠나간 다음에는 후회해도 소용없는 일이 될 겁니다.

자연은 우리에게 삶의 조건을 제공합니다. 때로는 식량으로 다가옵니다. 땅과 바다에서 오는 대부분의 음식은 모두 한때 살아 있던 생명입니다. 우리는 이웃 생명을 통해, 우리 자신의 생명을 이어갑니다. 우리가 숨 쉬며 내보내는 이산화탄소는 숲속에서 산소가 되어 우리에게 돌아옵니다. 자연은 우리에게 때로는 삶의 터전으로, 아름다운 경관으로, 벗으로 다가옵니다. 자연이 없으면 사람도 없습니다. 자연과 뭇 생명은 사람에게 없어서는 안 될 지구별의 동반자입니다.

그렇다면, 자연에게 사람은 어떤 존재일까요? 자연이 생각을 할 수 있다면, 사람에 대해 어떤 느낌을 가지게 될까요?

우리는 무엇을 할 수 있을까요?

지금 내 주변의 이웃 생명은 누구인지 둘러봅니다. 그리고 그들의 모습을 자세히 살피고, 그들과 우리의 관계를 생각해봅니다.

다양한 매체에 나오는 자연에 관한 이야기와 우리의 관계를 생각해봅니다. 일본의 원전이 터지고 일본 앞바다가 오염되자 우리 바다도 해류의 흐름에 의해 오염되는 것은 아닌지 걱정하고 있습니다.

화석에너지의 과도한 사용이 지구의 기온을 상승시키고, 북극의 얼음이 녹아 해수면이 높아지고 있습니다. 지구 온난화의 원인은 그동안 산업화를 이끌어온 선진국이나 거대 국가들인데, 자연에 순응하며 살아온 저개발 국가의 사람들이 더욱 심각한 상황에 처하는 일을 우리는 어떻게 보아야 할까요?

우리는 무엇을 할 수 있을까요? 우리 이웃의 생명이 되어보고, 곳곳의 사람들의 입장이 되어보고, 느낀 것을 바탕으로 우리가 할 수 있는 것들에 대해 생각해봅니다. 그들과 우리의 관계를 생각하고 의미를 되새겨보며, 우리가 일상에서 할 수 있는 작은 일들은 무엇인지 생각해봅니다.

(2) 질문의 시작

우리의 대화는 이 문제들에 대한 질문으로부터 시작됩니다. 여러분이 대주제와 관련해 만든 질문을 안건이라고 부릅니다. 생명, 생명에 관한 사건, 다양한 자연 현상, 문제 해결을 위한 사람들의 노력 등은 소재가 됩니다. 만약 토론의 대주제가 '모두가 함께 사는 강, 우리는 무엇을 할 수 있을까?'라고 정해졌다면, 안건은 '강으로 흘러 들어오는 쓰레기 어떻게 막을 수 있을까?' 이런 식으로 제안해볼 수 있습니다. '강으로 흘러 들어오는 쓰레기를 막아야 해요'라고 안건을 제안할 수도 있겠지만, 질문형 안건이 다른 사람들의 의견을 쉽게 받아들일 수도 있고 우리로 하여금 행동에 나서도록 도와줍니다.

처음에는 질문 만드는 것이 쉽지 않을 수 있습니다. 익숙하지 않아서 그렇습니다. 멋진 것을 만들려고 하기보다는, 자신의 관심 분야의 핵심어를 찾아보려고 노력합니다. 그리고 핵심어들을 묶어서 문장을 만들어봅니다. 그럴듯한 질문이 될 때까지 문장을 바꾸며 만들어봅니다. 추상적인 단어보다 구체적인 단어를 사용하면 더 쉽게 질문을 만들 수 있습니다. 위에 제시된 안건의 핵심어는 '쓰레기'와 '막기'입니다. 두 단어를 합쳐 질문형 문장으로 만들어본 것입니다. 마음에 드는 질문이 안건입니다. 그리고 그에 관해 생각해봅니다. 재미있는 질문을 만들어보고 즐거운 대화를 나누시기 바랍니다.

Q. 무엇을 준비하나요?

A. 이야깃거리! 사람과 자연의 관계, 공존을 위해 필요한 것, 우리가 할 수 있는 것 등을 대화마당에서 안건으로 제출해주세요(개인이 하나씩 제출해도 좋고, 하나의 동아리가 1~2개 씩 제출해도 좋다요).

Q. 어떤 안건이 좋을까?

A. 지금 여러분이 가장 관심을 가지고 있는 내용이 맞는 안건입니다(예: 환경 문제, 식량, GMO, 반려동물, 생태계, 우리 마을의 자연과 이웃생명, 기후, 에너지, 공해와 오염, 방사능, 친환경을 위한 노력 등).

Q. 오픈스페이스 대화는 어떻게 진행되나요?

A. 오픈스페이스는 스스로 묻고 함께 답을 찾아가는 과정입니다. 여러분들이 1) 직접 안건을 제출하고, 2) 제출된 안건을 중심으로 모둠(그룹)을 이루어 대화를 나누며 3) 필요하다면 행동 계획을 만들고 실행합니다.

_초대문 작성: 홍정우(한국 오픈스페이스연구소 이사)

2. 그림책 읽기

안건을 제출하기 위해 대주제와 맞는 그림책을 선정한 후 함께 읽는다. 그림책을 읽을 때는 학생 중 한 명이 나와 전체적으로 읽어주고, 교사는 옆에서 그림책을 넘겨주며 학생들이 그림과 글에 집중할 수 있도록 해준다. 그다음 모둠별로 책을 나눠준 뒤 모둠에서 한 번 더 읽도록 한다. 이때 그림책 장르의 특성상 텍스트뿐 아니라 그림들을 좀더 면밀히 관찰하고 그림을 통해 내용을 유추하거나 살펴볼 수 있게 한다. 이는 학생들이 책 내용에 흥미를 일으키며, 책 속의 그림에도 자연스럽게 집중할 수 있게 한다. 또한 질문을 만들 때 그림에서도 궁금한 점을 질문할 수 있도록 한다.

그림책 《시애틀 추장》 읽기 Tip

《시애틀 추장》은 그림책이지만 상당히 많은 텍스트를 담고 있다. 텍스트에서는 인디언 추장이 그들이 살던 땅을 백인들에게 내어주면서 땅을 소중히 아끼고 사랑해야 하는 이유와 당부뿐 아니라, 현재 미국의 시애틀 주가 왜 '시애틀'이라는 이름을 갖게 됐는지, 인디언 추장의 마지막 연설문이 누구에 의해 어떻게 지금까지 전해지게 됐는지 그 배경에 대한 설명이 덧붙여져 있다. 학생들이 약간의 미국 역사에 대한 배경지식이 있다면 인디언들과 백인들 간의 갈등을 좀더 잘 이해할 수 있겠지만, 그것이 이 책을 읽는 궁극적인 목적은 아니므로, 인디언들이 우리에게 전해주고자 하는 메시지에 좀더 집중해 그 의미를 파악하는 것이 좋다.

3. 마인드맵 작성하기

학생들이 주가지에 많이 쓴 개념들을 정리해보면 다음과 같다.

주제: 시애틀 추장

주가지: 인디언, 자연, 환경, 추장의 메시지, 평화, 전쟁, 백인, 소중하게 생각하는 것 등

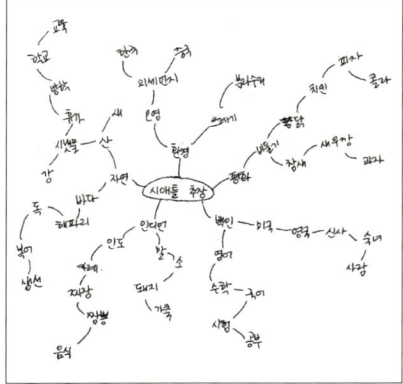
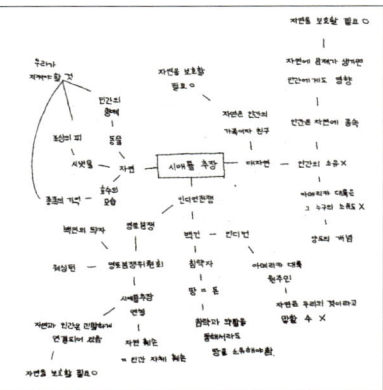
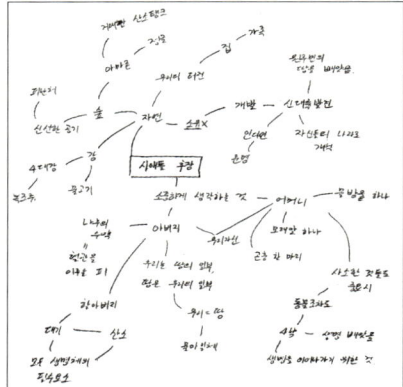
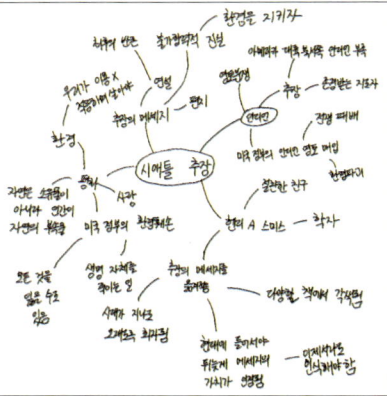

4. 개인 질문 만들고 안건으로 제출하기

그림책을 읽고 떠오르는 질문을 개인별로 만든다. 학생들은 "인디언 추장이 진짜 이 말을 했을까?" "땅값으로는 얼마를 받았을까?" "인디언들은 땅을 팔고 어디로 갔을까?"와 같은 사실 질문부터 "대기의 가치는 얼마인가?" "왜 우리의 형제인 곰을 무서워하고 말을 타는가?"와 같이 다소 황당한 질문들도 많이 한다. 처음 이런 수업을 접한 학생들은 특히 무엇을 질문해야 하는지조차 모르기 때문에 교사의 입장에서 보면 유치하다고 생각되는 질문들도 많이 있다. 하지만 이런 질문들도 학생들이 한 단계 한 단계 성장해나가는 데 모두 유의미한 질문들이 틀림없으므로 우선은 많이 격려해주고 어떤 질문이라도 허용하는 분위기를 만들어주는 것이 가장 중요하다.

학생들이 만든 질문은 다음과 같다.

· 추장의 실물도 그림과 비슷할까?
· 인간이 자연에게 준 긍정적인 영향은 무엇이 있을까?
· 사막이나 오지 같은 땅도 값진 것일까?
· 과거를 이어온 현재의 인디언들에게 보상 대안은 있는가?
· 동물을 우리의 형제라고 할 수 있을까?
· 왜 그림을 그릴 때 자연을 더 돋보이게 그렸을까?
· 자연을 돈으로 사고팔 수 있는가?
· 남은 사람들은 땅을 보존해야 할까?
· 돈으로 살 수 없는 것이 있나?
· 인간에게 해를 끼치는 동물도 보호해야 할까?
· 자연을 보존하고 사랑만 하면 사회가 개발될 수 있을까?

- 자연을 인간과 동등한 존재로 인정할 수 있을까?
- 자연을 훼손하면서까지 발전을 할 필요가 있었을까?
- 인간보다 자연을 소중하게 생각하느라 오히려 자연이 인간에게 피해를 준다면?
- 왜 추장은 자연을 소중하다고 하였을까? 도시 발전을 위해 한번 더 생각해볼 필요는 없었을까?
- 할머니나 할아버지 때부터 자식들에게 자연을 보존하여야 한다고 주입식 교육을 해서 자연에 대한 고정관념이 생긴 것은 아닐까?
- 현대인들이 원하는 것은 정말 자연 그대로일까? 아니면 개발된 사회일까?
- 자연은 때로 우리에게 피해를 주기도 한다. 이런 자연을 우리의 일부 또는 가족으로 볼 수 있을까?
- 삽화에 나온 백인이 꽃을 심는 행위는 과거에 대한 반성인가, 아니면 미화인가?
- 사람들이 자연을 이용하는 것을 나쁘다고만 할 수 있을까?
- 인간이 자연에게 끼치는 영향이 더 클까, 자연이 인간에게 끼치는 영향이 더 클까?
- 자연을 돈으로 사고파는 행위는 옳은 것인가?

5. 안건 선택

앞서 모둠에서 선정한 질문 외에 더 추가하고 싶은 질문이 있으면 안건으로 제출해도 된다. 비슷한 안건들은 정리하고, 그중 제일 먼저 제출한 안건자가 그 모둠의 사회자가 된다. 인원에 따라 한 모둠 당 3~4명 정도가 토론할 수 있게 안건 수를 조정하는 것이 좋다. 안건이 적게 제출되면 모둠 당 많은 인원이 몰리게 되어 효율적인 토론을 하는 데 방해 요인이 될 수 있기 때문이다. 혹시 내가 제출한 안건에 아무도 오지 않았을 경우, 그 안건은 폐기하고 안건 제출자가 다른 모둠으로 가거나 혹은 혼자서라도 고민해볼 수도 있다. 이는 개인의 선택에 맡기면 된다. 제출된 안건은 다음과 같다.

연번	안 건
1	현재 미국에서 지정된 인디언보호구역은 과연 타당한 것일까?
2	인간이 자연에게 끼치는 영향이 더 클까, 자연이 인간에게 끼치는 영향이 더 클까?
3	자연은 때로 우리에게 피해를 주기도 한다. 이런 자연을 우리의 일부 또는 가족으로 볼 수 있을까?
4	현대인들이 원하는 것은 정말 자연 그대로일까? 아니면 개발된 사회일까?
5	자연을 돈으로 사고파는 행위는 옳은 것인가?
6	자연을 이용하는 것을 비판적으로만 바라봐야 하는가?
7	삽화에 나온 백인이 꽃을 심는 행위는 과거에 대한 반성인가, 아니면 미화인가?
8	땅과 자연이 우리들의 형제·가족이라고 했는데 수많은 사람들의 목숨을 앗아가는 자연 재해는 어떻게 설명될 수 있을까?

6. 모둠별 대화

모둠을 형성한 후, 선생님의 안내에 따라 기록자와 사회자를 정한다.

- 사회자: 안건을 제출한 사람이 그 모둠의 사회자가 된다. 전체적인 의사 진행 발언을 이끌어가면 된다.
- 기록자: 참가자들의 발언 내용을 핵심 단어를 중심으로 기록한다.

구분	안건
자기 소개와 주제 대화	· 진행자부터 대화 주제와 관련한 경험이나 생각을 이야기한다. 　- 있었던 일, 그때의 느낌, 가지게 된 생각 등을 돌아가며 이야기한다. · 주제와 관련된 다양한 이야기를 자유롭게 펼친다. 　- 문제의 원인, 다른 곳의 사례, 관련해서 해보고 싶은 일, 나의 느낌, 상대에게 궁금한 것, 필요한 정보 등 무엇이든지 이야기한다.
대화 내용 정리 후 결과물 나누기	· 논의된 내용을 간략하게 정리한다. 　- 주어진 양식에 내용을 정리하여 기록한다. · 정리된 내용을 돌아가며 간략히 발표하거나, 갤러리워크 방식으로 공유한다.

<사례1>

모둠 번호: (2)조	

대화 주제 : 현재 미국에서 지정된 '인디언보호구역'은 과연 타당한 것인가?

기록자 : ○○○   사회자 : ○○○

참 가 자 : 학생1, 학생2, 학생3

- 사회자 : (문제제기) 현재 미국에 인디언보호구역이 있는데 이런 인디언보호구역을 지정할 때 인디언들의 동의가 충분히 있었을까? 아니면 협박이었을까? 그리고 거주 환경이 그들이 살기에 충분한 곳인가에 대해 이야기해보고 싶어.

- 학생1 : 협박이야. 인디언들의 이동권, 행복권 등 인권을 억압하는 일이야.

- 학생2 : 인디언들과 충분한 상의가 없었을 거야. 이것은 수탈이야.

- 학생3 : 물론, 보호하려고 한 목적은 좋지만, 권리를 침해당한 것도 자명한 사실이야

- 사회자 : 나도 협박이라고 생각해. 왜냐하면 학살과 수탈에 의한 강제적인 협약이었으므로 이것은 '늑약'이야. 그리고 이건 '보호구역'이 아니라 '분리구역'의 목적으로 지정한 것이었으므로, 현재 인디언보호구역은 인간이 살기에 척박한 환경이며, 현재까지도 백인에 의해 교육 수준 저하, 경제 수준 저하가 계속 일어나고 있어. 따라서 차별과 수탈이 맞다고 생각해.

- 학생2 : 일제가 우리나라를 식민화했을 때처럼 권리를 빼앗은 것과 다름이 없다고 생각해. 따라서 '인디언보호구역'은 타당하지 않다고 생각해.

<정리>
인디언보호구역을 지정할 때 인디언들의 충분한 동의가 없었고, 학살을 멈추기 위한 수단으로 협약을 맺은 것이므로, 이는 협약 아닌 늑약이다. 또한, 인디언보호구역이라는 명목 아래 인디언을 분리하여 현재까지도 교육 수준과 경제 수준이 백인에 비하여 현저히 떨어지므로 이는 보호구역이 아닌 분리구역이라고 볼 수 있다. 따라서 현재 미국에서 지정된 '인디언보호구역'은 타당하지 않다.

〈사례2〉

모둠 번호 : (4)조

대화 주제 : 누구의 것도 아닌 자연을 돈으로 사고파는 행위는 옳을까?

기록자 : ○○○　　　사회자 : ○○○

참가자 : 학생1, 학생2, 학생3, 학생4, 학생5

- 사회자 : 자연은 누구의 소유라고 할 수 없는데, 이러한 자연을 돈으로 사고 팔 수 있을까? 사고팔 수 있다면 과연 그 행위는 옳은 것일까?

- 학생1 : 옳다. 왜냐하면 훼손시키는 것도, 보존하는 것도 우리인데, 돈으로 사고파는 행위를 무조건 안 좋다고 하는 것은 옳지 않기 때문이다.

- 학생2 : 옳지 않다. 누구의 것도 아닌데 우리가 마음대로 할 권리는 없다.

- 사회자 : 옳지 않다. 수많은 이득에 있어서 그 모든 것들을 돈으로 평가할 수 없기 때문이다.

- 학생3 : 옳다. 왜냐하면 지구에서 자연을 다룰 수 있는 것은 인간뿐이니 자연을 이용할 수도 있기 때문이다.

- 학생 4 : 옳지 않다. 어떠한 국가나 개인도 자연을 마음대로 할 권리는 없다.

- 사회자 : '학생1' 의견에 내 생각도 바뀌게 되었다. 이 주제를 낼 때까지만 해도 사고파는 행위를 통해 자연을 훼손시킨다고 생각했는데 꼭 그렇지만은 않은 것 같다.

- 학생1 : 황무지인 자연을 좋게 개발한다면 휴양지, 마을로 만들 수 있기 때문에 돈으로 사고파는 행위가 꼭 옳지 않다고 말할 수 없다.

〈정리〉
우리 모둠은 '누구의 것도 아닌 자연을 돈으로 사고파는 행위는 옳을까?'에 대한 질문에 찬반의 입장으로 나뉘었다. 먼저 옳다고 생각하는 사람들은 꼭 사고파는 행위를 통해 자연을 훼손시킨다고 할 수는 없다는 주장을 통해 반대 한 명을 설득시켰다. 반면 옳지 않다고 생각하는 사람들은 우리의 마음대로 할 권리와 가치들을 돈으로 환산이 불가능하다는 의견이었다. 이 논의들을 통해 자연을 사고파는 행위에 대해 다시 생각해보게 되었다.

<사례3>

모둠 번호 : (6)조

대화 주제 : 자연을 이용하는 것을 비판적으로 바라봐야 할까?

기록자 : ○○○   사회자 : ○○○

참가자 : 학생1, 학생2, 학생3, 학생4

- 사회자 : 자연을 이용하지 않았다면 문명이나 지식 등은 없었을 것이다. 자연을 이용하되 지나치게만 하지 않으면 된다. 따라서 개발은 불가피하다.

- 학생1 : 너무 인간중심적이다. 자연을 이용하면 동물과 식물의 보금자리가 없어질 것이다.

- 학생2 : 어느 정도 자연을 보존하며 이용하는 것은 어쩔 수 없다. 지나친 학살만 아니면 된다. 자연과 인간의 공존이 필요하다.

- 학생3 : 개발해도 된다. 발달된 과학이 자연을 회복시켜줄 것이다. 인간적인 삶을 위해서라도 개발이 필요하다.

- 학생4 : 어느 정도 자연을 보존하며 개발하는 것은 괜찮다.

- 학생1 : 인간의 지적이면서 이성적인 면으로 다른 동물이나 자연의 부분들을 변화시킬 수 있나? 너무 이기적인 것이 아닌가?

- 학생2 : 물론 이기적인 면이 있다. 하지만 인간의 생존을 위해서는 불가피하다.

- 사회자 : 역사적으로 강한 자가 약한 자를 수탈해온 것처럼 인간이 자연을 이용하는 것도 불가피하다.

- 학생3 : 자연을 보호해야 하지만 파괴는 어쩔 수 없다. 대체 에너지 개발 등으로 자연이 보존 가능한 시대가 올 것이다.

- 학생2 : 파괴를 줄이기 위해 법을 개정하는 등 조치를 한다면 자연을 보존할 수도 있을 것이다.

<정리>
인간이 살아가기 위해 자연을 어느 정도 이용하고 파괴하는 것은 불가피하다. 하지만 자연의 지나친 파괴를 막고 인간과 자연의 공존을 추구해야 한다. 또 언젠가 인간이 자연을 회복할 기술을 만들어낼 수 있을 것이라 생각한다.

7. 환경 보고서 쓰기

오픈스페이스에서 논의된 내용들을 바탕으로 환경 보고서를 작성하게 한다.

"인간과 자연의 바람직한 관계는?"이라는 대주제를 주고, 환경오염과 관련된 소주제(대기오염, 수질오염, 미세먼지, 쓰레기 등) 또는 동물권리와 관련된 소주제(동물실험, 동물 학대, 동물 유기, 동물원 등) 중 하나를 골라 문제의 원인과 해결 방안 그리고 개인적 실천 방안 등을 간략히 적어보도록 한다.

〈보고서 쓰기 단계〉

① 소주제 선택 – 예) 동물원은 바람직한 구조물인가?

② 문제 제기 – 모둠별로 토의된 내용을 근거로 소주제에 대한 문제 원인을 찾는다.

③ 사회적 해결 방안 제시 – 문제에 대한 사회, 시민단체, 정부 각각의 해결 방안을 제시한다.

④ 개인적 실천 방안 제시 – 작은 노력을 통해 세상을 변화시킬 수 있다는 믿음으로 작은 것이라도 꾸준히 실천할 수 있는 방안들을 제시한다.

대주제	인간과 자연의 바람직한 관계는?
문제제기	동물학대는 왜 일어나는 것이며 그에 대한 해결 방안은?
문제 원인	1. 사람들의 생명 경시 현상 때문이다. 대부분의 사람들이 말 못하는 동물을 이성적 존재인 인간과 다른 저급한 존재로 보고 동물을 자신의 오락, 스트레스 해소 등을 위한 수단적 존재로 보고 있다. 2. 동물학대를 규제 할 강력한 법적 제도가 부족하기 때문이다. 우리나라 민법 제98조에서는 동물을 '소유물'로 규정하고 있어 처벌된다 하더라도 학대한 사람에게는 재물손괴죄만 부여된다. 대응책인 동물보호법도 특정 사례에만 국한되며 사소한 처벌로 실효성이 떨어진다. 3. 상업적인 목적 때문이다. 인간의 이윤추구로 좁은 공간에 닭을 넣고 알을 낳게 하거나 죽여서 사고파는 행위가 흔하다. 4. 사람들이 주인으로서 책임감이 부족하다. 주인으로서 동물을 키우는 경우 순간적 스트레스로 학대를 하거나 막대한 양육비로 유기를 하는 것이다.
해결방안	1. 동물보호법의 금지규정에 대한 처벌을 강화하여 사람들에게 경각심을 일깨워준다. 2. 제도적 장치를 마련하거나 보완해야 한다. 적법한 절차로 반려동물을 관리하게 만들고 일부 지역에서 실시되는 '칩'제도를 전면 확대해야 한다. 3. 공익광고, 캠페인 등을 통해 사람들의 동물보호 윤리 의식을 심어 준다. 4. 동물학대에 대한 바른 신고제의 확립으로 지속적으로 학대당하는 동물의 피해를 줄인다. 5. 반려동물 양육 시 올바른 양육법에 대한 주기적 교육이 필요하다
개인적 실천방안	1. 동물 학대를 본 경우 윤리·정의 의식을 갖고 신고하는 등의 조치를 취한다. 2. 동물 양육 시 책임 의식을 갖고, 올바른 방법에 따라 기르며 주기적 교육을 받는다. 3. 사회에서 실시되는 동물보호제도('칩'제도) 등에 적극 참여한다.

누구나 할 수 있는 비경쟁식 토론

이 수업은 실제 고등학교 3학년 학생들의 '생활과 윤리'라는 과목의 수업 시간에 '인간과 자연의 관계'라는 단원에서 이루어진 수행평가이다. 수업 전 수행평가 계획을 세우며 고등학교 3학년 학생들과 과연 토론 수업이 가능할까라는 의문을 계속 가지고 있었다.

  환경을 다루는 많은 그림책이 있었지만 '인간과 환경'이라는 단원을 통해 궁극적으로 자연을 바라보는 바람직한 관점에 대해 생각해보기 위해《시애틀 추장》이라는 책을 선택하였다. 실제 이 연설문은 윤리 교과서에 종종 실리는 글이기도 하다.

  텍스트가 길기는 했지만 학생들은 모두 진지하게 그림책을 읽고 질문을 만들고, 그 질문으로 토론하는 모습을 보여 주었다. 오픈스페이스 토론 과정에서 학생들은 "토론이라고 하면 공부 잘하는 몇몇 학생들만 하는 어려운 것으로 알았다. 하지만 오픈스페이스는 같은 관심을 가진 학생들이 같은 주제를 놓고 자신들의 생각을 말하고 나누는 비경쟁식 토론 방법이어서 편하게 토론할 수 있었다. 재밌었다. 나와 같은 생각을 가진 친구들이 많아 놀랐다"는 등의 소감을 말한다. 즉 오픈스페이스 토론은 토론을 어렵게 느끼는 학생들, 찬반 토론에 익숙하지 않은 학생들과 함께, 또 토론에 많은 수업 시간을 할애할 수 없을 때 사용하기 적당한 방법이었다.

하지만 한편으로는 자기주장이 치열한 토론이 아니다 보니 자칫하다가는 주제에 대해 깊이 있는 토론이 일어나지 않을 수 있었다. 오픈스페이스는 그런 토론마저도 모두 수용적으로 받아들이는 방법이기는 하지만, 오픈스페이스 토론 후 논의된 내용을 바탕으로 한 주장 글쓰기 활동을 통해 이런 부족한 부분을 어느 정도 채울 수 있었다.

〈참고문헌〉

윤영수·채승병 지음, 《복잡계 개론》, 삼성경제연구소, 2005.
해리슨 오웬 지음, 한국 오픈스페이스연구소 옮김, 《셀프 오거나이징》, 용오름, 2010.

Book Talk 12

토론 주제: 직업윤리, 생명 존중, 평등

의사는 직업적 소명을 위해 목숨을 버릴 수도 있을까?

| 백지원 |

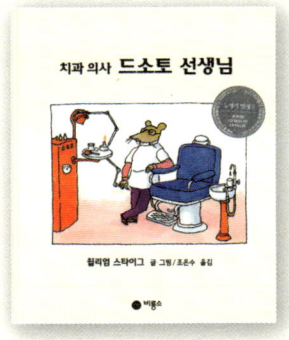

《치과의사 드소토 선생님》
윌리엄 스타이그 글·그림, 조은수 옮김, 비룡소, 1995.

의사는 자신을 희생해서라도
직업적 소명을 다해야 할까?

이 책을 읽고 난 학생들이 가장 많이 하는 질문이다. 치과의사 드소토 선생님은 작은 생쥐다. 솜씨가 아주 뛰어나 환자들이 늘 줄을 선다. 특히 몸집이 아주 큰 동물들도 직접 입 안으로 들어가 아프지 않게 치료를 해주기 때문에 인기가 많다. 하지만 그는 쥐였기 때문에 쥐에게 위험한 동물은 치료하지 않았고, 이를 간판에도 써두었다. 아무리 겁 많아 보이는 고양이라 할지라도 치료해주지 않았다.

어느 날 여우 한 마리가 엉엉 울며 치과를 찾아왔다. 드소토 선생님은 당연히 거부했지만 너무 딱해 보여 치료를 해주기로 했다. 위험을 무릅쓰고 여우의 입 속에 들어가 아픈 이를 치료해주었지만, 마취 상태에서 여우는 쥐를 잡아먹고 싶은 본능을 드러내고 만다. 드소토 선생님 부부는 밤새 궁리를 해 여우의 이도 고치고 잡아먹히지도 않을 방안을 찾아 무사히 치료를 마친다.

이 책은 뉴베리 명예상을 수상한 그림책으로, 아이들의 흥미를 끌 만한 주제와 그림으로 구성되어 있다. 책을 다 읽고 나면 '드소토는 자신의 원칙을 깨고 왜 굳이 여우를 치료해주었을까?', '그림책에 등장하는 여우는 왜 매번 나쁜 캐릭터일까?', '이것이 어린이들에게 선입견을 심어주는 것은 아닐까?'와 같은 많은 질문을 던지게 된다.

주도권 토론

주도권 토론이란?

주도권 토론이란 주어진 논제에 대해 상호 토론이 활발히 이어질 수 있도록 토론자별로 주도권을 갖고 토론하는 방식을 말한다.

기존의 토론 방식이 각자의 발언 순서에 따라 찬반 토론자가 한 번씩 주장하고 반박했던 것과는 달리 주도권 토론에서는 주도권을 가진 토론자만이 다른 토론자의 발표 내용에 대해 질문하고 답변을 듣고 반박할 수 있다. 즉 질문은 주도권을 지닌 토론자만 할 수 있으며, 다른 토론자는 이에 응답만 할 수 있는 토론 방법이다.

주도권 토론은 다른 어떤 토론보다 개인의 토론 역량이 중요하게 작용한다는 특징이 있다. 주도권을 갖고 있는 자는 모든 토론자들의 주장을 혼자서 분석하고, 그에 대해 하나하나 질문하고 반박할 수 있어야 하기 때문이다. 그렇기 때문에 주도권 토론은 기업이나 대학 입시 면접에서 특히 많이 사용된다. 대학이나 기업에서는 토론 면접을 통해 상대방과의 의사소통 능력, 학업이나 업무 수행 능력 등을 평가하기 때문에 말을 잘하기보다는 논리적인 근거로 상대방과 원만하게 대화를 이끌어가는 모습을 보여주는 것이 더 중요하다. 토론은 혼자 하는 것이 아니다. 상대방의 말을 경청하고 배려하면서, 상대방의 의견에 비난이 아닌 합리적 비판을 통한 문제 해결 방안을 찾는 것이 바로 토론이 갖고 있는 힘이라 할 수 있다.

주도권 토론을 할 때는 다음과 같은 사항을 유의하는 것이 좋다.

첫째, 토론은 3인 또는 4인으로 진행하는 것이 좋다. 토론자가 그보다 더 많아지면 집중력이 떨어지고 논의가 흐려질 수 있기 때문이다.

둘째, 주도권자는 제한된 시간 속에서 자신의 주장을 강화하기 위해 답변은 되도록 짧게 듣는 것이 좋다. 그러기 위해서는 전략적으로 질문하는 방법에 대한 고민이 필요하다.

셋째, 주도권 토론자는 한 사람이 아니라 모든 토론자에게 골고루 질문할 수 있도록 한다.

넷째, 토론 속에서 예의를 갖추고 적극적으로 자신의 주장을 펼치되, 상대방을 깎아내리는 발언은 삼가는 것이 좋다.

사회자 대본 - 토론자가 3명일 경우

　　토론은 공동체의 문제 해결을 위한 진리 탐구의 과정입니다. 토론자들은 "의사는 환자를 선택해 치료할 수 있다"는 문제에 대해 성실하고 진지하게 토론에 임해주시길 바랍니다. 토론을 시작하기에 앞서 제비뽑기를 통해 개인 번호를 지정하겠습니다. 토론자들은 앞으로 나와서 제비를 뽑아주세요. 이제 번호에 맞게 자리에 가서 서 주시기 바랍니다. 토론을 시작하기에 앞서 청중 및 토론자 인사가 있겠습니다. 토론자 상호 간 인사. 청중을 향해 인사.(박수)

　　이제 토론을 시작하겠습니다.

　　개인 발표 : 첫 순서는 개인 발표 시간입니다. 발언 시간은 토론자 각자 1분 30초입니다. 이번 발표는 기호 1번 학생부터 시작하겠습니다. 기호 1번 토론자 발표 준비되셨습니까? 발표 시작해주세요. 기호 2번 토론자 발표 준비되셨습니까? 발표 시작해주세요. 기호 3번 토론자 발표 준비되셨습니까? 발표 시작해주세요.

　　준비 : 개인 발표가 끝났습니다. 이제 주도권 토론을 위한 1분간의 준비 시간을 갖겠습니다. 주도권 토론은 역순으로 기호 3번부터 발표하겠습니다. 시작하세요.

　　첫 번째 주도권 토론 : 이제 첫 번째 주도권 토론 시간입니다. 주도권 토론에서는 질문의 대상이 정해져 있지 않지만 캠프인 만큼 토론자 모두에게 골고루 질문할 것을 권장합니다. 주도권 토론에서는 자신의 질문과 상대방 답변 시간 포함해서 각자 3분씩 총 2회의 주도권 토론 기회가 주어집니다. 개인별로 주어지는 2회의 주도권 토론을 잘 사용하기 바랍니다.

기호 3번 토론자 주도권 토론 준비되셨습니까? 시작하세요. 기호 2번 토론자 주도권 토론 준비되셨습니까? 시작하세요. 기호 1번 토론자 주도권 토론 준비되셨습니까? 시작하세요.

준비 : 첫 번째 주도권 토론이 끝났습니다. 두 번째 주도권 토론을 위한 준비 시간을 1분간 갖겠습니다. 이제 두 번째 주도권 토론 시간입니다. 이번에는 다시 기호 1번부터 발표하겠습니다.

두 번째 주도권 토론 : 기호 1번 토론자부터 주도권 토론 시작하겠습니다. 기호 1번 토론자 주도권 토론 준비되셨습니까? 시작하세요. 기호 2번 토론자 주도권 토론 준비되셨습니까? 시작하세요. 기호 3번 토론자 주도권 토론 준비되셨습니까? 시작하세요.

준비 : 주도권 토론 시간이 모두 끝났습니다. 이제 마지막 개인 최종 발표를 위한 준비 시간을 2분 갖겠습니다. 개인 최종 발표 시간입니다. 개인 최종 발표는 기호 3번부터 역순으로 발표하겠습니다.

개인 최종 발표 : 기호 3번 토론자 개인 최종 발표 준비되셨습니까? 시작하세요. 기호 2번 토론자 개인 최종 발표 준비되셨습니까?

시작하세요. 기호 1번 토론자 개인 최종 발표 준비되셨습니까? 시작하세요.

　이상으로 토론을 마치겠습니다. 토론한 토론자들에게 격려의 박수 부탁드립니다. 이제 선생님과 모둠원들로부터 피드백을 듣도록 하겠습니다.

토론 흐름도

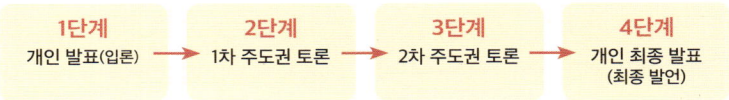

수업 흐름도

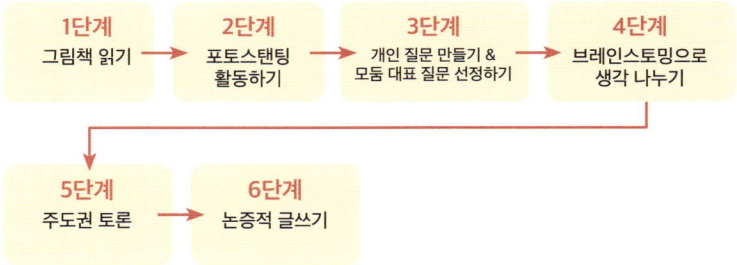

수업 사례

1. 그림책 읽기

그림책을 읽을 때는 학생 중 한 명이 나와 전체적으로 읽어주고, 교사는 옆에서 그림책을 넘겨주며 학생들이 그림과 글에 집중할 수 있도록 해준다. 혹시 교실에 아동학과를 지망하는 학생이 있다면 읽을 기회를 주는 것도 좋은 방법이다. 그다음 모둠별로 책을 나눠준 뒤 모둠에서 한 번 더 읽도록 한다. 이때 그림책의 특성상 텍스트뿐 아니라 그림들을 좀 더 면밀히 관찰하고 그림을 통해 내용을 유추하거나 살펴볼 수 있게 한다. 그림책의 그림은 작가의 상상력과 매체 기법이 도입된 작은 미술관*이라 한다. 따라서 그림책에서는

> ### 그림책 《치과의사 드소토 선생님》 읽기 Tip
>
> 그림책 《치과의사 드소토 선생님》에는 학생들의 흥미를 끌 만한 귀여운 캐릭터가 등장한다. 이 책에서는 몸집이 아주 작지만 뛰어난 의료 기술을 가진 생쥐와 그의 조수이자 부인인 또 다른 생쥐, 즉 생쥐 부부와 이가 아파 엉엉 울며 치료를 부탁하는 여우가 그 주인공이다. 생쥐 부부는 애초의 원칙을 깨고 왜 여우를 받아주었을까? 여우는 자신을 치료해준 생쥐 부부를 잡아먹으려고 했을까? 이와 같은 쥐와 여우의 심리 상태 등을 생각하며 책을 읽다 보면 많은 궁금증이 생겨 책이 더 재미있게 느껴질 것이다. 또한 제일 마지막 장면에서 여우는 이가 딱 붙어 당분간 입을 벌릴 수 없는 치료를 받게 되는데, 그 이후 여우는 어떻게 되었을까? 드소토 부부가 운영하는 치과는 어떻게 되었을까? 여러 가지 상상력을 북돋는 책이다.

글과 그림이 유기적으로 결합해서 제3의 의미를 창출**한다. 그러므로 학생들이 그림책을 읽을 때는 글과 그림을 모두 읽고 질문을 만들 수 있도록 지도한다.

2. 포토스탠딩 활동하기

포토스탠딩 토론은 주제와 이미지의 관련성을 찾아 연결하는 창의적 사고 증진 기법이다. 이 수업에서 활용한 카드는 협동학습 그림

★ 나카가와(2006), 《그림책과 우리사회의 이슈들》(곽영미, 성균관대 생활과학 연구소 그림책 전문가 과정, 2018.) 재인용.

★★ 현은자(2015), 《그림책과 우리사회의 이슈들》(곽영미, 성균관대 생활과학 연구소 그림책 전문가 과정, 2018.) 재인용.

카드 중 '생각카드'이다. 학생들은 자신의 생각과 어울리는 그림을 고르고 그 이유를 말한다. 포토스탠딩은 학생들의 사고를 활성화시키며, 자신의 생각을 정리하기 어려워하는 학생들이 보다 쉽게 사고할 수 있도록 돕는다.

포토스탠딩 활동 사례

책을 읽으며 여우가 혹시 쥐 선생님을 잡아먹지 않을까 싶어, 언제 끝날지 모르는 쥐 선생님의 인생을 언제 꺼질지 모르는 불꽃놀이에 비유해보았다.

드소토 선생님과 부인이 함께 머리를 맞대고 꾀를 내어 자신들이 처한 문제 상황을 해결하는 것이 3인 4각 경기에서 힘을 합쳐 완주하는 과정과 비슷하다고 생각했다. 그래서 이 그림책은 협동에 관해 이야기하고 있다고 생각한다.

여우에게 약을 발라주고 '대단히 고맙습니다'라고 말한 뒤 그 후에 여우가 어떻게 되었는지 궁금했는데 허무하게 끝나서 안개 낀 그림을 고르게 되었다.

드소토가 여우의 입속에 들어갔을 때 내가 드소토인 것처럼 조마조마하고 무서웠다. 아마 드소토가 여우의 입에 들어갔을 때 밑이 아득한 꼭대기 층에서 한 발을 내딛는 기분이었을 것이라는 생각이 들었다.

자신이 위험에 처할 두려움이 있음에도 여우를 구해낸 생쥐 부부가 옆 카드와 많이 닮았다. 어려움이 생겨도 손만 놓는다면 다시 안전해질 텐데 그럼에도 끝까지 손을 놓지 않은 생쥐 부부가 멋있다고 생각했다.

3. 질문 만들기

(1) 개인 질문 만들기

그림책을 읽고 개인별로 질문을 만든다. 학생들이 가장 많이 만드는 질문은 단순히 사실을 확인하는 질문(토론이 필요하지 않은 질문)과 뚜렷한 근거를 댈 수 없어 논의 자체가 불가능한 질문들이다. 그래서 그러한 질문은 되도록 적게 하고, 이번 수업에서는 근거를 가지고 논의를 이끌어갈 수 있는 질문에 좀 더 집중하도록 하였다.

학생들이 질문을 만들기 어려워 할 때 비판적 질문은 "왜"라는 질문에서, 창의적 질문은 "만약"이라는 질문에서 출발하게 하면 좀 더 쉽게 만들 수 있다.

학생들이 만든 질문은 다음과 같다.

- 왜 남자인 드소토 선생님은 의사이고, 부인은 조수일까?
- 드소토 선생님이 가지고 계신 여우에 대한 편견은 옳은 것인가?
- 자신의 목숨이 위험한데도 멈추지 않고 치료를 해야 했을까?
- 사나운 고양이는 치료해주지 않고 여우만 치료해준 것은 차별이 아닌가?
- 아이들에게 판매되는 동화책에 동물을 인간처럼 표현하는 것이 옳은 것인가?(동물들에 대한 편견을 심어주는 이런 우화가 어린이들의 발달에 도움이 되는가?)
- 여우처럼 자신의 아픔을 치료해준 사람에게까지 본능적으로 대하는 것

이 옳은 것일까?(자신을 도와주었다는 이성과 배가 고프다는 본성 중 무언가를 더 중요하게 여기는 것이 옳은 것인가?)
- 드소토 선생님은 왜 육식동물을 진료할 방법을 마련하지 않고 환자들을 차별하고 있었을까?
- 드소토 선생님이 여우의 입을 막는 약을 바르기 전에 미리 고지하지 않은 것은 전문직 윤리에 어긋나는 행위가 아닐까?
- 여우는 잡아먹겠다고 생각만 하고 결국 실천에 옮기지 않았는데도 여우가 윤리적이지 않다고 비난할 수 있는가?(나쁜 생각을 했다는 것만으로도 비난할 수 있는가?)
- 현재 우리나라나 중국 등에서 약자를 돕다 오히려 자신이 피해를 돕는 경우가 종종 발생한다. 이러한 상황에서도 약자를 도와야 할까?

(2) 모둠 질문 선정하기

한 명씩 돌아가면서 자신이 뽑은 대표 질문들에 대한 이유를 설명하며 모둠원들이 함께 살펴본다. 이때 여러 질문 중 친구들과 함께 논의해보고 싶은 비판적 질문을 선택하도록 한다.

모둠 질문을 선정하는 토의할 때, 비판적 질문을 선택하라고 해도 가끔 창의적인 질문들을 선택할 때도 있다. 그럴 때는 왜 이런 질문을 선택했는지 한 번 더 물어보고, 다른 질문으로 바꿀 수 있으면 바꿀 수 있도록 유도하고, 그렇지 않은 경우에는 학생들의 의견을 존중해 그대로 진행해도 무방하다. 다만 논증적 글쓰기를 위해 후에 교사가 질문을 좀더 다듬어줄 수는 있다.
모둠 질문은 다음과 같다.

    1모둠: 의사는 환자를 선택할 권리가 있는가?
    2모둠: 드소토 의사가 여우에게 한 의료 행위는 정당한가?
    3모둠: 여우가 의사 선생님인 쥐를 잡아먹는 것은 잘못된 행동일까?
    4모둠: 여우가 자신을 치료해 준 의사 부부를 본능적으로 대하는 것은 옳은가?
    5모둠: 의사로서의 의무와 자신의 목숨을 보존하기 위한 욕구 중 무엇이 우선일까?
    6모둠: 만약 내가 쥐라면 여우가 교활하다는 고정관념 없이 의사로서 여우를 받아줬을까?
    7모둠: 쥐는 의사인데 사나운 동물이 무섭다고 해서 치료를 하지 않는 것은 의사로서 의무를 다한 것일까?
    반 대표 질문: 의사는 환자를 선택할 권리가 있는가?

4. 브레인스토밍으로 생각 나누기

브레인스토밍은 오스번(1941)이 광고의 아이디어를 내기 위해 고안한 방식으로, 아이디어의 수준에 관계없이 가능한 한 많은 아이디어를 얻으려는 목적을 가지고 있다. 자유로운 분위기 속에서 무

〈학생들의 브레인스토밍 결과〉

슨 이야기든 비난하지 않고 상대방의 이야기를 들어줄 때 많은 아이디어가 창출될 수 있다. 브레인스토밍은 문제의 원인을 찾거나 해결책을 논할 때, 논의 주제를 찾을 때, 개선 방안을 찾을 때 등 다양한 목적에 두루 쓰일 수 있는 방법이다. 여기서는 토론 전에 먼저 한 가지 질문을 놓고 그 질문에 대한 자신들의 생각을 조건이나 형식에 구애받지 않고 자유롭게 나누기 위해 사용하였다.*

5. 주도권 토론

주도권 토론의 논제는 "의사는 환자를 선택해서 치료해도 될까?"로 선정하여 진행되었다.

순서	발언 시간	발언 순서	발언 내용
개인 발표(입론)	1분 30초	기호 1번부터 마지막 번호순으로	· 기존 입론 형태 발언 · 입론서 발표
준비 시간		1분	
주도권 토론1	3분	마지막 번호부터 1번순으로	· 주도권을 지닌 학생이 질문을 하고 질문을 받은 학생은 답변하기 · 주도권 질문 시 모르는 내용을 물어보지 말고 반론 형태의 질문을 권장
준비 시간		1분	
주도권 토론2	3분	기호 1번부터 마지막 번호순으로	· 1차와 동일
준비 시간		2분	
개인 최종 발표 (최종 발언)	1분 30초	마지막 번호부터 1번순으로	· 자신의 최종 입장을 발표 · 입론과 입장이 달라져도 괜찮음

---

* 정문성, 《토의·토론 수업 방법》, 교육과학사, 2016, 97~99쪽 참고.

(1) 개인 발표

기호 1번: 기호 1번 ○○○니다. 저는 의사는 환자를 선택해서 치료해서는 안 된다고 생각합니다. 왜냐하면 의사는 의사로서의 소명을 다해야 하기 때문입니다. 의사의 소명은 아픈 환자를 치료하는 것입니다. 그래서 의사는 의사라는 직업을 선택할 때 어떤 경우라도 환자를 우선하겠다는 선서를 하게 됩니다. 이처럼 의사는 어떠한 경우에도 환자를 살리는 일이 가장 최우선입니다. 그 예로, 메르스와 같은 전염병 환자가 발생했을 때 의료진은 누구보다 앞장서 병을 치료하는 데 최선을 다해야 합니다. 만약, 이러한 사태가 발생했을 때 의료진들이 진찰을 거부한다면 환자는 물론이고, 인류 전체가 위험에 빠지게 될 것입니다. 이는 곧 의사가 의사로서의 소명을 다하지 못한 것이라 할 수 있습니다.

기호 2번: 기호 2번 ○○○입니다. 저는 의사는 환자를 선택해서 치료할 권리가 있다고 생각합니다. 왜냐하면, 첫째, 아무리 의사라 할지라도 자신의 목숨까지 위협을 받으면서 환자를 치료할 필요는 없기 때문입니다. 의사는 직업일 뿐, 자신의 생명보다 더 중요한 일이라 볼 수 없습니다. 의사도 한 생명을 가진 존재로 무엇보다 자신의 생명이 가장 소중하다고 생각합니다. 둘째, 유능한 의사가 만약 목숨을 잃게 된다면 다른 환자에게도 큰 피해가 갈 수 있습니다. 예를 들어 최근에 자주 회자되고 있는 이국종 교수와 같이 어려운 수술을 해내어 많은 환자를 살릴 수 있는 의사가 사라진다면 이는 의료계에 큰 타격이 아닐 수 없습니다. 따라서 자신의 생명을 보존하는 것이 곧 더 많은 환자를 살릴 수 있는 있는 일이기 때문에 생명에 위협이 되는 환자는 선택해서 치료할 수 있다고 생각합니다.

기호 3번: 기호 3번 ○○○ 입니다. 저는 의사에게는 환자를 선택할 권리가 없다고 생각합니다. 모든 의사는 의사가 되기 위한 선서를 할 때 국적, 종교, 나이와 관계없이 환자를 위해 최선을 다할 것을 맹세합니다. 따라서 자신을 위해 환자를 가려 받는 의사의 행위는 옳다고 볼 수 없습니다. 그 이유는 첫째, 전문직에 종사하는 사람들은 자신의 기술을 많은 사람들에게 도움을 주는 데 써야 하기 때문입니다. 의사 면허는 누구나 취득할 수 있는 것이 아닙니다. 많은 시간과 노력으로 그 자격을 취득한 만큼 의료 기술이 없어 고통 받고 있는 사람들을 위해 도움을 주어야 합니다.

둘째, 주변 의사들에게 끼칠 영향이 우려되기 때문입니다. 의사가 환자를 가려 받는 행위는 결코 개인만의 문제라 할 수 없습니다. 이런 행동이 주변의 의사들에게 알려진다면 그들도 같은 행위를 하게 될 것이고, 결국 치료가 절실히 필요한 환자가 외면 받는 상황이 올 수도 있습니다. 우리는 병원에서 위험한 수술이나 어려운 수술을 요하는 환자를 기피해 환자가 이 병원, 저 병원을 전전하다 사망에 이르는 경우를 뉴스를 통해 종종 접하고는 합니다. 이처럼 의사가 환자를 가려 받는다는 것은 생명윤리 문제를 일으킬 수 있는 심각한 행동이라 할 수 있습니다.

따라서 의사는 환자를 선택해 치료해서는 안 된다고 생각합니다.

(2) 주도권 토론 1

기호 3번: 기호 1번에게 질문하겠습니다. 의사는 의사라는 직업을 선택할 때 어떤 경우라도 환자를 우선하겠다는 선서를 한다고 했는데 혹 그 선서가 어떤 것인지 알고 계십니까?

기호 1번: 네. 제가 말한 선서는 〈히포크라테스 선서〉로, 이 선서에서는 "내가 어떠한 집에 들어가더라도 나는 병자의 이익을 위해 그들에게 갈 것이며 어떠한 해악이나 부패 행위를 멀리할 것이며……"라는 구절이 있습니다.

기호 3번: 기호 2번에게 질문하겠습니다. 인간의 생명이 무엇보다 가장 중요하다는 주장에는 동의합니다. 하지만 이국종 교수와 같이 유능한 의사가 자신의 생명이 더 중요하다는 이유로 환자의 치료를 거부한다면, 이는 또 다른 생명을 경시하는 것이 될텐데, 그럼 본인의 주장과 모순되는 것이 아닙니까?

기호 2번: 물론 의사는 환자의 생명을 중시해야 합니다. 이국종 교수는 누구보다 환자의 생명을 중시하는 의사입니다. 그는 2011년 '아덴만 여명 작전'에서 해적들에게 총상을 입은 석해균 선장을 수술

했는데, 그때 석 선장은 "이국종 교수는 자신을 돌보지 않고 환자에만 매달리는 의사이다"라는 인터뷰를 한 적이 있습니다. 현재 이국종 의사는 많은 환자를 돌 본 탓에 실명 위기에 처해 있다고 합니다. 이처럼 유능한 의술을 가진 의사가 자신을 제대로 돌보지 못하고 생명이 위험해진다면 이는 더 많은 생명을 살릴 기회를 잃는 것입니다.

기호 2번: 기호 3번에게 질문하겠습니다. 기호 3번께서는 주변 의사들에게 끼칠 영향이 우려되기 때문에 의사가 환자를 선택하면 안 된다고 하셨는데, 이는 성급한 일반화가 아닐까요? 모든 의사가 그렇다는 증거가 있습니까?

기호 3번: 2016년 전북에서 두 살배기 남자아이가 교통사고로 골반이 심각하게 골절된 사고를 당하고 곧바로 인근 대학병원으로 이송됐습니다. 그런데 도착 22분 만에 의료진은 수술 대신 이송을 택했고, 각 지역 대학병원과 국립중앙의료원 등 12곳에 도움을 요청했지만 아무도 이 아이를 치료하겠다고 나서는 곳이 없었습니다. 결국 이 아이는 사건 발생 7시간 만에 아주대학교 외상센터에 도착했지만 다음날 새벽에 숨을 거뒀습니다. 사고 이후 단 한 방울의 피도 수혈받지 못한 채 말입니다. 문제는 이와 같은 사건이 흔히 접할 수 있는 사건이라는 것입니다. 따라서 이는 성급한 일반화가 아닙니다.

기호 3번: 기호 1번에게 질문하겠습니다. 의사의 소명이 자신의 생명보다 환자의 생명을 소중히 여기는 것입니까?

기호 1번: 〈히포크라테스 선서〉 중에 "내가 어떠한 집에 들어가더라도 나는 병자의 이익을 위해 그들에게 갈 것이며"라는 구절이 있습니다. 여기서 '병자의 이익을 위해 그들에게 갈 것이다' 라는 말은 곧 병자를 치료하기 위해서라면 어떤 상황에서든 그들의 치료를 가장 우선시할 거라는 뜻으로 받아들여도 된다고 생각합니다.

기호 1번: 기호 2번에게 질문하겠습니다. 의사도 단지 하나의 직업일 뿐이기 때문에 자신의 생명을 더 우선해야 한다는 말씀을 하셨는데, 의사라는 직업을 단지 돈을 벌기 위한 직업으로 해석하는 것은 의사라는 전문직을 잘못 이해하는 것이 아닐까요? 의사는 생명을 다루는 일을 하는 전문직이므로 직업에 대한 해석을 달리해야 한다고 생각하는데요?

기호 2번: 의사가 아무리 인간의 생명을 다룬다 할지라도 그것 역시 하나의 직업으로 선택한 일일 뿐이라는 것입니다. 따라서 의사라는 직업적 소명에 의사 본인의 생명까지 포함시키는 것은 의사의 직업을 너무 확대 해석한 것이라 생각됩니다.

기호 3번에게 질문하겠습니다. 응급실에 실려온 환자가 제대로 치료를 못 받고 이 병원 저 병원을 전전긍긍하는 예를 드셨는데, 그러한 상황은 의사가 환자를 기피해서라기보다는 병원에 응급 치료 시설이 부족해서 환자를 다른 병원으로 이송한 것은 아닐까요?

기호 3번: 물론 그런 경우도 있겠죠. 그러나 응급 치료가 필요한 환자를 외면하는 이유는 시설이라기보다는 환자가 잘못됐을 때 의사가 당하는 불이익이 더 크기 때문으로 알고 있습니다.

(3) 주도권 토론 2

기호 1번: 기호 3번에게 질문하겠습니다. 응급 환자를 이송하는 이유가 시설이라기보다는 의사가 당하는 불이익이 더 크다는 근거(사례)가 있습니까?

기호 3번: 네. 있습니다. 보건복지부와 국립중앙의료원이 제출한 2015년 권역외상센터 평가 결과를 보면 지난 3년 간 권역외상센터 설립에 국비 2000억 원이 넘게 투입됐지만 일부 센터에서 환자 치료 거부 사례가 발생하고 있다는 지적이 제기됐습니다.(Daily medi, 2016.9.)

기호 1번: 하지만 제가 조사한 바에 따르면 119 구급대를 통해 병원에 도착한 응급 환자가 해당 병원의 거부로 다른 병원으로 재 이송되는 사례가 해마다 증가하고 있는 이유 중 전문의 부재가 1만 537건(23.2%)으로 가장 많았고, 진료과 없음 6,069건(13.4%), 병상 부족 3,922건(8.6%), 의료 장비 고장 774건(1.6%) 등의 순으로 뒤를 이었다고 합니다. (dailypharm, 2016.09.) 이처럼 턱없이 부족한 의료인, 의료 시설 등이 보충된다면 분명 이러한 문제는 해결될 것입니다.

기호 2번: 기호 3번에게 질문하겠습니다. 전 의사의 소명에 대해 말씀드렸는데, 3번님이 주장하신 것처럼 어떤 의사가 환자를 가려 받거나 응급한 환자를 치료하지 않는다면, 과연 이 의사는 의사로서의 소명을 다했다고 볼 수 있을까요?

기호 3번: 하지만 의사도 사람이기 때문에 이러한 행위에 유혹될 수 있습니다. 그렇기 때문에 처음부터 의사는 환자를 선택 치료해서는 안 된다는 원칙을 세워두는 것이 중요하다고 생각합니다. 그래서 정부에서도 응급 환자를 기피해 그 환자가 목숨을 잃었을 경우 그러한 병원에 강력한 조치를 해 그런 거부 사태가 다시 일어나지 않게끔 단속하고 있는 것입니다.

기호3번: 기호 2번에게 질문하겠습니다. 조금 전 의사의 직업적 소명에 의사 본인의 생명까지 포함시키는 것은 의사라는 직업을 너무 확대 해석한 것이라는 주장을 하셨는데, 본인은 의사의 소명이 무엇이라고 생각하시나요? 소명이라는 것의 의미는 알고 계신가요?

기호 2번: 물론 소명의 의미는 잘 알고 있습니다. 소명은 자신에게 주어진 맡은바 책무라는 의미입니다. 의사의 소명은 자신에게 주어진 능력에 기대 최선을 다해 환자를 치료하는 것입니다. 2011년에 경기도 오산시 궐동의 한 치과에서 충치 치료 후 부작용에 대해 보상을 요구하며 실랑이를 벌이다 치과의사를 흉기로 찔러 살해한 사건이 있었습니다. 이와 같이 흉악한 환자로부터 자신의 생명을 지키겠다는 의사에게 우리는 과연 의사의 소명을 소홀히 했다 말할 수 있을까요?

(4) 개인 최종 발언

기호 3번: 기호 3번 최종 발언하겠습니다. 저는 의사는 환자를 선택해서 치료해서는 안 된다고 생각합니다. 그 이유로 앞서 저는 첫째, 의사는 의사가 되기로 결심한 순간 이미 환자를 위해 자신의 모든 것을 희생하기로 선서합니다. 따라서 의사라는 직업을 갖고 있는 이상 이 선서에 따라 자신의 이익보다 환자의 이익을 먼저 생각해야 하는 것이 진정한 의료인의 자세라고 생각합니다. 그리고 둘째, 의사들이 환자를 기피하다 보면, 앞서 예를 들었던 것처럼 생명이 위급한 환자들이 제때 치료받지 못하고 생명을 잃는 경우가 발생하게 될 것입니다. 이는 전문직 집단의 이기주의를 야기할 수도 있는 문제이므로, 애초에 이러한 일이 발생하지 않도록 규정을 강화하는 노력이 필요하겠습니다. 이와 같은 두 가지 이유를 들어 저는 의사는 환자를 선택해서 치료해서는 안 된다는 주장을 거듭 말씀드립니다. 감사합니다.

기호 2번: 기호 2번 최종 발언 시작하겠습니다. 저는 의사는 환자를 선택해서 치료할 수 있다고 생각합니다. 그 이유로 첫째 의사의 생명도 환자의 생명만큼 소중한 것이기 때문에 자신의 생명과 맞바꿀 만큼 가치 있는 것은 없다고 생각하기 때문입니다. 의사라는 직업은 환자의 생명을 소중히 다루고 환자를 치료하는 데 최선을 다하면 되는 것이지, 굳이 자신의 목숨과 맞바꿀 만한 일은 아니라고 생각합니다. 그리고 둘째, 앞서 이국종 의사의 예를 들었던 것처럼 유능한 의사라면 더 많은 환자를 치료하기 위해서라도 생명을 소중히 생각해야 할 것입니다. 따라서 저는 의사는 무조건적으로 자신을 희생하기보다는 환자를 선택해서 치료할 수 있다고 생각합니다. 이상으로 최종 발언 마치겠습니다. 감사합니다.

기호 1번: 기호 1번 최종 발언 시작하겠습니다. 저는 의사는 환자를 선택해서 치료해서는 안 된다고 생각합니다. 그 이유는, 의사는 의사가 될 때 어떤 경우라도 환자의 이익을 위해 그에게 갈 것이라는 선서를 했고, 이 선서를 지키는 것이 의사로서의 소명을 다하는 것이기 때문입니다. 의사는 다른 직업과 달리 직업적 소명을 중시하는 직업입니다. 그 소명은 바로 인간의 생명을 무엇보다 소중히 다루는 일이며, 그러기 위해서는 자신보다 환자의 생명을 우선시 하는 것이 마땅합니다. 그러한 소명의식에 따라 일하기 때문에 우리는 의사를 존경하고 신뢰하는 것입니다. 메르스의 예를 들었듯이 의사의 이러한 숭고한 희생정신이 없다면 우리는 너무나 큰 위험에 처해질 것입니다. 따라서 이와 같은 이유로 의사는 자신의 희생이 뒤따르더라도 환자를 선택해서 치료해서는 안 된다고 생각합니다. 이상 최종 발언을 마치겠습니다. 감사합니다.

연번	원 질문	→	주장
1	여우는 잡아먹겠다고 생각만 하고 결국 실천에 옮기지 않았는데도 여우가 윤리적이지 않다고 비난할 수 있는가?	→	비도덕적인 생각만으로도 비난받을 수 있다.
2	드소토 선생님은 왜 육식동물을 진료할 방법을 마련하지 않고 환자들을 차별하고 있었을까? 사나운 동물을 치료하지 않는 것은 차별이 아닌가? 자신을 해친다는 동물은 받지 않는다고 했는데 여우가 불쌍하다는 이유로 받아준 것은 정당한가? 의사가 사나운 동물이라는 이유로 환자를 가려 받는 것은 차별인가? 아니면 자신의 목숨을 지키기 위한 선택인가?	→	① 의사는 환자를 선택 치료해도 된다. ② 의사는 환자를 선택 치료해서는 안 된다.
3	드소토 선생님이 여우의 입을 막을 약을 바르기 전 미리 고지하지 않은 전문직 윤리에 어긋나는 행위가 아닐까? 여우의 이빨에 약을 발라 입을 못 벌리게 한 의사의 행동은 과연 옳은 것인가?	→	① 드소토 의사가 여우에게 한 의료 행위는 정당하다. ② 드소토 의사가 여우에게 한 의료 행위는 정당하지 않다.
4	아이들에게 판매되는 동화책에 동물을 인간처럼 표현하는 것이 옳은 것인가?	→	① 아이들에게 판매되는 동화책에 동물을 인간처럼 표현하는 것은 옳다. ② 아이들에게 판매되는 동화책에 동물을 인간처럼 표현하는 것은 옳지 않다.
5	본성에 따랐던 여우를 나쁘다고 할 수 있을까?	→	① 본성에 따른 여우의 행동은 정당하다. ② 본성에 따른 여우의 행동은 정당하지 않다.
6	현재 우리나라나 중국 등에서 약자를 돕다 오히려 자신이 피해를 입는 경우가 종종 발생한다. 이러한 상황에서도 약자를 도와야 할까?	→	① 자신에게 피해가 될지라도 사회적 약자를 도와야 한다. ② 자신에게 피해가 된다면 사회적 약자를 돕지 말아야 한다.

6. 논증적 글쓰기

학생들의 논리적·비판적 사고력을 함양하기 위해 논의된 질문들을 토대로 논증적 글쓰기를 한다.

논증적 글쓰기의 단계는 다음과 같다.

첫째, 모둠별로 나온 질문을 주장으로 바꾼다. 글을 쓸 때는 자신의 주장이 명확히 드러나도록 질문 형태로 쓰지 않고 평서문으로 바꿔 쓴다.

둘째, 모둠별로 토의된 내용을 근거로 자신의 주장이 설득력을 갖도록 작성한다.

셋째, 상대방의 입장을 반박하면서 자신의 생각을 강화할 수도 있다.

넷째, 한 단락에 하나의 이유와 근거가 담기게 하고, 문장은 최대한 짧고 간결하게 쓴다.

〈논증적 글쓰기 예시〉

| 논술문 쓰기 ① | 학번: 30200 | 성명 : 조○○ |

주장 : 의사는 환자를 선택할 권리가 없다.

책의 주인공인 드소토 부부는 늑대를 비롯해 본인에게 위험한 동물은 치료하지 않고 오로지 본인에게 위협이 되지 않을 동물 환자만 선택하여 치료하였다. 그러나 이런 드소토 부부의 환자에 대한 차별적 행동은 옳지 않다.

첫째, 의사는 소명의식을 갖고 임해야 하는 직업이다. 의사가 되기 위해 〈히포크라테스 선서〉를 하는데, 이는 그 어떠한 상황에서도 환자라면 치료해야 한다는 내용이다. 즉 환자의 사회적 환경을 고려하지 않고 아픈 환자가 있다면 무조건 치료해야 한다는 것이다. 이렇게 의사는 본인에게 주어진 소명에 따라 치료에 전념해야 한다.

둘째, 의사가 환자를 선택하는 것은 선택받지 못하는 환자들을 차별하는 것이다. 환자가 의사 본인에게 해로움을 미치는가를 기준으로 환자를 고르는 것은 선택받지 못한 사람들을 차별하는 것이며, 의사 본인의 역할에 충실하지 않은 것이다. 의사란 환자를 치료하는 사람이기에 모든 환자를 동등하게 대해야 한다. 그러나 환자를 선택하는 것은 선택받지 못한 환자를 차별하고 더 나아가 본인의 역할에 충실히 임하지 않은 것이다.

마지막으로, 의사가 생명이 위독한, 치료가 시급한 환자를 거부하는 것은 살인 행위와 같다. 직접적인 살인은 아니라도 의사의 치료를 받지 못해 사망한 것이라면 의사는 환자가 죽을 수 있는 환경을 조성했기 때문에 이는 곧 살인 행위라 볼 수 있다.

위와 같은 이유로 의사가 환자를 선택해 치료하는 것은 정당한 행위가 아니다. 의사는 본인의 역할에 충실하고, 환자를 우선시하여 건강한 사회를 만드는 데 일조해야 할 것이다.

〈논증적 글쓰기 예시〉

| 논술문 쓰기 ② | 학번: 30200 | 성명 : 장○○ |

주장 : 의사는 환자를 선택할 권리가 있다.

의사는 무조건 환자를 받아야 하는 것이 아니라 의사에게도 환자를 선택할 권리가 있다.

첫째, 의사도 사람이기 때문에 신변에 위협을 느낄 환자라면 거부할 권리가 있다. 이에 의사는 소명에 따라 모든 환자를 치료해야 할 의무가 있다는 주장이 있는데, 그러한 의사의 의무도 본인의 생명을 잃으면 아무 의미가 없다. 이 책의 주인공 드소토 선생님도 자신의 직업적 소명에 따라 여우를 치료해주었으나 실제 여우는 치료를 마친 후 드소토 부부를 잡아먹을 생각을 하고 있었다.

둘째, 의사는 아무나 가질 수 있는 직업이 아니다. 환자를 치료할 사람이 의사밖에 없기 때문에 무조건 환자를 치료해주어야 한다는 주장은 뒤집어 생각해보면, 의사는 중요한 인재이기 때문에 한편으로는 무조건 보호받아야 하는 존재이기도 하다. 본인의 신변을 보장할 수 없는 환자를 받아서 정말 위험한 상황에 빠진다면, 의사 본인에게도 안타까운 일이지만 이 의사를 필요로 하는 다른 많은 환자들에게도 엄청난 피해가 될 것이기 때문이다.

마지막으로 세 번째 이유는, 의사에게도 전공 분야가 있어 더 잘하거나 좀 모자라는 부분이 있을 것이다. 그래서 어떤 환자가 왔을 때, 자신이 치료하는 것보다 다른 병원으로 가면 더 치료를 잘 받을 수 있다는 소견에 따라 다른 병원을 추천하거나 진단을 중지할 수도 있다. 이는 본인의 사적 이익을 떠나 환자의 건강을 생각하는 것이기 때문이다.

이러한 이유로 의사에게도 환자를 선택 치료할 권리가 있다고 생각한다.

수업 성찰

주도권 토론은 수업에서 많이 사용하지 않는 다소 생소한 방식이기는 하지만, 주어진 시간 안에 입론하고, 두 차례의 주도권 토론을 통해 질문하고 답변하는 방식은 기존의 찬반 토론 방식과 크게 다르지 않다. 다만 팀이 아닌 일대 다수로 토론을 하다 보니 토론 과정에서 개인차가 많이 드러나는 것이 사실이다. 실제 토론을 하다 보면 2차 주도권 토론에서 더 이상 할 말이 없어서 제대로 된 질문이 안 나오고, 했던 말만 되풀이 하는 경우가 종종 있다. 인재 선발을 위한 면접에서는 이런 방식이 좋겠지만, 교육 효과를 위해서는 본격적인 토론 전에 브레인스토밍을 통해 미리 논제에 대해 생각해보는 시간을 갖는 것이 더 좋다. 한 가지 주제를 놓고 친구들과 자유롭게 대화를 하다 보면 자신의 생각이 더 잘 정리되기 때문이다. 또 토론에서 자신의 주장을 강화하기 위해서는 근거(사례)를 풍부하게 준비해야 같은 말만 되풀이하지 않을 수 있기 때문에 학생들에게 이 점을 더 강조해주는 것이 좋다.

〈참고문헌〉

정문성, 《토의·토론 수업방법 56》, 교육과학사, 2016.

학생자치회 임원선거 후보자 토론회 매뉴얼, 중앙선거방송 토론위원회, 2016.

〈부록 1〉 그림책 토론 수업(사회과 예시)

교과	사회	단원명	I. 사회를 바라보는 창 - 개인이해, 세상 이해 II. 공정성과 삶의 질 -개인과 공동체, 다양성과 관용	대상학년	고등학교 1학년
교육 과정	성취 기준		• 개성과 다양성 존중의 필요성을 이해하고, 그것이 존중되지 못할 때 발생할 수 있는 문제를 설명할 수 있다. • 다문화 사회에서 차이를 인정하는 관용과 문화적 소통의 중요성을 설명할 수 있다.		
	교육과정 재구성		• 교육과정 주제별 통합 • 독서기반 사회 현상 탐구 • 그림책 활용 독서토론 - 단원별 핵심 주제를 아우를 수 있는 그림책을 선정하여 독서토론		
	핵심 역량		• 창의적/비판적 사고력, 공감적 의사소통 능력, • 문제 해결력, 심미적 감성 역량, 공동체 역량		
수업	수업 주제		그림책을 활용한 독서토론 공감 수업	차시	3차시
	수업 및 평가 의도		• 학생들은 교사들이 생각하는 것보다 훨씬 더 많은 능력을 갖고 있다. 빙산의 일각처럼 개별 학생의 보이지 않는 거대한 잠재적 가능성을 볼 수 있는 교사의 눈이 매우 협소하다는 것을 수년간 토론 수업을 하며 터득하게 되었다. 무한한 가능성과 잠재력을 가진 아이들을 사회 교과서 안에서만 가두어 놓고 평가할 수 없다는 것을 깨달았다. • 그들의 이야기를 쏟아낼 장(場)을 나의 교실 수업에서 마련해 주고 싶었다. 사회 시간에 그림책으로 발제하고 토의하고 각자의 의견과 주장을 나누는 가운데, 학생들은 웃고 떠들며 자유를 경험한다. 서로 손뼉을 치며 박장대소할 수도 있고, 상대방과 생각이 다를 때에는 진지하고 열을 내며 토의할 때도 있다. 질의하고 답변하고 주장하는 가운데 왜 그런지를 알게 되고 상대를 이해하게 되는 것이 사회과가 추구하는 진정한 의미의 민주시민 교육이라고 생각한다. • 그림책을 토대로 자신의 생각을 질문으로 만드는 과정에서 창의성과 경청, 민주적 의사소통 과정을 평가할 수 있다. • 책에 근거한 상상과 추론 활동을 통해 세계관과 다문화사회 공동체에 대한 의식의 변화를 경험하며 이를 실천에 옮길 수 있는 세계 시민성으로서의 자질과 의지도 함께 엿볼 수 있을 것이다.		
	수 업 디 자 인	1 차 시	• 단원의 핵심 개념, 주제와 관련된 사회 현상 및 쟁점이 되는 문제를 제기한다. • 그림책 선정 배경과 단원과의 관련성을 설명한다. • 그림책 작가와 서지 정보, 책의 특징을 소개한다. • 교사가 그림책 책장을 넘기며 천천히 읽어주고, 학생들은 각자 서평을 쓴다. 〈그림책 선정〉 → 그림책 소개 - 글 작가와 그림 작가 - 출판사 - 국제도서상 수상 - 기타 서지정보 등 → 〈교사 스토리텔링〉		

수업	수업디자인	2차시	• 모둠별 토의 학습을 통해 독서토론 발제 활동 • 토의 모형 : 소크라테스식 문답법(교사 토의 진행) • 발제 과정 : 개인→ 모둠→ 주제선정 토의 • 모둠별 그림책 다시 읽기→ 개별 질문 만들기(개인 이해) → 개별 질문을 모아 서로 토의한 후 모둠의 대표 질문 선정하기(공동체 토의) → 모둠의 대표 질문 칠판에 적기→ 선정 이유 발표하기 → 전체 토의 후 학급 대표 주제(질문) 선정하기(동료 평가) • 토의 정리하기 : 학생 피드백(자기 평가)+교사 피드백 본 수업 과정을 통해 본인의 성장과 배움이 일어난 점을 자유롭게 발표 • 활동지에 이 책을 통해 배우고 깨달은 점 작성 • 그림책의 핵심 키워드를 찾아보고 하나의 작품으로서의 그림책을 독자의 입장에서 평가(자기 평가) 〈모둠토의활동〉　〈대표질문 선정활동〉　〈활동지 작성〉
		3차시	• 모둠별 토의 과정을 통해 선정된 대표 질문을 중심으로 월드카페 활동 • 토의 모형 : 월드카페 (자기 평가+동료 평가) → 모둠 호스트 정하기→ 대표 질문을 중심으로 상호 전지를 활용하며 토의(1차) → 새로운 모둠으로 이동하여 다른 대표 질문에 대해 토의하기(2차) → 타 모둠으로 이동하여 토의(3차) → 각 모둠의 호스트가 토의 내용 발표하기→ 교사 피드백 및 정리하기 〈모둠 토의 활동〉　〈대표 질문 선정 활동〉 〈활동지 작성〉

| 평가 | 지필 및 수행 평가 - 교과 대회 연계 | 1. 평가의 목표
전체 사회과 교육과정이 추구하는 성취 기준을 충족하면서도 인지적, 기능적, 정의적 영역에서의 역량이 개발되어 학생 개개인이 아는 것을 자기 삶에서 실제 활용할 수 있도록 하는 데 초점을 맞추어 평가를 설계하였다. 즉 교과 수업에서 일어난 일련의 사고의 과정과 자기 표현의 역량을 이끌어내도록 평가 계획을 설계하였다.
2. 지필 및 수행평가 비율 및 방법
사회 교과 수업이 주당 2차시인 관계로 학기초 수행평가의 비중을 60%로 확대하고 지필평가는 40%로 편성하여 지필평가의 횟수를 1회로 편성하고 평가 계획을 수립하였다. 또한 지필평가 내에서도 선다형 문항의 비율을 가급적 줄이고 서술형 평가 문항의 비중을 50%로 확대하였다.
 다양한 수행평가 중 10%를 독서토론 활동으로 반영하여 학기별 3회의 그림책 독서토론 수업을 편성하고 토의 활동을 수행평가로 반영하도록 설계하였다. 이때 유의할 점은 학생들이 평가 점수에 너무 위축되지 않도록 독서토론 수업 시간에는 자유로운 토의 활동이 이루어지도록 교사의 노련한 지도와 관찰이 필요하다.

독서토론 수행 평가의 평가요소
1. 독서 토의 활동 과정에서 질문과 답변에 적극적으로 참여하는가?
2. 주어진 책을 바탕으로 다양한 관점에서 생각을 전개하였는가?
3. 상대방 의견에 대한 경청, 배려 등 토론 매너를 준수하였는가?
4. 논리적으로 근거를 제시하며 자신의 생각을 주장하는가?
5. 주어진 활동지를 성실하게 작성하고 제출하였는가?

3. 교과 연계 대회
1학기말 2차 지필평가 이후 독서기반 수업 활동의 연계하여 '사회탐구 창작그림책 발표대회'를 실시하였다. 매주 1권씩 읽은 그림책을 통하여 학생들은 그림책이라는 매체의 특성을 충분히 이해하고 있었고, 독서토론 수업을 통해 자신의 삶과 연결 짓는 작업을 해왔으므로 사회탐구 주제에 대하여 '나만의 창작그림책 발표대회'를 수행할 수 있었다.

심사 항목	심사 내용 및 기준	배점	총점
구성력	주제의 탐구성	20점	100점
	논리적 구성력	20점	
창의력	구성의 창의성	15점	
	글과 이미지의 조화	15점	
표현력	주제의 표현 능력	15점	
	발표 자세 및 전달력	15점	

기록	학교생활 기록부 기재 예시	다양성과 관용 단원에서 '벌집이 너무 좁아!'라는 그림책 활용 토론 수업에서 우리 사회내 다양한 이주민에 대한 문제를 핵심 주제로 발췌하고 그에 대한 창의적인 해결 방법을 제기함. 다른 관점을 취하는 친구의 질문에 대하여 존중하는 자세를 취하면서도 책에 근거하여 논리적으로 문제를 제기하고 추론해가는 능력이 탁월함. 사회 현상에 대한 다량의 독서력을 바탕으로 자신의 관점을 잘 견지하며 원인을 분석하고 창의적이고 다각적 차원에서 문제를 해결하고자 하는 학업 역량이 뛰어난 학생임. 모둠에서 토의 과정을 잘 이해하지 못하는 친구를 위해 그림책의 장면을 자기 경험을 예로 들어 설명하는 등 모둠내 협력을 통해 토의를 이끌어가는 퍼실리데이터로서의 역할을 충실히 해내어 동료들에게서 좋은 평가를 받음.
교사 제언		그림책으로 고등학생들과 토론 수업을 하며 느낀 점은 교과서를 넘어서서 교사가 교육적 가치나 핵심 내용을 주입하지 않아도 된다는 점이다. 내가 지금까지 교실에서 만난 학생들은 교사가 교수하기 이전에 자신의 내면 깊은 곳에서 '무엇이 중요한지', '무엇이 가치 있고 의미있는 것인지'를 이미 알고 있다. 이제까지 교실수업에서는 그것을 자유롭게 말할 기회가 없었고, 허용적인 수업분위기가 아니라서 말하고 싶지 않았을 뿐이다. 교사는 단지 그 시간과 표현의 자유를 허용해주고 용납해 주면 된다. 굳이 거기에 교사가 자신의 말로 더 보태지 않아도 되었다. 학생들이 배움과 삶의 주체가 되게 하는 수업, 그들이 지금 현재의 모습만으로도 충분히 소중하고 아름다운 존재임을 스스로 깨닫게 하는 그런 수업을 꿈꾸고 실천하게 된다. 도무지 책을 읽으려고 하지 않던 학생들과 함께 수업하는 교사인 내게, 그림책 토론 수업은 그 소박한 꿈을 이루어주는 순간이기도 하다.
수업 및 평가 결과물 예시 자료		• 기타 독서토론 월드카페 활동 자료
---	---	---	---
	관련 단원 : 삶의 질과 복지-인간다운 삶 미래를 바라보는 창-지속가능한 발전		도서명: 시애틀 추장 저자: 수잔 제퍼스 출판사: 한마당
	관련 단원 : 합리적 선택과 삶-일과 여가 미래를 바라보는 창-나의 미래상		도서명: 거꾸로 읽는 개미와 베짱이 저자: 프랑수아즈 사강 출판사: 국민서관

수업 및 평가 결과물 예시 자료	• 교과연계대회 : 2016 '나만의 창작 그림책' 발표대회		
	주제 : 자아 정체성		주제 : 다문화
	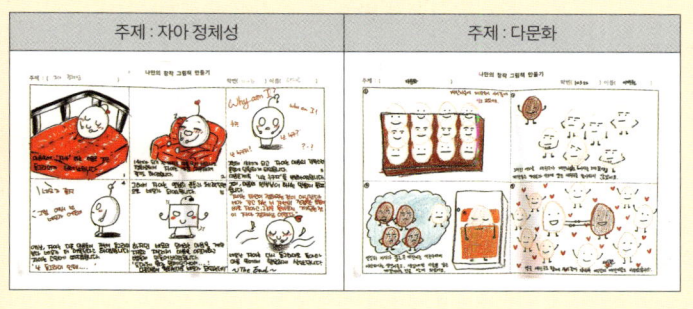		

<참고자료>
- 안드레스 피 안드레유 지음, 킴 아마테 그림, 유아가다 옮김, 《벌집이 너무 좁아》, 고래이야기, 2015.
- 프랑수아즈 사강 지음, JB 드루오 그림, 이정주 옮김, 《거꾸로 읽는 거미와 베짱이》, 국민서관, 2013.
- 수잔 제퍼스 지음, 최권행 옮김, 《시애틀 추장》, 한마당, 2004.
- 조월례·경민대학교독서교육연구소 지음, 《북북서로 진로를》, 나무늘보, 2013.
- 학교도서관저널 <그림책 365> 선정위원회 지음, 《그림책 365》, 학교도서관저널, 2010(2016).
- 파커 J. 파머 지음, 이종인 옮김, 《가르칠 수 있는 용기》, 한문화, 2016.

〈부록 2〉 그림책 토론 수업 활동지

〈그림책 발제 토론 수업 활동지〉

학번/이름	학번(　　　) 이름(　　　　)		
도서명		저 자	
		출판사	
마인드맵			
발제 (질문)	1. 발제한 이유/근거		
	2. 발제한 이유/근거		
	3. 발제한 이유/근거		
	4. 발제한 이유/근거		
	5. 발제한 이유/근거		
전체 토론 주제	◎ 이 그림책과 관련하여 다함께 토론해보고 싶은 주제는 ?		
독서토론 과정을 통해 깨닫게 된 점은?			
이 책을 읽고 내가 개선해야 할 점은?			
핵심 키워드	1.(　　　) 2.(　　　) 3.(　　　)		
그림책 평가	☆☆☆☆☆		

〈그림책 읽기 활동지〉

학번(　　　) 성명(　　　　)

연번	날짜	도서명/저자	감명깊은 구절	나의 생각
1				
2				
3				
4				
5				
6				
7				
8				
9				
10				

〈부록 3〉 그림책 활용 소크라틱 세미나 활동지

| 배려와 소통으로 함께 성장하는 학교
소크라틱 세미나 활동지
깊이 읽고, 넓게 보고, 비판적으로 생각하고, 당당하게 말하고, 경청하기! | 학번 | |
| | 이름 | |

1. 개인 발제	2. 모둠 발제
3. 토의 내용	4. 종합 정리/ 소감

〈부록 4〉 그림책 활용 교과 연계 대회

〈나만의 창작 그림책 만들기〉

주제:(　　　　　　　　　）　　　학번(　　　) 이름(　　　　)

교실에서 만난 그림책 독서토론 이야기
생각이 자라는 그림책 토론 수업

1판 1쇄 발행 2018년 6월 29일
1판 7쇄 발행 2022년 5월 3일

엮은이 권현숙, 김민경, 김준호, 김황곤, 백지원, 조승연
펴낸이 한기호
책임편집 정일웅
편집 여문주, 박혜리
본부장 연용호
경영지원 김윤아
디자인 김경년
인쇄 예림인쇄

펴낸곳 (주)학교도서관저널
출판등록 제2009-000231호(2009년 10월 15일)
주소 121-839 서울시 마포구 동교로 12안길 14(서교동) 삼성빌딩 A동 3층
전화 02-322-9677 팩스 02-6918-0818
전자우편 slj9677@gmail.com
홈페이지 www.slj.co.kr

ISBN 978-89-6915-048-6 (03370)

· 이 도서의 국립중앙도서관 출판예정도서목록(CIP)은 서지정보유통지원시스템 홈페이지
 (http://seoji.nl.go.kr)와 국가자료공동목록시스템(http://www.nl.go.kr/kolisnet)에서 이
 용하실 수 있습니다. (CIP제어번호 : CIP2018018588)

· 책값은 뒤표지에 있습니다.